MW01634812

MASAAKI IMAI

THE KEY TO JAPAN'S COMPETITIVE SUCCESS

McGRAW-HILL PUBLISHING COMPANY

New York   St. Louis   San Francisco   Auckland   Bogotá   Caracas
Hamburg   Lisbon   London   Madrid   Mexico   Milan   Montreal
New Delhi   Oklahoma City   Paris   San Juan   São Paulo   Singapore
Sydney   Tokyo   Toronto

МАСААКИ ИМАИ

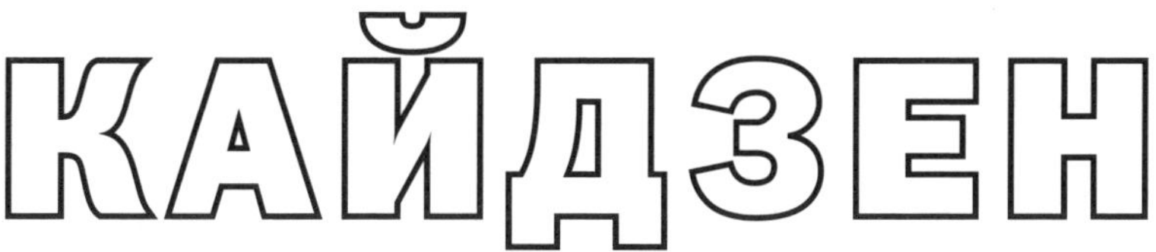

КЛЮЧ К УСПЕХУ ЯПОНСКИХ КОМПАНИЙ

Перевод с английского

11-е издание

альпина
ПАБЛИШЕР

Москва
2023

УДК 65.011
ББК 65.290-2
И50

Перевод Т. Гутман

Научный редактор Ю. Адлер

Редакторы П. Суворова, С. Турко

Имаи М.

И50   Кайдзен: Ключ к успеху японских компаний / Масааки Имаи ; Пер.
с англ. — 11-е изд. — М. : Альпина Паблишер, 2023. — 274 с.

ISBN 978-5-9614-6765-9

Кайдзен — это постоянное стремление к совершенству всего, что мы делаем,
воплощенное в конкретные формы, методы, технологии и обращенное к людям.
Хотя концепция кайдзен и родилась в Японии, она получила широкое распространение повсюду в мире и многократно убедительно доказала свою эффективность, причем не только в промышленности, но и в сфере услуг и в общественных
организациях.

Эта книга — первоисточник. Ее автор, М. Имаи, именно здесь впервые ввел
термин «кайдзен» и призвал читателей за пределами Японии обратить внимание
на огромные возможности менеджмента по-японски. Его призыв не остался не-
замеченным.

Прежде всего эта книга адресована руководителям предприятий и организаций
во всех областях человеческой деятельности, всех размеров и форм собственности.
Она также представляет интерес для менеджеров всех уровней, сотрудников служб
качества, управления персоналом, маркетинга и др. Студенты и аспиранты соответствующих специальностей найдут в книге много полезного. Не должны обойти ее вниманием консультанты в области общего менеджмента и менеджмента
качества.

УДК 65.011
ББК 65.290-2

ISBN 978-5-9614-6765-9 (рус.)
ISBN 0-07-554332-X (англ.)

СОДЕРЖАНИЕ

ПРЕДИСЛОВИЕ К РУССКОМУ ИЗДАНИЮ

Уважаемый читатель! Вы держите в руках легендарную книгу Масааки Имаи «Кайдзен: Ключ к успеху японских компаний». Масааки Имаи — гуру менеджмента, изучающий с середины 1950-х годов управленческие инструменты японских компаний и распространяющий их философию по всему миру. Основа данной философии — особое видение всего происходящего на предприятии с точки зрения создаваемой ценности и потерь. В соответствии с этим подходом каждая операция над материалом, деталью или документом, каждое движение человека, работа станков или компьютеров рассматриваются с позиции того, какую добавленную ценность они приносят для конечного потребителя. Если наличие этих операций не обусловлено потребностями клиента — это потери.

Звучит шокирующе, но трудно найти производственный цех или офисное помещение, не зараженное вирусом потерь. Более того, это как инфекция — потери распространяются за пределы производства и заражают не только всю организацию, но и поставщиков! Вирус потерь очень широко распространен. Если посмотреть на производственный или административный процесс «глазами клиента», становится понятно, что запасы, транспортировка материалов, перемещение людей, ожидание следующей стадии работы, переналадка оборудования — все это потери. К сожалению, потери не так просто идентифицировать и действительно трудно избавиться от них навсегда. Но как человеческое здоровье зависит от влияния вирусов, также и здоровье производства может определяться присутствием или отсутствием вируса потерь.

В своей книге Масааки Имаи пишет о том, как идентифицировать потери, организовать их плановое и систематическое снижение, и главное, как не останавливаться на достигнутом уровне. И основной помощник в этом — *кайдзен*, что в переводе с японского означает «постоянные улучшения».

Масааки Имаи рассказывает о различиях японских и западных подходов к инновациям. Основное отличие заключается не столько в самом осуществлении изменений, сколько в том, что происходит потом. Создавая что-то новое сегодня, японские компании готовы к его дальнейшему улучшению уже завтра. И чем скорее начать усовершенствование, тем меньше потребуется доделок. Это и есть *кайдзен* — дополнение к инновациям, обеспечивающее их максимальную эффективность. При этом эффект от усовершенствований сравним с результатом внедрения инновации, а затраты — меньше во много раз.

Во время чтения книги может сложиться впечатление, что *Кайдзен* имеет дело с маленькими улучшениями, в то время как инновации, новое оборудование, информационная система — это большое и существенное изменение. Для того чтобы следовать требованиям глобализации и развития технологий, многие организации, включая государственные учреждения и частные предприятия (как производства, так и сферы услуг), демонстрируют приверженность стратегии крупных инноваций. *Кайдзен* же — это не мода на месяц или год. Это не просто набор разрозненных улучшений, применяемых без цели. *Кайдзен* не означает улучшение ради улучшений. *Кайдзен* — это долгосрочная стратегия, которая ориентирована на достижение конкретных целей и которая задействует каждого сотрудника независимо от его функций и занимаемой должности. Эталоном применения *кайдзен* является корпорация TOYOTA, чья производственная система заслужила высший статус Lean Production (Бережливое производство).

Читатели, уже знакомые с основами *кайдзен*, согласятся с тем, что большинство инструментов достаточно просты для понимания и использования. Поэтому основной вопрос, который встает перед компанией, выбирающей путь *кайдзен*, — «Как вовлечь всех сотрудников в процесс улучшений и как этим процессом управлять?» Рассмотрим пример: для приготовления яичницы с беконом нам нужны свинья и курица. Но какую разную цену они «платят» за участие в нашем блюде! Если в результате изменений мы жертвуем людьми, то потом даже те, кто полностью разделял новые подходы, будут с опаской относиться к происходящему. Описание примеров выстраивания взаимоотношений начальства и подчиненных в японских компаниях позволяет понять глубинные основы подхода *кайдзен*, как управленческой концепции, ориентированной на людей.

Когда Масааки Имаи спросили, каковы минимальные условия внедрения *кайдзен*, он ответил: «Во-первых, приверженность высшего руководства, во-вторых, приверженность высшего руководства и, в-третьих, приверженность высшего руководства». Таким образом, Масааки Имаи подчеркивает исключительную важность разделения принципов *кайдзен* высшим эшелоном компании. Эффективное вовлечение сотрудников производится путем изменения собственных установок и только через полное принятие философии *кайдзен*.

Кайдзен требует малых материальных ресурсов, но огромных усилий. Поэтому, думая об использовании *кайдзен*, многие менеджеры опасаются за успех начинания из-за дефицита времени, которого катастрофически не хватает даже в обычном режиме работы. Если разобраться в том, что же собой представляет «обычный режим», станет ясно, чем вызваны эти опасения. Значительная доля работы руководителя сводится к разрешению уже возникших проблем. Умение «тушить пожары» высоко ценится на предприятии, и часто гораздо выше, нежели предотвращение этих «пожаров».

Автор нацеливает читателя на недопущение проблем, рассказывая о многочисленных примерах следования по пути совершенствования процессов, подводя к идее о том, что выстроенный, продуманный процесс непременно даст положительный результат. Главный рецепт недопущения «пожаров» — это стандартизация, в которой руководителю помогают ведущие специалисты и рядовые сотрудники. Таким образом, высвобожденное время менеджер может использовать на улучшение процессов и операций. Совершенствование процессов становится ключевой регулярной функцией менеджера, демонстрирующей сотрудникам убежденность и следование стратегии *кайдзен*.

Впервые эта книга была издана в 1986 году, и по сей день она остается актуальной, особенно сегодня, когда весь мир ощутил финансово-экономические потрясения. Глобальный кризис показал несостоятельность архитектуры, в которой менеджмент первичен. Мир очень быстро меняется, и на смену моделям управления конца XX века придут другие подходы. Их точных очертаний пока не знает никто, хотя с уверенностью можно сказать, что в основе новой главенствующей системы будет гуманистический подход. Человеческая личность станет в этой модели ключевым звеном, а значит, в ее основе будет не разобщение, а диалог, не приказы, а вовлечение.

Мы от всей души желаем читателям применить идеи данной книги на практике и тем самым подобрать свой ключ к успеху.

Николай Канарейкин,
Андрей Гавриченков,
KAIZEN Institute Россия

СОВЕРШЕНСТВО — ОТКУДА ОНО БЕРЕТСЯ?

Все прогрессы —
реакционны,
если рушится человек.

А. Вознесенский

Эта книга опередила время. Она появилась в середине 80-х годов еще прошлого века, но сразу попала в разряд бестселлеров. И до сих пор ее внимательно изучают там, где всерьез думают о совершенстве и о совершенствовании. Пришло время сделать в совершенствовании очередной шаг — и вот она, книга Масааки Имаи «Кайдзен: ключ к успеху японских компаний», перед вами, теперь на русском языке.

Автор искренне пытается рассказать читателю о тех особых чертах японского менеджмента, которые отличают его от того, что принято считать эталоном менеджмента на Западе, прежде всего в США. На эти особые черты можно было бы не обращать особого внимания, приписав их национальным особенностям, рисовой культуре, религии, если бы не те выдающиеся достижения, которые демонстрирует Япония после Второй мировой войны, вот уже более 50 лет.

Конечно, успех в бизнесе определяется сложной совокупностью множества самых разных факторов, условий и обстоятельств. Но не все они играют одинаковые роли. И, может быть, важнейшее достижение конца прошлого — начала нынешнего века — это осознание особой роли менеджмента в судьбе бизнеса. Прежде всего речь идет о первом лице. Как говорится, «каков поп, таков и приход». Именно первый руководитель или его команда (что еще лучше) определяет судьбу организации в жестком глобальном рынке, где уже не действуют привычные правила и законы, но еще не стали привычными, и даже понятными, новые. А чтобы судьба стала благополучной, руководитель должен добровольно и осознанно взять на себя роль лидера, а значит, и лидерскую ответственность со всеми вытекающими отсюда весьма далеко идущими последствиями.

Возникает естественный вопрос: «Почему на протяжении многих столетий всех устраивал начальник, шеф, босс, менеджер, а теперь вдруг подавай вам лидера?» Ответ прост и сложен одновременно. В западном сознании (а значит, и у нас в стране тоже) долгие века Дело почиталось выше, чем человек — объект эксплуатации. Человек был беззащитен перед произволом начальства, о чем писали, например, такие авторитеты, как Гоголь и Диккенс. Понятно, что начальству это нравилось, даже очень нравилось. И это легко объяснимо. Все бы так и оставалось по сей день, если бы не одна маленькая загвоздка.

Нежданно-негаданно и почти незаметно изменился мировой рынок. Будь это в прошлом, наверно, сказали бы, что произошла очередная всемирная научно-техническая революция. А поскольку мы как раз сейчас все это переживаем и процесс может занять еще не один десяток лет, то название придумать пока не успели. Правда, нам от этого не легче, поскольку законы рынка не ждут, пока им придумают правильные названия, и не объявляют заранее о перемене правил игры, уповая на нашу сообразительность и догадливость.

Новые правила, которые люди изо всех сил пытаются понять и изучить, видимо, заставляют переосмыслить роль человека в организации. Многие задачи, которые традиционно считались инженерно-техническими, теперь становятся социотехническими, что радикально меняет подход к их решению. Постепенно становится ясно, что бизнесу не выгодно, например, рассматривать сотрудников как объект эксплуатации. Он может рассчитывать на нечто гораздо большее, если сделает сотрудников (а вовсе не наемных работников) своими партнерами в бизнесе. А партнерам нужны лидеры, а не начальники. Случилось так, что японцы первыми до этого додумались. И не только додумались, а еще и реализовали практически. Результат мы знаем.

Вот почему вы сейчас читаете предисловие к этой книжке. Итак, во главу угла поставлен человек — главная ценность и высшее достояние любой организации, стремящейся как можно дольше сохранять на рынке конкурентоспособность, а значит, рабочие места и перспективу достойной жизни. Применительно к японскому опыту обычно говорят о «пяти великих системах создания отношений между человеком и организацией». Давайте их кратко рассмотрим, чтобы лучше понимать содержание этой книги.

1. **Система пожизненного найма.** Здесь речь идет не столько о юридических обязательствах, сколько о договоре «по умолчанию», принимаемому организацией добровольно и в одностороннем порядке. На первый взгляд кажется, что в условиях нашей станы это просто невозможно, по крайней мере сейчас. Но более подробное рассмотрение показывает, что такая реакция — скорее всего результат инерции мышления. Пожизненный найм — это же просто первый шаг к превращению наемного работника в сотрудника. Как иначе сделать его лояльным по отношению к организации?

2. **Система обучения на рабочем месте.** Понятно, что самого что ни на есть высшего образования никогда не достаточно для непосредствен-

ного применения в условиях любого конкретного предприятия. Во всех случаях человека надо доучивать с учетом специфики именно этого бизнеса. Так обстоит дело везде. Но можно пойти гораздо дальше. Можно сделать непрерывное обучение частью технологического процесса. При этом сразу «убивается много зайцев». Работа становится гораздо интереснее, что обеспечивает быстрый рост квалификации. Появляется стимул к учебе, что ведет к совершенствованию личности. Создаются предпосылки для овладения смежными или новыми профессиями. Все вместе существенно влияет на качество рабочей жизни и на возможности сотрудников.

3. **Система ротации.** С традиционных позиций перемещение человека из одного структурного подразделения в другое без каких-то чрезвычайных обстоятельств кажется абсурдным и нарушает вековые принципы разделения труда. Результатом будет очевидное снижение эффективности и дезорганизация налаженных процессов. Но можно взглянуть на дело иначе. Людям приедается работа на одном месте, и переход в новое подразделение воспринимается как обновление жизни. Но это не главное. Ротация, выполняемая в плановом порядке, расширяет кругозор, помогает состыковать смежные процессы, помогает сотруднику стать «человеком фирмы», создает неформальные дружеские связи, способные помогать при возникновении межфункциональных проблем. Так удается гораздо легче привить человеку процессное мышление, без которого пробуксовывает процессный подход.

4. **Система достоинств.** Каждый человек уникален. Каждому надо найти в организации такое место, где бы он чувствовал себя наиболее комфортно и одновременно мог внести наибольший вклад в общее дело. Это долгий процесс, требующий терпения, внимания и уважения. Чтобы помочь человеку найти себя, полезно регулярно сообщать ему мнения всех, с кем он сталкивается в процессе работы, о том, как они его себе представляют. Никоим образом такую информацию нельзя использовать для аттестации в любой форме. Ясно, что аттестация разрушает человеческие отношения, а следовательно, и бизнес. Присоединив к результатам оценок товарищей по работе собственную самооценку, человек начинает лучше понимать, каковы его сильные и слабые стороны, над чем надо работать и стоит ли менять амплуа. В последние годы на Западе вошла в моду разработка, которую часто называют «360°». Технически она напоминает японскую разработку. Но, к сожалению, она часто используется как инструмент для «объективной» аттестации персонала.

5. **Система вознаграждений.** Это очень важная, очень сложная, но, к сожалению, слишком обширная тема, чтобы подробно говорить о ней здесь. Отметим только, что выслуга лет — значимый момент при определении оплаты труда. Но важно не только это. Один из ключевых механизмов основан на принципах партисипативного управления. Проще говоря, вознаграждение явным и понятным образом связано с успехами или неудачами всей фирмы и команды, в которой

работает сотрудник. Это завершающий штрих в его превращении в человека фирмы, сознательно связавшего свою жизнь именно с данной фирмой и не готового бежать, как крысы с тонущего корабля, при первой неудаче. Наоборот. Теперь он готов бороться за выживаемость фирмы «до последней капли крови».

Стоит отметить, что мы пытались описать «систему систем». Значит, нет смысла «внедрять» что-нибудь одно, что больше понравилось, и потом удивляться отсутствию сколько-нибудь заметных результатов. Конечно, надо внедрять все сразу, но не в один день, а постепенно и планомерно. Вообще, в описанной системе нет решительно ничего, что нельзя реализовать в отечественном бизнесе.

Из сказанного вытекают некоторые очевидные следствия. Сразу ясно, что любимых сотрудников нельзя наказывать. Ни в каких случаях (уголовный кодекс мы, конечно, пока не отменяем, как и правила дорожного движения). Между прочим, это вовсе не благодеяние. Отнюдь. Это последняя попытка менеджмента спасти свой бизнес. Дело в том, что страх наказания неизбежно порождает ложь, а ложь делает невозможным принятие своевременных эффективных решений, что, в свою очередь, делает судьбу бизнеса сомнительной.

Ясно и то, что внутренние информационные потоки компании должны быть прозрачными. Что можно скрывать от товарищей по бизнесу? Всякая попытка сокрытия информации или манипуляции ею неизбежно будет обнаружена и оценена. После этого будет утрачено доверие, а вскоре и сам бизнес. Так что правда, только правда и ничего кроме правды — становится нашим девизом. Тот, кто думает, что такие принципы нереализуемы, может дальше не читать. Пусть только сообщит об этом своим сотрудникам, чтобы они успели подобрать себе другую работу раньше, чем обанкротится его бизнес.

Кроме того, понятно, что сотрудникам не приказывают. С ними советуются, им помогают, разъясняют, их учат, вместе с ними принимают все решения. Только так можно добиться того, чтобы сотрудники работали с кпд, близким к 100%. Это значит, что они полны энтузиазма и у них «нет преград на море и на суше». Все привычные подходы не тянут на кпд выше, чем у паровоза, а это, сами знаете, около 3%. Для обеспечения коллективных механизмов принятия решений в Японии разработаны специальные методы, такие, например, как «хосин канри» (развертывание политики).

Теперь мы получили некоторое представление о тех ситуациях, в которых действуют герои данной книги. Теперь можно поговорить о ее содержании. На Западе принято считать, что сначала надо спроектировать и построить совершенный бизнес, а затем грамотно его эксплуатировать. Тогда успех гарантирован. Сама по себе эта мысль не отвергается на Востоке, только там полагают, что проектирование совершенного бизнеса — это иллюзия. Как ни старайся, все равно самый-пресамый совершенный бизнес, стоит его только построить, сразу же потребует дальнейшего совершенствования. И более того, процесс дальнейшего совершенствования грозит стать вечным. Ну, может, и не совсем вечным, но, во всяком случае, до тех пор, пока не будут изобретены новые поколения продукции, новые технологии, новое оборудование или все это сразу. А если дело обстоит так, то надо с самого начала предусмотреть подход, который бы обеспечивал реализацию механизма непрерывного совершенствования. Такой подход и возник в ходе эволюции японской промышленности после Второй мировой войны. Автор этой книги назвал его «кайдзен».

Впрочем, возможны варианты. Автор фактически отождествляет кайдзен с всеобщим контролем качества (TQC). До недавнего времени в Японии использовался именно этот термин вместо всеобщего менеджмента на основе качества (TQM). Можно предположить, что такой консерватизм был связан с тем, что изначально проблема качества рассматривалась прежде всего как человеческая проблема. В Японии любят говорить, что качество «передается от сердца к сердцу». А на Западе лишь в связи с осознанием этого факта перешли от «управления» к «менеджменту». Итак, получается, что кайдзен эквивалентен менеджменту качества? Так-то оно так, да только не совсем. Здесь качество связывается с конкурентоспособностью через триаду: качество, цена, дисциплина поставки. Задача менеджмента — задать приоритеты, задача кайдзен — непрерывно совершенствовать эту триаду с учетом заданных приоритетов.

Чего хочет человек на работе? —

- Уважения,
- творчества и
- достойного вознаграждения.

Уважение создается искренностью отношений, а подкрепляется системой предложений. Эта система предполагает, что каждый сотрудник всегда может внести предложение, направленное на дальнейшее улучшение любых аспектов деятельности фирмы. И хотя ясно, что групповые предложения в среднем гораздо более выгодны для бизнеса, чем индивидуальные, тем не менее, система индивидуальных предложений тщательно поддерживается и поощряется всеми возможными способами. И овчинка стоит выделки.

Творчество — это самая суть концепции кайдзен. Заметьте, что изменился смысл хождения на работу. Теперь мы ходим не для того, чтобы выполнить «норму» и заработать на хлеб насущный, а для того, чтобы постоянно думать, вместе с друзьями, о совершенствовании того, что мы вместе делаем. Само понятие нормы как бы исчезает, что, конечно, не означает, что сегодня не надо произвести то количество годной продукции, которое востребовано рынком.

О вознаграждении мы уже говорили, но все-таки добавим, что теперь не менеджер определяет мое материальное вознаграждение, а мы в команде заранее договариваемся о доле в фонде оплаты труда для каждого на определенный период времени. Тогда, если совершенствование ведет к снижению расходов, то автоматически растет сама величина фонда оплаты труда и, соответственно, мой личный доход. Поэтому непрерывное совершенствование — это не только увлекательное творческое дело, которым я с удовольствием занимаюсь на работе, но это еще и инструмент постоянного роста (в пределах рыночной конъюнктуры) моих личных доходов. Таким образом достигается гармония.

Конечно, ни на минуту нельзя забывать и о радикальных инновациях, которые способны коренным образом преобразовать наш бизнес. Как справедливо отмечает автор, в этом деле американцы пока сильнее японцев. Поэтому, вопреки Киплингу, Западу и Востоку есть чему учиться друг у друга, чтобы в конце концов сойтись в создании единой концепции совершенного бизнеса. И наша страна может сыграть в этом процессе важную роль связующего звена. Мир жаждет нового синтеза.

Может быть, построенная здесь конструкция бизнеса кажется вам, дорогой читатель, «слишком идеальной» и, уже в силу этого, недостижимой. Думается, что это не так. Это та путеводная звезда, которая должна помочь вашему бизнесу проложить путь к долговременному успеху в бурных водах океана современного бизнеса. Это лучшее, что сегодня можно предложить. Вот почему есть уверенность в том, что лежащая перед вами книга способна конкретно помочь вам в вашем нелегком деле.

Теперь, наконец, можно поговорить о кайдзен более конкретно. Говоря об истоках кайдзен, автор подчеркивает вклад в японские разработки двух великих американских гуру: Эдвардса Деминга и Джозефа Джурана. Так, совершенствование рассматривается как циклический процесс, управляемый знаменитым циклом, или колесом, Шухарта – Деминга. Он рассматривается как руководящий принцип.

Другие источники развития возникли непосредственно в японской промышленности. Прежде всего это касается автомобильной компании Toyota, где на протяжении более 30 лет Тайити Óно создавал то, что потом стали называть производственной системой Toyota. На основе системы Toyota через много лет на Западе была построена концепция бережливого производства. (В издательстве «Альпина Бизнес Букс» в 2004 году была издана монография Вумека и Джонса «Бережливое производство».) Интересно, что ее создатели рассматривают кайдзен как один из элементов своей системы, тогда как автор данной книги включает в кайдзен практически все содержимое бережливого производства, в том числе канбан, «точно вовремя», принцип вытягивания, ориентацию на клиента, концепцию дзидока. Знакомая коллизия. Может ли часть быть больше целого? Может ли «больше века длиться день»? Вопрос беспредметен. Хотя в книге Вумека и Джонса кайдзен упоминается многократно, надо все-таки прочитать сначала эту книгу, чтобы дать себе точный отчет в том, что же это, собственно, такое.

Конечно, дело не ограничилось одной, пусть и знаменитой, фирмой. Много важных улучшений, ставших в Японии всеобщим достоянием, внесли такие компании, как Matsushita, Canon, Nissan, Honda, Komatsu, Ricoh и многие другие. Как обычно, японцы модифицировали те методы, которые они заимствовали за рубежом.

Подобно тому, как в бережливом производстве предполагается, что читатель знаком с концепцией кайдзен, так в книге о кайдзен автор неявно предполагает, что читатель знаком со статистическими методами. Для условий Японии это естественно, поскольку там на протяжении многих лет систематически обучали статистическим методам всех подряд. У нас в стране издавна существует крупная статистическая школа, пользующаяся уважением во всем мире, но, что касается широкого обучения или внедрения, здесь наши достижения гораздо скромнее. Особенно это относится к тем методам, которые получили распространение в системах качества. Поэтому читателю может понадобиться дополнительная информация на этот счет, поскольку именно статистические методы лежат в основе кайдзен. Не единственная, но одна из самых лучших возможностей, на наш взгляд, — это книга Х. Кумэ «Статистические методы повышения качества». Она была издана в 1990 году в Москве издательством «Финансы и статистика». В начале 90-х годов прошлого века журнал «Стандарты и качество» публиковал журнальную версию этой книги. Мы отказались от попытки давать подстрочные комментарии статистического характера, поскольку это потребовало бы слишком много места. Конечно, те, кто не знаком со статистикой, потеряют некоторую информацию, но это не помешает им прочитать всю книгу и понять все основные идеи. Между прочим, в приложениях в сжатой форме, наряду со справочной информацией, приводятся полезные указания для дальнейшего совершенствования читателя.

Случилось так, что после выхода в свет оригинала этой книги в мире возникло целое движение ее сторонников. Автор создал консалтинговую фирму, которая по сей день успешно ведет работу по всему миру. Общество сторонников кайдзен появилось в Европе. Через 10 лет после выхода в свет этой книги автор, опираясь на огромный накопленный опыт, опубликовал новую книгу, поднявшую концепцию кайдзен на новый уровень. В ней рассматривается кайдзен применительно к тем местам в фирме и тем действиям, что создают добавленную ценность для клиентов, как внешних, так и внутренних. Мы надеемся, что русский перевод этой книги выйдет в свет в нашем издательстве еще в текущем, 2004, году. Кайдзен продолжает стремительно развиваться, значит, его актуальность сохраняется.

По-японски фамилия автора Имаи созвучна со словом «имаё», что можно перевести как «песня на новый лад». Пусть же эта новая песня сделает ваш мир более содержательным и разнообразным.

Мне приятно выразить благодарность двум людям, которые постоянно стремились к тому, чтобы я продолжал совершенствоваться в работе над редактированием русского перевода этой книги, — В.Л. Шперу и С.В. Турко.

Что же касается совершенства, то его, конечно, нет в нашем мире, и лишь постоянное совершенствование оставляет надежду на приближение к нему.

Ю.П. Адлер
10 июня 2004 года
г. Москва

БЛАГОДАРНОСТИ

Далеко не все идеи, изложенные в этой книге, принадлежат мне. Я лишь свел воедино различные аспекты философии менеджмента и теории, а также инструменты, которые были разработаны и использовались в Японии на протяжении многих лет. Моя заслуга заключается лишь в том, что я объединил их в целостную и доходчивую концепцию кайдзен.

В процессе написания этой книги мне оказывали помощь предприниматели, ученые и специалисты как из Японии, так и из-за рубежа. Хотя я стараюсь упомянуть в книге их имена, перечислять всех каждый раз было просто невозможно.

Особую благодарность хочу выразить президенту Musashi Institute of Technology Каору Исикава, одному из крупнейших специалистов в области всеобщего контроля качества (TQC) в Японии и бывшему вице-президенту Toyota Тайити Оно, которые были инициаторами создания *канбан* и системы «точно вовремя». Исикава и Оно постоянно поддерживали Cambridge Corporation в ее стремлении донести идеи кайдзен до западных руководителей и принимали активное участие во многих семинарах и симпозиумах, которые проводила эта компания.

Кроме того, среди тех, кто оказывал мне помощь, нужно назвать профессоров Масао Когурэ и Ёдзи Акао из университета Tamagawa; Масаси Нисимура и Сюдзо Морото — соответственно президента и исполнительного вице-президента Aisin-Warner; Наохико Яги, президента Japan Steel Works; Кайсаку Асано, исполнительного директора Kayaba Industry; президента Yokogawa-Hewlett-Packard Кэндзо Сасаока и президента Fuji Xerox Ётаро Кобаяси.

Мне была чрезвычайно полезна помощь многих исполнительных руководителей из Японии, занимающихся на практике внедрением контроля качества (КК) в масштабах всей компании, среди них Дзэндзабуро Катаяма из Toyota; Дзэндзи Симада из Pentel; Хисаси Такасу из Kobayashi Kose; Мотому Баба, Кэн Ёнэкура и Каору Симоямада из Komatsu; Хидэкадзу Садоя из Canon; Такэоми Нагафути и Харуо Камимото из Ricoh; Кэндзи Ватабэ из Japan Steel Works и Ёсики Ивата из Toyoda Gosei.

Начиная с 1957 года мне посчастливилось проработать пять лет в Japan Productivity Center в Вашингтоне, изучая методы американского менеджмента и помогая ознакомить с ними Японию. Этот опыт дал мне бесценную возможность понять и увидеть теорию и практику менеджмента изнутри и подготовил меня к долгой и плодотворной работе в качестве консультанта. Кохэй Госи — это человек, который создал Japan Productivity Center 30 лет назад и возглавляет эту организацию в качестве председателя сегодня. Он поддержал меня в пору становления моей личности и оставался моим постоянным наставником после возвращения в Японию в 1961 году.

Ценными источниками для написания этой книги были публикации таких организаций, как Union of Japanese Scientists and Engineers (JUSE), Japan Productivity Center, Japan Standard Association, Central Japan Quality Control Association и Japan Management Association. Должен признаться, что меня потряс огромный объем нужной информации, имеющейся в Японии.

Кроме того, в написании этой книги мне помогли старший консультант Philips С. Субраманиан; директор Dynamic Management International Росс Матесон; президент Japan Research Фред Улман; Джон Пауэрс из Academy for Educational Development; вице-президент Educational Systems and Designs Эмметт Уоллэйс; Альберто Галгано, директор-распорядитель Alberto Galgano & Associati. Я должен также поблагодарить Аллана Остина и Роберта Зеновича из Austin & Lindberg, которые представили меня издательству Random House, что сделало возможным публикацию этой книги, а также Патрисию С. Хэскелл и Пола Донелли из Random House, которые помогли реализации этого проекта.

Должности тех, кто упомянут в книге, приводятся на момент беседы с ними или написания ими цитируемых текстов. Подобным же образом, пересчет денежных сумм в долларах США осуществляется в соответствии с валютным курсом, который имел место в определенный отрезок времени, и дается лишь для справок.

И, наконец, я выражаю благодарность моему секретарю Норико Игараси за неустанную помощь в поиске и компоновке материала для этой книги, за терпение, с которым она печатала и перепечатывала рукопись, и за то, что посвятила работе над ней гораздо больше времени, чем требовал от нее служебный долг.

Несмотря на то, что я бесконечно обязан всем, кого перечислил, само собой разумеется, никто из них не несет ответственности за мои промахи и неудачи, за то, что я не использовал их помощь в полной мере и не смог при создании этой книги сделать ее лучше, чем она есть.

Масааки Имаи

СПИСОК ИЛЛЮСТРАЦИЙ

ГЛОССАРИЙ

*Ключевая терминология
и определение понятий KAIZEN (кайдзен)*

Автономизация (дзидока) [**Auto*n*omation (Jidohka)**]: слово, обозначающее одну из характерных особенностей производственной системы Toyota, при которой станок сконструирован так, что он автоматически останавливается при производстве дефектной детали.

Аналитический подход (Analitical approach) (к совершенствованию управления): подход, который основан на учете прошлого опыта.

Варуса-каген (Warusa-kagen): термин TQC, обозначающий такое положение вещей, которое пока не представляет проблемы, но и не безупречно. Если оставить его без внимания, оно может стать источником серьезных проблем. Именно warusa-kagen часто служит толчком для действий по совершенствованию. На рабочем месте варуса-каген обычно первым замечает рядовой сотрудник, а значит, именно он будет первой инстанцией по улучшению ситуации.

Визуализуемый менеджмент (Visible management): метод предоставления информации и инструкций об элементах работы ясным, наглядным способом, так, чтобы рабочие могли максимизировать свою производительность. (Пример такого подхода — система kanban, или бирок.)

Всеобщий контроль качества, TQC [**TQC (Total Quality Control)**]: действия, организуемые в рамках кайдзен, в которые вовлечены все сотрудники компании — и менеджеры, и рабочие, — и представляющие собой совместные усилия, направленные на повышение эффективности производства на всех уровнях. Эти усилия по улучшению направлены на удовлетворение таких межфункциональных целей, как качество, затраты, дисциплина поставок, развитие рабочей силы и разработка новых изделий. Предполагается, что такие действия неизбежно ведут к росту удовлетворенности потребителей. (См. также CWQC — контроль качества в масштабах всей компании*.)

Всеобщий уход за оборудованием (TPM) (TPM — Total Productive Maintenance): целью всеобщего обслуживания оборудования служит обеспечение максимальной эффективности его работы на протяжении всего жизненного цикла. TPM осуществляется с участием всего персонала и на всех уровнях; он побуждает людей участвовать в обслуживании завода, работая в малых группах и действуя добровольно. Его основополагающие принципы: разработка методов надлежащей эксплуатации, обучение поддержанию чистоты и порядка на рабочем месте, выработка навыков решения проблем и действия, которые должны свести число дефектов к нулю.

Высший менеджмент обязан разработать систему, которая учитывает и вознаграждает усилия каждого сотрудника, его стремление и ответственность в TPM.

Граница управляемости (Manageable margin): допустимые пределы в производственном процессе. Когда контрольные точки свидетельствуют о том, что процесс вышел за санкционированные пределы, менеджмент должен немедленно выявить факторы, ответственные за это, и скорректировать их.

Есть и вторая фаза использования границ управляемости, более тонкая и иногда более трудная. Когда производственный процесс не выходит за допустимые пределы, но, тем не менее, образует устойчивые структуры, которые могут быть предвестниками появления проблем, их надо оценивать соответственно. Выработка навыков управления на таком тонком уровне — основной вызов для любой системы менеджмента.

Дзидока [Jidohka: (см. Автономизация — Auto*no*mation)].

Кайдзен (kaizen): кайдзен означает совершенствование. Это понятие включает процесс непрерывного совершенствования личной, семейной, общественной и трудовой жизни. Применительно к производству кайдзен означает постоянное совершенствование, к которому причастны все — как менеджеры, так и рабочие.

Кампания «Седьмое небо» (Seven-up campaign): лозунг кайдзен-кампании по совершенствованию на Nissan Motors в 1975 г. (см. главу 2).

---

* Автор забыл привести в глоссарии этот термин. — *Прим. ред.*

Канбан* (kamban, kanban): средство коммуникации при организации производства по системе «точно вовремя» и при управлении запасами, разработанная на Toyota Тайити Óно. Канбан, или бирки, прикрепляются к определенной таре с деталями на производственной линии для сигнализации о доставке требуемого количества деталей. Когда все детали использованы, все та же бирка возвращается обратно вместе с тарой, превращаясь в заказ на поставку очередной партии деталей.

Система «канбан» — это лишь одна из составляющих полностью интегрированной системы всеобщего контроля качества (TQC), и ее нельзя вложить в производственный процесс в отрыве от остальных составляющих TQC.

Качество (Quality): существует весьма условный консенсус относительно того, что же собой представляет качество. В самом широком смысле, качество — это все, что можно улучшить. Когда говорят «качество», в первую очередь обычно подразумевают качество продукции. Но если мы говорим о нем в связи со стратегией кайдзен, под ним понимается нечто совсем иное. Здесь в центре внимания, прежде всего, *качество людей.*

Три строительных блока бизнеса — «железо», «бумага» и люди. Лишь при наличии людей можно рассматривать оборудование и документацию бизнеса. Повышение качества людей означает формирование у них кайдзен-мышления.

КЗД (качество, затраты, дисциплина поставки) [QCS (Quality, Cost, Scheduling)]: в иерархии общих целей компании, по словам Сигэру Аоки, главного директора-распорядителя Toyota Motors, основная цель «само собой разумеется, получение прибыли…» «…Следующей по значимости целью следует сделать… качество, затраты и дисциплину поставки (по количеству, по номенклатуре и по срокам)… Поэтому все остальные функции менеджмента нам стоит рассматривать как подчиненные этим трем основным целям КЗД».

КК (контроль качества) (Quality control): в соответствии с определением, данным в Японских промышленных стандартах (Japanese Industrial Standards) (Z8101-1981), контроль качества — это «система средств экономного производства товаров или услуг, которые удовлетворяют требованиям потребителя».

С контролем качества японцев в 1950 г. ознакомил У. Э. Деминг. Тогда основное внимание КК уделял повышению качества продукции с помощью статистических инструментов, применяемых в производственных процессах.

---

* Автор использует точное звучание этого термина — «камбан». Однако в англоязычной, а затем и в русской литературе получил распространение термин «канбан». Выбор непрост. Мы подчиняемся силе и предпочитаем привычный, но неправильный вариант авторскому правильному. — *Прим. ред.*

В 1954 г. Дж. М. Джуран перенес концепцию КК в сферу менеджмента как один из жизненно важных инструментов повышения эффективности управления. Сегодня это инструмент построения системы постоянного взаимодействия между всеми участниками, ответственными за ведение бизнеса компании таким образом, чтобы достичь повышения качества продукции в соответствии с требованиями потребителя.

Таким образом, термин КК в Японии практически служит синонимом кайдзен, и хотя в основе контроля качества по-прежнему лежит использование статистики, в его арсенале появилось много других инструментов, таких, как Семь новых инструментов совершенствования.

Кружки КК (контроля качества) (QC (Quality control) circles): малые группы добровольцев, которые осуществляют контроль качества на рабочем месте. Их деятельность — неотъемлемая часть общей программы мероприятий в масштабах всей компании, нацеленных на контроль качества, саморазвитие, взаимное образование, контроль технологического процесса и совершенствование на рабочем месте.

Межфункциональный менеджмент (Cross-functional management): для реализации политических целей кайдзен и всеобщего контроля качества нужна координация деятельности структурных подразделений. После определения корпоративной стратегии и планирования высшее руководство определяет задачи межфункциональных усилий, направленных по горизонтали.

Межфункциональный менеджмент — главный организационный инструмент реализации целей совершенствования всеобщего контроля качества (TQC). (Хотя межфункциональный менеджмент напоминает некоторые западные методы управления, он отличается от них более пристальным вниманием к процессу для успешного достижения поставленных целей и показателей.)

Менеджмент, ориентированный на процесс (Process-oriented management): стиль менеджмента, ориентированный на людей, в противоположность стилю, ориентированному исключительно на результаты. При менеджменте, ориентированном на процесс, руководитель должен поддерживать и стимулировать усилия, направленные на совершенствование способов выполнения сотрудниками их работы. Такой стиль руководства требует учета долгосрочных перспектив и изменений в поведении. Поощрения заслуживает следование таким критериям, как дисциплина, управление временем, совершенствование мастерства, соучастие и вовлеченность, мораль и коммуникабельность. В стратегии кайдзен эти критерии определяются как *П(P)-критерии.* Стратегия кайдзен предполагает, что сознательное формирование системы, которая использует при поощрении П-критерии, может существенно повысить конкурентоспособность компании.

Менеджмент, ориентированный на результат (Results-oriented management): стиль менеджмента, укоренившийся на Западе, который делает акцент на контроль, исполнение, результат, вознаграждение (как правило, денежное) или на отказ от вознаграждений и даже взысканий. Критерии, или *П(Р)-критерии*, легко квантифицируемы и краткосрочны. Западный стиль управления руководствуется почти исключительно Р-критериями.

Успешная стратегия кайдзен однозначно предполагает, что ответственность за поддержание стандартов возлагается на рабочего, а совершенствование стандартов — обязанность менеджмента. Японское понимание менеджмента сводится к следующему: поддерживать и повышать стандарты.

Обеспечение качества (Quality assurance) (на Toyota): обеспечение качества означает удовлетворение требованиям потребителя в отношении технических характеристик, надежности и экономичности продукции.

Поддержание (Maintenance): эксплуатация относится к деятельности, направленной на поддержание текущих технологических, управленческих и операционных стандартов.

Политика (Policy) (в японском менеджменте): этот термин используется в Японии для описания долгосрочной и среднесрочной ориентации менеджмента, а также годичных целей и показателей. Другой аспект политики состоит в том, чтобы соединить цели и их измерители, то есть и результаты, и средства.

Цели обычно устанавливаются высшим менеджментом количественными показателями, такими, как объем продаж, прибыль и целевые рыночные ниши. Меры, в свою очередь, представляют собой конкретные программы действий для достижения поставленных целей. Цель, которая не выражена в терминах таких четких мер, не более чем лозунг. Крайне важно, чтобы высший менеджмент определил как цели, так и средства для их достижения, а затем «развернул» их во всей организации.

Проектный подход (Design approach) (к совершенствованию управления): пытается выработать лучший подход к совершенствованию с помощью заранее заданных целей. В будущем стоит уделять такому подходу более пристальное внимание в процессе управления.

Пять целей руководства при управлении заводом (Five management objectives of factory management) (см. главу 4). Пять ключевых моментов управления заводом, сформулированных Грэхемом Сперлингом, директором Mitsubishi Motors, Австралия.

Развертывание качества (Quality deployment): методы развертывания требований потребителей (известных как «истинные показатели качества») в проектных характеристиках (известных как «встречные показатели») и развертывание их в таких подсистемах, как производство материалов и комплектующих, узлов и самого производственного процесса. Внедрение качества рассматривается как одно из самых крупных достижений всеобщего контроля качества в Японии за последние тридцать лет.

Развертывание политики (Policy deployment, hosin kanri): процесс внедрения принятой политики программы кайдзен непосредственно через линейных менеджеров и косвенно — через межфункциональную структуру.

«Семь простых» и «Семь новых» (Q Seven and new seven): семь статистических инструментов (которые обычно называют Q-Семеркой) и семь дополнительных инструментов («Семь новых»), которые были важным вкладом в развитие и совершенствование системы всеобщего контроля качества (см. список в Приложении E).

Система предложений (Suggestion system): система предложений в Японии — неотъемлемая часть стратегии кайдзен, ориентированной на человека. Ее план продумывается, реализуется и доводится до сведения каждого не менее тщательно, чем стратегический план компании. Самое пристальное внимание уделяется ответственности высшего менеджмента и разработке системы обратной связи и вознаграждений.

Японская система предложений делает акцент, прежде всего, на моральные стимулы, позволяющие сотруднику ощутить себя полноправным участником производственного процесса, нежели на денежное и материальное поощрение, которое превалирует в американском стиле управления. (О масштабах внедрения японской системы говорит количество ежегодно подаваемых предложений. В 1985 г. самое большое количество предложений подали служащие компании Matushita. Оно превысило *6 миллионов!*)

Совершенствование (Improvement): совершенствование как часть успешной кайдзен-стратегии выходит за пределы значения, которое дано в толковом словаре. Совершенствование представляет собой образ мышления, неразрывно связанный с поддержанием и повышением стандартов. В более широком смысле его можно определить как кайдзен и инновацию, где стратегия кайдзен поддерживает и повышает общепринятые стандарты путем небольших постепенных улучшений, а инновация обеспечивает коренные изменения в результате крупных вложений в технологию и/или оборудование.

Стандартизированная работа (Standardized work): как определяется в [компании] Toyota, это оптимальное сочетание рабочих, оборудования и материалов.

Стандарты (Standards): комплекс политик, правил, директив и процедур, установленных менеджментом для всех основных операций, который позволяет всем сотрудникам успешно выполнять свою работу.

Точки контроля и точки управления (Check points and Control points): те и другие используются для измерения прогресса в действиях, связанных с совершенствованием, на разных уровнях управления. Точки управления представляют собой критерии, ориентированные на процесс. Точки контроля представляют собой критерии, ориентированные на результат. Точка управления для менеджера определенного уровня становится точкой контроля для менеджера более высокого уровня. По этой причине точки контроля и точки управления используются, кроме того, при развертывании политики (хосин канри).

Точно вовремя (Just-in-time): метод управления производством и запасами, который составляет часть производственной системы Toyota. Он разрабатывался и совершенствовался на Toyota Тайити Óно для сокращения потерь в производстве.

Система «точно вовремя» — это лишь одна из составляющих полностью интегрированной системы всеобщего контроля качества (TQC), и ее нельзя включить в производственный процесс в отрыве от остальных составляющих TQC.

Университет труда (University of Labor): Японский центр производительности (Japan Productivity Center) разработал программу обучения лидеров профсоюзов (union executives) основным концепциям менеджмента бизнеса, чтобы повысить эффективность их переговоров с руководством компаний.

Установление приоритетов политики (Policy prioritization): метод обеспечения максимального использования ресурсов на всех уровнях руководства в процессе развертывания политики. Политику высшего менеджмента надо ретранслировать на все уровни руководства. Шаг за шагом она должна приобретать все более конкретные формы и в конечном итоге воплотиться в точные количественные показатели.

Цели и измерители (Goals and measures) (в японском менеджменте) (см. Policy).

Цикл PDCA (PDCA cycle): цикл PDCA «планируй — делай — проверяй — воздействуй» — это модификация колеса Деминга. В то время как колесо Деминга делает акцент на постоянном взаимодействии между исследованиями, проектированием, производством и сбытом, цикл PDCA дает возможность повысить эффективность любого управленческого воздействия, должным образом применяя последовательность: планируй, делай, проверяй, воздействуй (см. также цикл SDCA и колесо Деминга).

Цикл SDCA («стандартизуй — делай — проверяй — воздействуй») [SDCA-cycle (Standardize, Do, Check, Action)]: усовершенствование цикла PDCA, при котором менеджмент решает *сначала* установить стандарт и лишь затем приступает к реализации обычного цикла PDCA.

Цикл Деминга: концепция постоянно вращающегося колеса, использованная У. Э. Демингом, призванная подчеркнуть потребность в постоянном взаимодействии между исследованиями, проектированием, производством и сбытом, чтобы добиться более высокого качества, которое удовлетворит потребителей (см. цикл PDCA).

ПРЕДИСЛОВИЕ

Если мы оглянемся на сорок лет, которые последовали за Второй мировой войной, то увидим, что Япония приобретает статус мировой экономической державы и становится грозным конкурентом в самых разных сферах производства, проходя через пять фаз перестройки. Вот эти фазы:

- широкомасштабное освоение технологий, импортированных из США и Европы;
- невиданного доселе размаха кампания за повышение производительности труда;
- программа повышения качества, охватившая всю страну, развернутая под влиянием идей д-ра Деминга и д-ра Джурана из США;
- достижение исключительного уровня гибкости производства и, наконец,
- создание многонациональных корпораций.

После успешного освоения зарубежной технологии и достижения высокой производительности и отличного качества японская промышленность теперь сосредотачивается на гибких производственных технологиях. Это означает способность перестроить производство в чрезвычайно сжатые сроки, чтобы удовлетворить меняющиеся требования потребителя и рынка. Здесь ключевые слова — механизация, автоматизация, роботизация и относящиеся к ним системы.

Западным компаниям есть чему поучиться у японцев в области организации производства и промышленного оборудования. Как вы узнаете из этой книги, Philips занимается внедрением программы повышения качества в масштабах всей компании. Она, подобно большинству западных фирм, тоже извлекла определенные уроки. Программа, которую мы реализуем, направлена на «всеобщее совершенствование» и не ограничивается только качеством продукции. Наша цель — улучшить *все*, что делает Philips.

Господин Масааки Имаи, при участии которого Philips делала первые шаги в этом направлении, назвал свою книгу «Кайдзен». Именно в этом ракурсе он рассматривает японскую стратегию повышения производительности труда, качества и гибкости, которая проводилась в жизнь в течение трех последних десятилетий. Автор иллюстрирует изложение яркими примерами и рассматривает используемые при этом инструменты и методы. Такая книга будет весьма полезна для менеджеров за пределами Японии.

Мир сейчас переживает период объединения разрозненных рынков в один более или менее глобальный рынок. Занятие бизнесом в такой обстановке предполагает создание многонациональных корпораций с присущими им уникальными особенностями. Чтобы выжить в обстановке острой конкуренции, транснациональной корпорации приходится осваивать тонкую стратегию, которая обеспечит ее интеграцию в экономическую среду страны, на территории которой она существует, и поможет ей стать неотъемлемой частью экономики этого государства. Несмотря на то что к настоящему моменту японские компании добились огромных успехов, их преобразование в транснациональные корпорации по-прежнему остается серьезной проблемой. Проработав шесть лет в Японии, я понял, что предпринимательство во всемирном масштабе представляет для японцев определенные трудности.

В поисках модели ведения межнационального бизнеса им было бы весьма полезно обратиться к изучению голландского опыта. Эти две страны похожи относительно небольшими размерами, а способность адаптироваться к иным культурам и иным методам ведения бизнеса теперь становится настоятельной потребностью. Такая гибкость в отношении других стран и народов стала второй натурой голландцев, и примером тому уже почти 100 лет служит Philips.

Не стоит бояться культурных различий. Производство, без сомнения, имеет всемирный характер, а значит, полезный опыт, каково бы ни было его происхождение, заслуживает нашего внимания. И все же высшие менеджеры Японии, особенно в нашей отрасли, должны понять, что одним из критериев оценки их лидерских качеств служит то, насколько они готовы рассматривать в качестве поля битвы весь мир, часть которого — их родная Япония. Взаимовыгодное сотрудничество — вот решающий фактор нашего общего выживания.

Д-р В. Деккер,
председатель наблюдательного совета
N. V. Philips' Gloeilampenfabrieken

КАЙДЗЕН БРОСАЕТ ВЫЗОВ

Стратегия кайдзен — ключ к конкурентоспособности Японии на мировом рынке — центральная концепция японского менеджмента. Кайдзен означает совершенствование. В контексте этой книги кайдзен понимается как *непрерывный* процесс совершенствования, в который вовлечены *все* — высшие менеджеры, менеджеры среднего звена и рабочие. В Японии разработано множество систем, позволяющих сформировать у них всех кайдзен-мышление.

Кайдзен — дело всех и каждого. Концепция кайдзен — критическое условие понимания различий между японским и западным подходами к менеджменту. Если бы меня попросили определить принципиальные отличия японского подхода к менеджменту по сравнению с тем, что принят на Западе, я бы, не задумываясь, ответил: «В Японии это подход кайдзен и присущее ему мышление, ориентированное на процесс, на Западе — ориентация на инновации и результат».

Слово «кайдзен» слышится в Японии на каждом шагу. Газеты, радио, телевидение постоянно приводят высказывания политиков и правительственных чиновников о кайдзен нашего торгового баланса с США, кайдзен дипломатических отношений со страной «икс» и кайдзен системы социального обеспечения. И рабочие, и менеджмент говорят о кайдзен производственных отношений.

Эта концепция так прочно укоренилась в бизнесе, что и те, и другие порой не отдают себе отчета в том, что кайдзен стал стилем их мышления.

За два десятилетия, которые предшествовали нефтяным кризисам, мировая экономика достигла небывалого расцвета, и спрос на новые технологии и новые виды продукции был поистине неутолимым. В этот период с лихвой окупалась стратегия инноваций. Такая стратегия, импульс которой дают новые технологии, процветает в период динамичного развития при высоком уровне прибыли. Ее применению благоприятствует климат, в котором:

- рынки стремительно расширяются;
- потребительский спрос сориентирован на количество, а не на качество;
- ресурсы дешевые и в изобилии;

- присутствует стремление компенсировать низкую эффективность текущих операций успехом новых продуктов;
- наращивание объема продаж — более насущная задача менеджмента, чем снижение затрат.

Однако эти времена миновали. Нефтяные кризисы 1970-х гг. радикально и необратимо изменили международную экономическую ситуацию. Для новых экономических условий стали характерны:

- резкое повышение цен на сырье, энергию и труд;
- наличие излишков производственных мощностей;
- рост конкуренции между компаниями на насыщенных или сокращающихся рынках;
- изменение ценностной ориентации потребителя и ужесточение требований к качеству;
- потребность ускоренного создания и продвижения на рынок новых продуктов;
- потребность в снижении точки безубыточности (breakeven point).

Однако, невзирая на эти перемены, многие руководители продолжают придерживаться инновационного подхода и отказываются от разработки стратегий, отвечающих требованиям новой эры.

Неоднократно звучали предостережения о дальнейшем удорожании ресурсов и обострении конкуренции за завоевание потребителя через качество, о необходимости быстрее, чем когда-либо ранее, разрабатывать продукцию или услуги, более ориентированные на потребителя. Западные предприниматели, которые достаточно долго игнорировали все это, «внезапно» обнаружили грозного конкурента в лице японских компаний.

Сегодня, в условиях суровой конкуренции на рынке, любое промедление в освоении самых передовых технологий обходится дорого. Промедление в освоении новейших методов менеджмента может стоить не меньше. До сих пор западные предприниматели не торопились воспользоваться преимуществами инструментов кайдзен, разработанных японскими компаниями. Более того, многие западные руководители *вообще не знают* о существовании стратегии кайдзен и возможности ее использования для повышения своей конкурентоспособности.

Эта книга рассказывает о стратегии, которая позволяет успешно справиться с проблемами 1980-х и 1990-х гг. и нового века.

Преуспевающим компаниям удается предвосхищать перемены и преодолевать трудности, оставаясь, тем не менее, управляемыми. Благодаря стратегии кайдзен японские предприятия успешно разрабатывают, производят и реализуют конкурентоспособную продукцию. Многие западные предприниматели задаются вопросом, как японцы добились этого, но ученые, которые пытались ответить на этот принципиальный вопрос, почему-то упускали из виду кайдзен. Отмечая самые разные культурные, социальные и политические факторы, исследователи очень редко обращали внимание на концепцию, которая применяется в Японии вот уже более тридцати лет.

Эта книга объясняет, почему стратегия кайдзен так нужна, чтобы ответить на вызовы 1980-х и 1990-х гг. Столь пристальное внимание к ней не означает, что можно или до́лжно забыть об инновациях. Если компания стремится выжить и развиваться, нужны как инновации, так и кайдзен.

Большая часть публикаций о японском менеджменте способствовала лишь созданию неразберихи, поскольку каждый ученый объяснял секрет его успеха по-своему, нередко внушая читателю мысль о том, что подобные достижения невозможны на Западе. Такие слова, как качество, эффективность производства и прочие специальные термины, еще больше сбивали с толку неподготовленного читателя.

Я не собираюсь опровергать объяснения концепций японского менеджмента, которые предлагали другие авторы. Кайдзен — это методологическая основа всего лучшего, что есть в нем. Поэтому те читатели, которые обращаются к данной теме впервые, найдут в этой стратегии прочный фундамент для дальнейшего рассмотрения вопроса, а руководителям, изучающим японский менеджмент, стратегия кайдзен позволит свести воедино множество внешне не связанных и разрозненных наблюдений, сделанных другими авторами.

Многие методы японского менеджмента позволяют добиться успеха просто потому, что они хороши сами по себе. Их успех практически не связан с культурными факторами. А это означает, что такие приемы могут использоваться в любом другом месте и уже используются [за рубежом] с не меньшим успехом, чем в Японии. Так же, как в Японии есть неповоротливые компании, которые, будучи не в состоянии идти в ногу со временем, неизбежно терпят крах, так и в США есть преуспевающие компании, которые устанавливают новые стандарты качества товаров и услуг. Главное — не национальная принадлежность, а образ мышления.

Я хотел бы предложить кайдзен в качестве доминирующей концепции, основы эффективного менеджмента. Именно он объединяет методологию, системы и инструменты решения проблем, разработанные в Японии за последние 30 лет. Цель его применения — стремление к совершенствованию и попытки работать все лучше и лучше.

Поскольку кайдзен начинается с признания того, что у любой компании есть проблемы, предлагаемая концепция их решает, создавая такую корпоративную культуру, при которой каждый имеет возможность открыто говорить о нерешенных вопросах. Они могут касаться как одного функционального подразделения, так и сразу нескольких. Например, разработка нового изделия — типичная ситуация, требующая межфункционального сотрудничества и объединенных усилий тех, кто занимается маркетингом, технологией и производством.

На Западе межфункциональные проблемы часто рассматриваются с точки зрения разрешения конфликтов, в то время как стратегия кайдзен позволяет японским менеджерам опираться, прежде всего, на сотрудничество в целях межфункционального решения проблем. Здесь-то и кроется один из секретов конкурентного преимущества японского менеджмента.

В основе стратегии кайдзен лежит понимание того, что, если фирма стремится остаться в бизнесе и получать прибыль, ее менеджмент должен направить свои усилия на удовлетворение и обслуживание потребителя. Весьма существенны улучшения, касающиеся цены, качества и дисциплины поставки (соответствие требованиям по объемам и срокам). Кайдзен — это стратегия совершенствования, ориентированная на потребителя. Она исходит из того, что любые действия компании должны, в конечном счете, вести к улучшению удовлетворенности покупателя.

Соитиро Хонда из Honda Motor говорит, что, с точки зрения клиента, изделия либо качественны, либо нет. Третьего не дано. По его мнению, цель менеджмента — постоянно стремиться к производству лучшей продукции по более низким ценам. Стратегия кайдзен обеспечивает системный подход и инструменты решения проблем для достижения этой цели.

Движение кайдзен захватило большинство японских компаний и постоянно развивается. Причем бытует мнение, что менеджменту следует уделять этой стратегии не менее 50 процентов своего внимания. Японские менеджеры постоянно ищут способы совершенствования технологий и методов работы своей фирмы, и их деятельность в рамках кайдзен часто распространяется даже на такие сферы, как отношения между рабочими и менеджментом, практика маркетинга и отношения с поставщиками. Менеджеры среднего звена, мастера и рабочие также активно вовлечены в кайдзен. Инженеров на японских предприятиях часто предупреждают: «Если вы будете продолжать делать все так, как привыкли, прогресса вам не достичь».

Другой важный аспект связан с тем, что кайдзен формирует способ мышления, ориентированный на процесс (процессное мышление), и создает такую систему управления, которая поддерживает стремление сотрудников к совершенству, отмечая их усилия в этом направлении. Этот момент существенно отличает ее от западной практики менеджмента, где сотрудников вознаграждают исключительно за результаты, без учета затраченных усилий.

В этой книге я пытался объяснить, что происходит в некоторых японских компаниях и какие концепции стоят за стратегией кайдзен. Хотя теории и уделяется определенное место, все же основное мое внимание было направлено на внедрение. Я старался привести как можно больше примеров. Поскольку кайдзен — дело всех и каждого, думающий читатель быстро поймет, что эта стратегия будет не лишней и в его работе, а многие приемы можно незамедлительно применить на практике и извлечь из этого немалую пользу.

Эта книга также рассказывает о важной роли, которую играет кайдзен, обеспечивая конкурентоспособность японских компаний в международном масштабе. По существу, все компании можно разделить на две группы: те, которые исповедуют кайдзен, и те, которые не принимают эту концепцию. В то время как многие японские компании преуспевают, применяя кайдзен, большинство западных менеджеров до сих пор не осознали, какие возможности для достижения конкурентоспособности открывает перед ними данная стратегия. Отчасти это происходит из-за того, что до сих пор у них не было возможности ознакомиться со стратегией кайдзен поближе, отчасти — потому, что она сама до сих пор находилась в процессе становления. Тем не менее японские компании уже около тридцати лет работают с кайдзен, и стратегия сформировалась в достаточной мере, чтобы ее можно было описать и применить в любой организации. Вот для чего написана эта книга.

Масааки Имаи, 1986 год

Глава 1

КОНЦЕПЦИЯ КАЙДЗЕН

Ценности кайдзен

В 1950-е годы я работал в Japan Productivity Center в Вашингтоне, округ Колумбия. Мои обязанности состояли, главным образом, в сопровождении групп японских предпринимателей, которые посещали американские компании, изучая «секрет производительности американской промышленности».

В составе одной из таких исследовательских команд, которая приехала в США изучать производство внутризаводского транспорта, был Тосиро Ямада, представляющий технологический факультет Университета Киото, ныне заслуженный профессор в отставке. Недавно члены группы собрались, чтобы отметить 25-летие этой поездки.

Во время торжественного обеда Ямада сказал, что недавно теплые воспоминания побудили его вновь посетить несколько предприятий, на которых он бывал ранее, среди них сталелитейный завод Ривер Руж в Дирборне, штат Мичиган. Изумленно качая головой, он воскликнул: «Представьте себе, за двадцать пять лет этот завод совершенно не изменился».

Потом профессор рассказал о том, как недавно сопровождал группу предпринимателей, изучавших европейские предприятия, производящие облицовочную плитку. Осматривая один завод за другим, члены группы приходили все в большее смятение, пораженные устаревшими средствами производства.

Они были потрясены тем, что на этих предприятиях до сих пор используются ленточные транспортеры, и поэтому не только рабочие, но и посетители вынуждены проходить над или под ними, что не отвечает элементарным требованиям техники безопасности. Один из членов делегации сказал: «Что это за руководители, если их не волнует безопасность рабочих?!»

Сегодня в Японии ленточные транспортеры встретишь нечасто. Но там, где их продолжают использовать, они размещены таким образом, что людям не приходится проходить над или под ними.

Несмотря на эти замечания, Ямада отметил, что западные университеты и исследовательские институты оборудованы гораздо современнее японских, а их научные проекты отличаются оригинальностью и творческим подходом.

Недавно я ездил в Соединенные Штаты с Фудзио Умибэ, ведущим специалистом центра научно-исследовательских и опытно-конструкторских работ компании Toshiba, который рассказал мне о недавней встрече со своим коллегой, работавшим на одном из периферийных предприятий Toshiba в Японии. Узнав, что Умибэ не был на его заводе более десяти лет, этот человек упрекнул его: «Вам в самом деле стоит выбраться и посмотреть на наш завод. Вы его не узнаете!» Оказалось, что в течение недели в период летних отпусков в 1984 г. здесь была заменена четверть поточных линий.

Эти разговоры заставили меня задуматься о том, как по-разному японские и западные менеджеры подходят к своей работе. Невозможно представить себе, чтобы за четверть века на японском предприятии ничего не изменилось.

Я долго искал ключевую концепцию, которая могла бы объяснить два столь разных подхода к менеджменту и помогла понять, почему конкурентоспособность многих японских компаний постоянно растет. Чем, например, объяснить тот факт, что на Западе, где существуют самые современные предприятия и технологии и откуда приходит большая часть передовых идей, есть масса предприятий, которые практически не изменились с 1950-х гг.?

Все воспринимают перемены как нечто само собой разумеющееся. Недавно один американский босс большой международной фирмы сказал мне, что, открывая очередное заседание, председатель исполнительного комитета компании заявил: «Господа, наша работа — управлять переменами. А если мы не сможем, надо менять менеджмент». Улыбнувшись, мой знакомый сказал: «Все поняли, к чему он клонит!»

В Японии перемены — это тоже стиль жизни. Но все ли преобразования одинаковы? Ведь управлять переменами и менять менеджмент — не одно и то же. Мне пришло в голову, что следует провести грань между постепенными и скачкообразными изменениями. В то время как в Японии мы наблюдаем и то, и другое, западному образу жизни не свойственны плавные, поэтапные изменения. Чем же объясняется такое различие?

Этот вопрос заставил меня задуматься о ценностях. Может быть, различие ценностных ориентаций общества в Японии и на Западе — причина разного отношения к постепенным и скачкообразным переменам? Последние замечаются сразу всеми заинтересованными лицами и, как правило, воспринимаются с воодушевлением и энтузиазмом. Так обстоит дело и в Японии, и на Западе. А постепенные преобразования? Говоря о том, что невозможно представить себе японское предприятие, которое не модифицируется годами, я имею в виду как постепенные, так и скачкообразные перемены.

Размышляя над этим, я решил, что ключевое различие в понимании изменений в Японии и на Западе заключается в концепции кайдзен, принципы которой для многих японских менеджеров столь естественны, и само собой разумеется, что они применяют их, не отдавая себе в этом отчета. Понятие кайдзен объясняет, почему компании в Японии не могут долго оставаться неизменными. После долгих лет изучения западной практики ведения бизнеса я пришел к выводу, что концепция кайдзен сегодня не существует или выражена весьма слабо в большинстве западных компаний. И, что еще хуже, они отвергают ее, не имея ни малейшего понятия об ее принципах. Берет свое старый синдром «у нас это не приживется». Именно отсутствием кайдзен объясняется, почему американский или европейский завод может совершенно не меняться в течение четверти века.

Сущность кайдзен очень проста: совершенствование. Более того, это непрерывный процесс совершенствования, в котором участвуют все — и менеджеры, и рабочие. Философия кайдзен предполагает, что наш образ жизни, будь то работа, общественная или семейная жизнь, заслуживает постоянного улучшения.

Пытаясь постичь японское послевоенное «экономическое чудо», ученые, журналисты и предприниматели добросовестно изучали такие факторы, как движение за производительность, всеобщий контроль качества (TQC), работа малых групп, система подачи предложений, автоматизация, промышленные роботы и трудовые отношения. Они уделяли самое пристальное внимание некоторым уникальным для японского менеджмента практикам, таким, как система пожизненного найма, надбавка за выслугу лет и профсоюзы предприятий. И все же, по моим ощущениям, все они упускали из виду очень простую истину, которая скрывалась за множеством мифов о японском менеджменте.

Сущность большинства «уникальных для Японии» методов менеджмента, будь то повышение производительности, мероприятия по TQC (всеобщему контролю качества), кружки КК (контроля качества) или трудовые отношения, можно свести к одному слову: кайдзен. Заменив такие слова, как производительность, SQC (статистический контроль качества), НД (нуль дефектов), канбан*, термином «кайдзен», мы сможем получить куда более

---

* Слово *канбан* означает бирки, карточки или заказы. При организации производства по системе «точно вовремя» рабочий, занимающийся последующей технологической операцией, отбирает детали из предыдущей при помощи системы *канбан*, сигнализирующей о получении им требуемого количества конкретных деталей. Когда все детали израсходованы, та же самая бирка *канбан* возвращается (прикрепленная к возвратной таре) на участок, поставляющий детали, превращаясь в заказ на поставку новой партии. В качестве важного инструмента производства по системе «точно вовремя» *канбан* стал синонимом такой организации производства. Система «точно вовремя» впервые была применена в Toyota Motor Corp., чтобы минимизировать запасы и, таким образом, снизить потери. В ее основе лежит принцип: требуемые детали доставляются в производственный процесс «точно вовремя». — *Прим. авт.* / Отметим, что на Западе и у нас в стране получило распространение написание этого термина в виде «канбан», а не «камбан». Это связано с «тугоухостью» американских специалистов, которые ввели этот термин в международное обращение. — *Прим. ред.*/

Рис. 1.1. «Зонтик» кайдзен

четкое представление о том, что происходит в японской промышленности. Кайдзен — это «зонтик», под которым укрылась большая часть этих «уникальных для Японии» практик, снискавших в последнее время мировую известность (см. рис. 1.1).

Основное значение TQC или CWQC (контроля качества в масштабе всей компании) в том, что эти концепции помогли японским фирмам сформировать мышление, *ориентированное на процесс,* и разработать стратегии непрерывного совершенствования, причем в этот процесс вовлечены сотрудники на всех уровнях организационной иерархии. Центральная идея кайдзен заключается в том, что без совершенствования в компании не должно проходить ни дня.

Для японской ментальности характерна вера в бесконечные возможности совершенствования. Как гласит наша старая пословица: «Если вы не встречались с другом три дня, присмотритесь получше, и вы увидите, что в нем изменилось». Смысл этого высказывания в том, за три дня человек не может остаться прежним, поэтому нужно быть внимательным, чтобы заметить эти перемены.

После Второй мировой войны большинство японских компаний начинало буквально с нуля. Каждый день бросал менеджерам и рабочим новые вызовы и каждый день приносил новые успехи. Без постоянного движения вперед предприятия не могли выжить, и кайдзен превратился в образ жизни. Кроме того, по счастливому стечению обстоятельств в 1950-е и начале

1960-х гг. такие специалисты, как У. Э. Деминг и Дж. М. Джуран, ознакомили японцев с различными инструментами, которые позволили поднять концепцию кайдзен на новые высоты. Однако большинство новых стратегий, методов и инструментов, которые широко применяются в Японии сегодня, были разработаны позднее непосредственно в нашей стране и представляют собой качественный сдвиг по сравнению со статистическим контролем качества и всеобщим контролем качества, применявшимися в 1960-е гг.

Кайдзен и менеджмент

На рис. 1.2 показано, как распределяются в Японии рабочие функции. Как видно, две главные компоненты менеджмента — это поддержание и совершенствование. Под поддержанием понимаются действия, призванные сохранять текущие технологические, управленческие и организационные стандарты; под совершенствованием — действия, направленные на улучшение действующих стандартов.

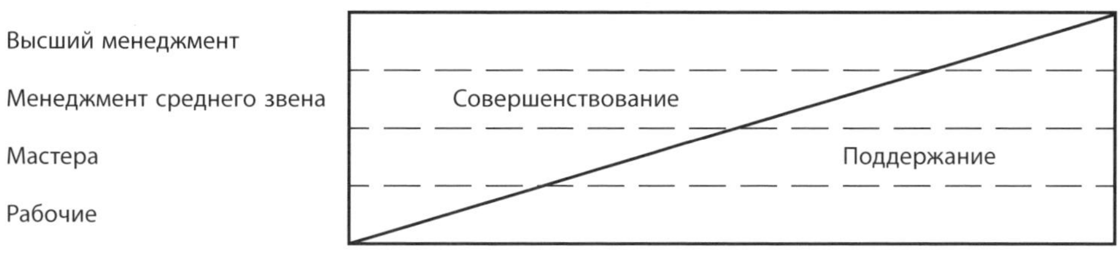

Рис. 1.2. Японское понимание распределения рабочих функций (1)

Задачи менеджмента в рамках поддержания состоят в том, чтобы обеспечить каждому сотруднику компании возможность следовать СРП (стандартной рабочей процедуре). Это значит, что менеджмент сначала должен определить политику, правила, директивы и процедуры, касающиеся всех основных операций, а затем следить, чтобы все использовали СРП. Если люди могут ее придерживаться, но не делают этого, руководство применяет дисциплинарные меры. Если люди *не могут* следовать стандартной процедуре, менеджеры обязаны либо обучить их, либо пересмотреть и исправить стандарт таким образом, чтобы появилась возможность действовать в соответствии с ним.

В любой сфере профессиональной деятельности работают на основе стандартов, установленных менеджментом, явно или по умолчанию. Поддержание предполагает их соблюдение благодаря обучению и дисциплине. Японское понимание управления сводится к следующему: соблюдать стандарты и совершенствовать их.

Чем выше иерархический уровень менеджера, тем больше он занят вопросами совершенствования. Неквалифицированный рабочий, стоящий у станка, практически все время следует инструкции. Однако по мере приобретения опыта он начинает думать об улучшениях, совершенствовать свои методы труда, внося собственные предложения самостоятельно или в составе группы.

Спросите любого менеджера из преуспевающей японской компании, какую задачу ставит перед собой высший менеджмент, и он ответит «кайдзен», то есть совершенствование, которое означает установление более высоких стандартов. Как только они установлены, задача менеджмента — следить за их соблюдением. Стабильное улучшение достигается лишь тогда, когда люди работают по более высоким стандартам. Таким образом, поддержание и совершенствование превратились для большинства японских руководителей в неразрывные понятия.

Что такое совершенствование? Его можно разбить на кайдзен и инновации. Кайдзен означает небольшие улучшения в ходе текущей работы, не меняющие статус-кво. Инновация представляет собой коренное преобразование, которое изменяет статус-кво и осуществляется в результате крупных инвестиций в новую технологию и/или оборудование. На рис. 1.3 показано соотношение поддержания, кайдзен и инновации с точки зрения японского менеджмента.

При этом большинство западных менеджеров видит распределение функций так, как это показано на рис. 1.4. Здесь остается мало места для концепции кайдзен.

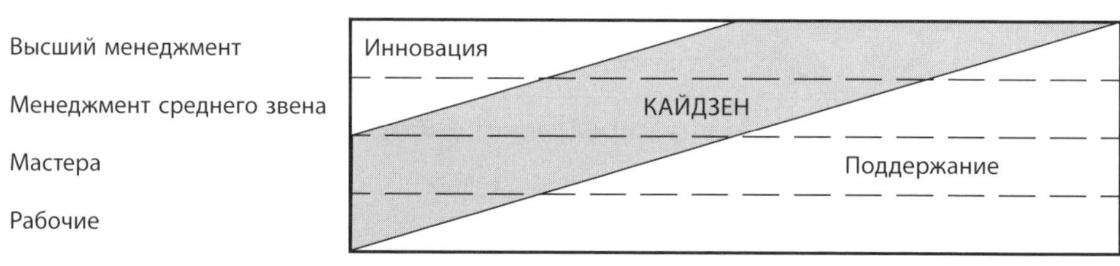

Рис. 1.3. Японское понимание распределения рабочих функций (2)

Рис. 1.4. Западное понимание распределения рабочих функций

Иногда в области индустрии высоких технологий можно встретить иной тип менеджмента, показанный на рис. 1.5. Это компании, которые внезапно появляются, бурно развиваются и столь же быстро исчезают, когда их первый успех идет на убыль или меняется ситуация на рынке.

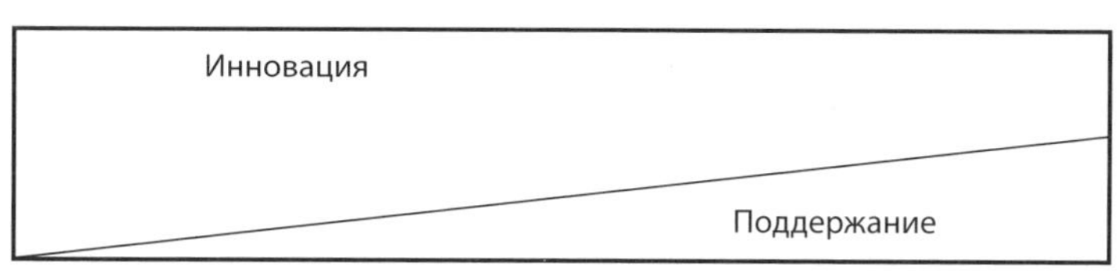

Рис. 1.5. Распределение функций при ориентации на инновации

Худшие компании — это те, что сосредоточены исключительно на поддержании и не видят внутренних стимулов для кайдзен или инноваций. Конкуренция и изменение условий рынка вынуждают их менеджмент к изменениям, но при этом он не представляет себе, в каком направлении надо идти.

Поскольку кайдзен — непрерывный процесс, в котором участвуют все сотрудники компании, то менеджеры любого уровня, так или иначе, занимаются кайдзен. Это показано на рис. 1.6.

Высший менеджмент	Менеджеры среднего звена и персонал	Мастера	Рабочие
Неукоснительно внедряют кайдзен как корпоративную стратегию	Развертывают и реализуют цели кайдзен, которые определены высшим менеджментом через развертывание политики и межфункциональный менеджмент	Используют кайдзен в функциональных ролях	Занимаются кайдзен, подавая предложения и участвуя в работе малых групп
Обеспечивают поддержку и руководство кайдзен, распределяя ресурсы		Разрабатывают планы для кайдзен и руководят рабочими	Соблюдают дисциплину на участке
Определяют политику кайдзен и межфункциональные цели	Используют кайдзен в собственной деятельности	Поддерживают обмен информацией между рабочими и их высокий моральный дух	Постоянно самосовершенствуются, приобретая навыки решения проблем
Реализуют цели кайдзен через развертывание политики и аудиты	Устанавливают, поддерживают и совершенствуют стандарты	Поддерживают действия малых групп (таких, как кружки контроля качества) и систему подачи индивидуальных предложений	Совершенствуют свои навыки и показатели работы через взаимное обучение
Строят системы, процедуры и структуры, способствующие кайдзен	Формируют у сотрудников кайдзен-мышление через интенсивные программы обучения		
	Помогают сотрудникам развить навыки и освоить инструменты решения проблем	Следят за дисциплиной на участке	
		Вносят предложения по кайдзен	

Рис. 1.6. Иерархия вовлеченности персонала в кайдзен

Внедрение контроля качества в кайдзен

Хотя менеджмент обычно озабочен такими вопросами, как производительность и качество, тема данной книги — взглянуть на обратную сторону картины — стратегию кайдзен.

В ходе любой серьезной дискуссии о качестве сразу встает вопрос о том, как его определить, оценить, а также какие оно дает преимущества. Формулировок столько, сколько тех, кто пытается их дать, и единого мнения о том, что представляет собой качество или каким ему следует быть, нет. То же самое верно в отношении производительности. Разные люди вкладывают в этот термин разный смысл, зачастую почти противоположный, при этом менеджмент и рабочие часто не сходятся во мнениях.

Но в чем бы ни заключалась сущность качества или производительности, кайдзен всегда был оборотной стороной медали по отношению к этим понятиям. Как только речь заходит о кайдзен, все становится удивительно просто. Прежде всего, никто не ставит под сомнение ценность совершенствования, которое носит всеобщий характер, само по себе — благо и хорошо уже по определению. В какой бы сфере деятельности ни имело место усовершенствование, оно, в конечном счете, ведет к повышению качества и производительности.

Отправная точка для совершенствования — выявление потребности. Для этого требуется признать наличие проблемы. Если она не выявлена, значит, нет нужды в совершенствовании. Самоуспокоенность и самодовольство — заклятые враги кайдзен. Следовательно, эта концепция делает акцент на признание проблемы и дает ключ к ее выявлению.

Если проблема известна, ее нужно решать. Таким образом, кайдзен, кроме того, представляет собой процесс решения проблемы и на практике требует использования различных инструментов. С решением любой проблемы совершенствование выходит на новые рубежи. Это следует отразить в новых стандартах, чтобы закрепить достижения. Следовательно, кайдзен требует также стандартизации.

Такие термины, как КК (контроль качества), SQC (статистический контроль качества), кружки КК, TQC (или CWQC — контроль качества в масштабе всей компании), часто упоминаются в связи с кайдзен. Чтобы избежать путаницы, ниже мы поясним эти термины.

Как уже говорилось, слово *качество* можно понимать по-разному, и нет единого мнения о том, что оно представляет собой на самом деле. В широком смысле этот термин применим ко всему, что можно улучшить. С этой точки зрения качество свойственно не только товарам и услугам, но и методам работы людей, машин и механизмов, а также системам и процедурам. Оно свойственно всем аспектам деятельности человека. Поэтому удобнее говорить о кайдзен, а не о качестве или производительности.

Английское слово *improvement* (совершенствование, улучшение) в западном контексте чаще всего применяется к оборудованию, а не к человеческому фактору. Понятие кайдзен, в отличие от него, носит всеобъемлющий характер и может применяться к любому аспекту деятельности человека. Однако при этом не следует забывать, что термины «качество» и «контроль качества» играют жизненно важную роль в развитии кайдзен в Японии.

Сразу после поражения, которое страна потерпела во время войны, Хадзимэ Карацу, технический консультант Matsushita Electric Industrial, работал с NTT (Nippon Telegraph and Telephon Public Corp.) как начинающий инженер по контролю качества. У NTT были серьезные проблемы. «Кому бы я ни пытался позвонить, я неизменно ошибался номером», — вспоминает Карацу. Сознавая катастрофическое положение дел, сотрудники генерала Макартура пригласили нескольких американских специалистов по контролю качества из Western Electric, чтобы исправить ситуацию в NTT. Американские эксперты сказали менеджменту компании, что единственный выход — применение контроля качества. Карацу рассказывает: «Мы самолюбиво сообщили им, что применяем в NTT контроль качества по-японски. Но когда они захотели взглянуть на наши контрольные карты, мы даже не представляли, о чем идет речь!»

После столь позорного начала в конце 1940-х гг. в Японии стали приниматься меры по совершенствованию методов контроля качества. Примером было учреждение подкомитета по контролю качества в Union of Japanese Scientists and Engineers (JUSE). Примерно в это же время Japanese Standard Association организовала семинары по статистическому контролю качества.

В марте 1950 г. JUSE начала издавать журнал *Statistical Quality Control*. В июле того же года в Японию для преподавания статистических методов контроля качества на 8-дневном семинаре, организованном JUSE, был приглашен У. Э. Деминг. В 1950-х гг. он посетил Японию несколько раз, и во время одного из таких визитов сказал знаменитые пророческие слова о том, что скоро эта страна наводнит мировой рынок качественной продукцией.

Кроме того, ученый ознакомил японцев с одним из важнейших инструментов контроля качества, так называемым «циклом Деминга»*, который называют также колесом Деминга или циклом PDCA («планируй — делай — проверяй — воздействуй») (см. рис. 1.7). Он подчеркивал важность взаимосвязи между исследованиями, проектированием, производством и продажами для достижения более высокого качества, удовлетворяющего потребителя. Деминг учил, что это колесо следует поворачивать, исходя, прежде всего, из соображений качества и ответственности за него. При соблюдении этих условий, утверждал он, компания сможет завоевать доверие потребителя, добиться признания своей продукции на рынке и процветания.

В июле 1954 г. в Японию был приглашен Дж. М. Джуран для проведения семинара JUSE по менеджменту качества. Впервые вопрос качества рассматривался с точки зрения общего менеджмента.

---

* У нас в стране его принято называть «циклом Шухарта–Деминга». — *Прим. ред.*

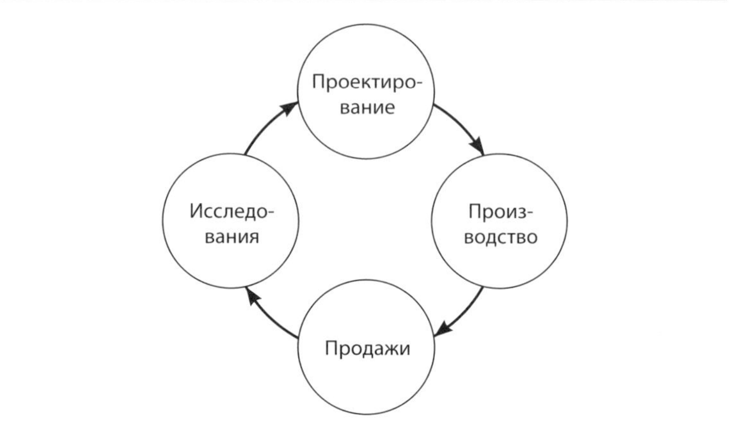

Рис. 1.7. Колесо Деминга

В 1956 г. Japan Shortwave Radio включило в число своих образовательных программ курс по контролю качества. В ноябре 1960 г. торжественно открылся первый государственный месячник контроля качества, тогда же официально утвердили знаки и флаги качества. Затем, в апреле 1962 г., JUSE начала выпускать журнал *Quality Control for the Foreman*, и в том же году был создан первый кружок контроля качества*.

Кружок контроля качества (КК) представляет собой малую группу, которая постоянно и *добровольно* работает в цехе в рамках существующей в компании общей программы по контролю качества, саморазвитию, взаимному образованию и управлению процессом и совершенствованием. Деятельность кружков КК — это лишь *часть* программы, которая разворачивается в масштабах компании; TQC или CWQC никогда не исчерпывается только их работой.

Те, кто интересовался кружками КК в Японии, знает, что они часто уделяют внимание проблемам, связанным с затратами, безопасностью и производительностью, и что их деятельность часто лишь опосредованно связа-

---

* История японского движения за качество после Второй мировой войны еще не написана по-русски в полном объеме. Пока же читатель может обратиться, например, к следующим источникам: Нив Г. Пространство доктора Деминга. — В 2-х книгах. — Книга 1. — Перевод с английского / Под общей редакцией Ю.Т. Рубаника, Ю.П. Адлера. — Тольятти: Городской общественный фонд «Развитие через качество», 1998. — 336 с.; Нив Г. Пространство доктора Деминга. — В 2-х книгах. — Книга 2. — Перевод с английского / Под общей редакцией Ю.П. Адлера. — Предисловие Ю.П. Адлера, Ю.Т. Рубаника. — М.: РИА «Стандарты и качество», 2003. — 152 с.; Вумек Дж., Джонс Д. Бережливое производство. Как избавиться от потерь и добиться процветания вашей компании. — Перевод с английского / Научн. ред. Ю. П. Адлер. — М.: Альпина Бизнес Букс, 2004. — 473 с.; Иняц Н. Малая энциклопедия качества. Часть 3. Современная история качества. — Перевод с хорватского / Под общей редакцией Ю.В. Василькова и Н.Н. Аниськиной. — М.: РИА «Стандарты и качество», 2003. — 224 с. (К сожалению, русский перевод последней книги грешит неточностями.) — *Прим. ред.*

на с повышением качества продукции, по большей части она направлена на совершенствование в пределах цеха.

Без сомнения, кружки КК сыграли важную роль в повышении качества продукции и производительности в Японии. Однако зарубежные наблюдатели часто преувеличивают их значение, полагая, что они служат основой всеобщего контроля качества в стране. Это глубочайшее заблуждение, в особенности если речь идет о японском менеджменте. Объем работ кружков КК обычно составляет от 10 до 30% общего объема работ по TQC в наших компаниях.

За этими преобразованиями менее заметна эволюция самого термина «контроль качества» (КК) в Японии. Как и во многих западных компаниях, он изначально применялся по отношению к производственному процессу, в частности, к технической инспекции для отбраковки не соответствующего требованиям входного сырья или продукции на выходе поточной линии. Но очень скоро пришло понимание того, что контроль такого рода не позволяет повысить качество продукции, которое следует создавать в ходе производства. Фраза «встраивать качество в процесс» была (и остается) актуальной для Японии. После выступлений Деминга именно на этой стадии стали применять контрольные карты и другие статистические инструменты.

Лекции Джурана в 1954 г. осветили еще один аспект проблемы. Впервые в Японии КК стал рассматриваться как жизненно важный инструмент *менеджмента*. С этого момента этот термин стал обозначать как сам контроль качества, так и методы общего совершенствования эффективности управления.

Первоначально КК применялся в тяжелой промышленности, в частности, при производстве стали. Поскольку в этих отраслях нужен инструментальный контроль, применение SQC (статистического контроля качества) было жизненно важным. По мере того как КК распространился на машиностроение и автомобильную промышленность, где очень важен контроль производственного процесса, потребность в SQC стала еще более острой.

Позднее КК стал применяться и в отраслях, производящих потребительские товары длительного пользования и бытовую технику. Здесь, чтобы удовлетворить потребителя, который становился все более взыскательным, качество закладывается уже на стадии проектирования. Сегодня менеджмент подчеркивает важность учета качества до начала разработки и проектирования, и это означает, что с самого начала анализируется информация о запросах потребителя и применяется маркетинг.

Тем временем КК превратился в полноправный инструмент менеджмента кайдзен, в котором принимают участие все сотрудники. Такую деятельность, которая осуществляется в масштабе всей организации, часто называют TQC (всеобщий контроль качества) или CWQC (контроль качества в масштабе всей компании). Какое бы название ни использовалось, TQC или CWQC обозначают деятельность в русле кайдзен, в которую вовлечены все сотрудники компании, от менеджеров до рабочих. С годами КК превратился в SQC, а затем в TQC или CWQC, и каждый раз, выходя на новый уровень, контроль качества повышал эффективность управления. Поэтому такие слова, как КК и SQC, стали почти синонимами кайдзен. Именно поэтому, рассказывая, что такое кайдзен, я постоянно обращаюсь к таким понятиям, как КК, TQC и CWQC.

С другой стороны, функция контроля качества в изначальном смысле слова остается в силе. Обеспечение качества по-прежнему неотъемлемая часть менеджмента, и большинство компаний имеют в своем составе отдел ОК (обеспечения качества). Некоторую путаницу вносит то, что мероприятия TQC или CWQC иногда проводятся отделом обеспечения качества, а иногда — отдельной службой TQC. Поэтому важно, чтобы понятия, связанные с КК, рассматривались в контексте.

Кайдзен и TQC

Рассмотрение движения TQC как части стратегии кайдзен позволяет получить более ясное представление о японском подходе. Прежде всего, следует отметить, что мероприятия TQC в Японии направлены не только на контроль качества. Термин «контроль качества» вводит людей в заблуждение и часто интерпретируется слишком узко как контроль качества продукции. На Западе понятие КК главным образом связано с технической проверкой готовой продукции, и когда о ней заходит речь, высший менеджмент, который обычно полагает, что контроль качества — не его дело, сразу теряет интерес к разговору.

К сожалению, на Западе вопросы TQC в основном обсуждаются в технических изданиях, тогда как эта проблема должна быть в центре внимания журналов по менеджменту. В Японии создана тщательно продуманная система стратегий кайдзен, которые служат инструментами движения TQC. Они по праву стоят в одном ряду с самыми выдающимися достижениями менеджмента XX века. Однако из-за узкого понимания КК на Западе большинство их специалистов, изучающих японский контроль качества, не могут понять подлинного значения этой деятельности и ее масштабов. При этом в Японии постоянно разрабатываются и испытываются новые методы и инструменты TQC.

Они постоянно совершенствуются, не оставаясь неизменным ни дня. Например, до сих пор непременной принадлежностью TQC были так называемые семь статистических инструментов, которые широко использовались кружками КК, инженерами и менеджерами. В последнее время в дополнение к этим семи инструментам появились «Семь новых», используемых для решения более сложных проблем, таких, как разработка новой продукции, совершенствование инфраструктуры, повышение качества и снижение затрат. Новинки в этой сфере появляются почти ежедневно. (Семь статистических инструментов и «Семь новых» представлены в Приложении Е.)

Мероприятия TQC в Японии направлены на повышение эффективности управления на всех уровнях. Поэтому обычно они затрагивают следующие аспекты:

1. Обеспечение качества.
2. Снижение затрат.
3. Достижение производственных квот.
4. Соблюдение дисциплины поставок.
5. Безопасность.
6. Разработку новой продукции.
7. Повышение производительности.
8. Управление поставщиками.

В последнее время TQC стал, помимо этого, включать маркетинг, продажи и услуги. Более того, он занимается теперь такими важными вопросами управления, как развитие организации, межфункциональный менеджмент, развертывание политики и структурирование качества*. Иными словами, менеджмент используeт TQC как инструмент для улучшения всех показателей. Далее в этой книге будет дано подробное истолкование перечисленных понятий.

Те, кто внимательно следил за кружками качества в Японии, знают, что они в основном занимаются такими вопросами, как затраты, безопасность и производительность, а их действия, часто лишь опосредованно связанные с повышением качества продукции, по большей части направлены на совершенствование рабочего места.

Внимание менеджеров в рамках TQC направлено главным образом на такие сферы, как образование, совершенствование систем, развертывание политики, межфункциональный менеджмент, к которым в последнее время добавилось структурирование качества.

Подробно взаимосвязь TQC и кайдзен рассматривается в главе 3.

Кайдзен и система предложений

Японский менеджмент совместными усилиями вовлекает сотрудников в кайдзен через систему предложений. Таким образом, она становится неотъемлемой частью сложившейся системы менеджмента, и число предложений, поданных рабочими, расценивается как важный критерий оценки

---

* Здесь речь идет о знаменитой японской разработке, называемой QFD (структурирование функции качества), которая лишь упоминается несколько раз в этой книге. (Некоторые предпочитают вместо структурирования говорить «развертывание», что представляется менее точным.) За дополнительной информацией читатель может обратиться, например, к работе: Адлер Ю.П. Качество и рынок, или Как организация настраивается на обеспечение требований потребителей. — В сб.: Поставщик и потребитель. — М.: РИА «Стандарты и качество», 2000. — 128 с.; С. 35–81. — *Прим. ред.*

эффективной деятельности их мастеров. А менеджер этих мастеров, в свою очередь, готов помочь им в том, чтобы рабочие подавали больше предложений.

В большинстве японских компаний, действующих в рамках программ кайдзен, система контроля качества и система подачи предложений согласованы между собой. Можно лучше понять роль кружков КК, если рассматривать их совокупность как метод подачи групповых предложений по совершенствованию.

Одна из отличительных особенностей японского менеджмента состоит в том, что он способствует подаче рядовыми сотрудниками огромного числа предложений и не жалеет сил на их рассмотрение, нередко включая их в общую стратегию кайдзен. Для менеджмента ведущих японских компаний в порядке вещей провести целый день на презентации результатов деятельности кружков качества, присуждая премии в соответствии с заранее установленными критериями. Руководство стремится выразить рабочим и служащим признательность за их усилия по совершенствованию, стараясь, чтобы их работа не осталась незамеченной. Часто о числе поданных предложений извещает доска объявлений прямо на участке, что поощряет индивидуальные и групповые формы соревнования.

Другой важный аспект системы предложений состоит в том, что каждое внедренное новшество ведет к пересмотру стандарта. Например, когда по предложению рабочего на станке устанавливается «дуракоустойчивое» приспособление, возможно, ему придется действовать немного иначе и быть более внимательным. Но поскольку новый стандарт устанавливается по его собственной воле, он им гордится и охотно его соблюдает. Если же, напротив, человека принуждают следовать стандарту, установленному менеджментом, он будет трудиться с меньшим энтузиазмом.

Таким образом, подавая предложения, сотрудники получают возможность участвовать в кайдзен на рабочем месте, играя важную роль в установлении более высоких стандартов. В недавнем интервью председатель Toyota Motor Эйдзи Тоёда сказал: «Для японских рабочих характерно то, что они работают не только руками, но и головой. Наши рабочие вносят 1,5 миллиона предложений в год, и 95 процентов из них находят практическое применение. Стремление к совершенству на Toyota столь велико, что ощутимо почти физически в атмосфере, царящей у нас».

О системе предложений в японских компаниях рассказывается в главе 4.

Кайдзен и конкуренция

Западные менеджеры, имеющие опыт ведения бизнеса в Японии, неизменно отмечают острое соперничество между японскими компаниями, что, по-видимому, способствует повышению их конкурентоспособности и на международных рынках. Японские фирмы сражаются за рост своей рыночной ниши, представляя новую, более безупречную продукцию и совершенствуя новейшие технологии.

Обычно движущими силами конкуренции служат цена, качество и обслуживание. В Японии, однако, можно с уверенностью сказать, что целью конкуренции часто служит сама конкуренция. Японские компании сейчас состязаются даже во внедрении более ускоренных и лучших программ кайдзен!

Вполне понятно, что там, где основной критерий оценки успеха бизнеса — прибыль, компания может не меняться в течение четверти века. Там же, где фирмы соперничают в эффективности кайдзен, совершенствование просто обязано быть непрерывным. Кайдзен гарантирует постоянное совершенствование ради совершенствования. Если движение кайдзен началось, процесс улучшений становится необратимым.

Менеджмент, ориентированный на процесс, и менеджмент, ориентированный на результат

Кайдзен порождает мышление, ориентированное на процесс, поскольку, чтобы получить более высокие результаты, надо сначала улучшить процесс. Более того, кайдзен рассчитан на человека и на усилия, предпринимаемые людьми. Это резко контрастирует с мышлением большинства западных менеджеров, ориентированным на результат.

По словам Маюми Оцубо, менеджера по проведению соревнований и рекламных акций в Bridgestone Tire Co, Япония — это общество, ориентированное на процесс, в то время как США — общество, ориентированное на результат. Так, оценивая показатели сотрудников фирмы, японский менеджер уделяет особое внимание отношению человека к работе. Если менеджер по продажам анализирует показатели продавцов, его оценка обязательно включает такие ориентированные на процесс критерии, как время, затраченное на привлечение новых клиентов; время, использованное на телефонные звонки клиентам по сравнению со временем, в течение которого продавцы занимались канцелярской работой в офисе; процент новых контактов, завершившихся заключением сделки. Принимая во внимание эти показатели, менеджер по продажам заботится о том, чтобы его сотрудник рано или поздно улучшил результаты работы. Иными словами, считается, что процесс не менее важен, чем совершенно конкретный намеченный результат — объем продаж!

Национальный вид спорта в Японии — сумо. На соревнованиях по этому виду борьбы всегда вручаются три награды: за лучший показатель, за мастерство и за боевой дух. Приз за боевой дух вручается борцу, который на протяжении 15-дневного турнира проявил особую стойкость в боях, даже если его соотношение побед/поражений оставляет желать лучшего. Ни одна из трех названных наград не присуждается только за результат, то есть за число выигранных схваток. Это яркий пример японской ментальности, ориентированной на процесс.

Я не хочу сказать, что в сумо успех в борьбе не имеет значения. Месячный доход каждого борца зависит в первую очередь от соотношения побед и поражений. Речь идет о том, что важны не только победы, и о том, что победа — это еще не все.

Японские храмы и алтари часто возводят в горах, и самый главный алтарь обычно находится в святилище, которое строят на вершине самой высокой горы. Тот, кто хочет там помолиться, должен пройти через густой лес, подняться по крутым каменным ступеням и пройти под многочисленными деревянными воротами, которые называются *тории*. В храме Fushimi Inari Shrine рядом с Киото, например, на пути к алтарю их сооружено 15 000! К тому моменту, когда верующий приближается к цели, его душа успевает очиститься, а сам он проникается священной атмосферой храма. Добраться туда почти так же важно, как помолиться.

В США, как правило, не имеет значения, насколько усердно работает сотрудник. Отсутствие высоких показателей неизменно ведет к низкой оценке его труда и низкому доходу или статусу. Личный вклад оценивается только по конкретному результату. В обществе, ориентированном на результат, засчитывается только результат.

Оцубо из Bridgestone Tire Co утверждает, что именно мышление, ориентированное на процесс, позволило японской промышленности получить конкурентное преимущество на мировых рынках и что именно японское мышление, ориентированное на процесс, воплощается в концепции кайдзен. Такие установки менеджмента в значительной степени определяют то, как организации осуществляют перемены. Высший менеджмент, ориентированный только на процесс, рискует оказаться без долгосрочной стратегии, упустить новые идеи и инновации, до отвращения инструктируя сотрудников, как им выполнять каждый свой шаг, и не видя за деревьями леса. Менеджер, ориентированный на результат, более гибок при постановке целей и может мыслить стратегически. Однако он склонен пренебрегать мобилизацией и перегруппировкой ресурсов при реализации избранной стратегии.

Оцубо полагает, что ориентированные на результат критерии оценки показателей, по-видимому, — наследие «общества массового производства» и что критерии, ориентированные на процесс, набирают силу в постиндустриальном, высокотехнологичном, высокоинтеллектуальном обществе. Различие между мышлением, ориентированным на процесс, и мышлением, ориентированным на результат в бизнесе, можно наглядно пояснить при помощи рис. 1.8.

Если мы проанализируем роль менеджера, то обнаружим, что стремление к поддержке и поощрению направлено на совершенствование процесса, а управление при помощи «кнута и пряника» нацелено на результат. В соответствии с концепцией кайдзен руководитель должен, прежде всего, поддерживать и поощрять *стремление* людей совершенствовать процесс. В таком случае он нуждается в критериях, ориентированных на процесс. Менеджер,

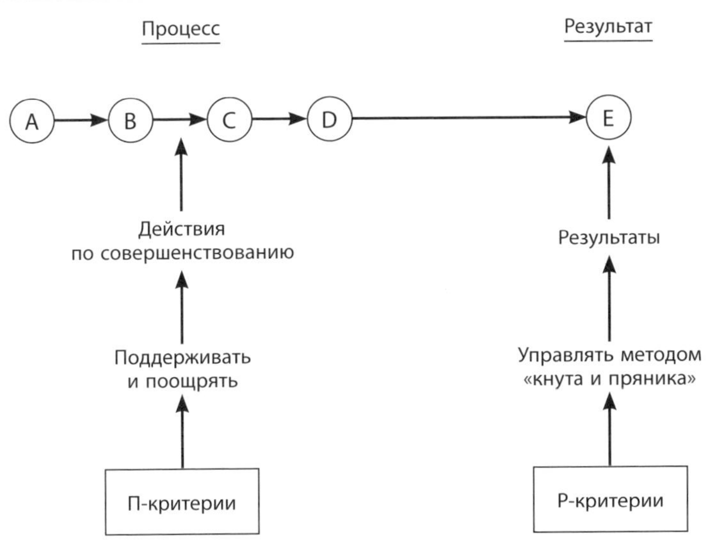

Рис. 1.8. Критерии, ориентированные на процесс (П), и критерии, ориентированные на результат (Р)

который занимается главным образом контролем, интересуется только показателями и пользуется критериями, ориентированными на результат. Для краткости мы будем называть критерии, ориентированные на процесс, П-критериями, а критерии, ориентированные на результат, Р-критериями.

Первые предполагают учет долгосрочной перспективы, поскольку они оценивают усилия людей и часто требуют изменений в их поведении. Вторые носят более прямой и краткосрочный характер.

Можно лучше понять различие между П-критериями и Р-критериями, рассматривая подход японского менеджмента к работе кружков контроля качества.

Обычно она направлена на улучшения на рабочем месте, и здесь весьма важна система поддержки. Говорят, что кружки КК, которые создаются на Западе, часто недолговечны. По-видимому, причина кроется главным образом в недостатках системы, которая не отвечает потребностям членов такой группы. Если менеджмент заинтересован только в результатах, он оценивает работу кружков КК только с точки зрения Р-критериев, которые в этом случае часто представляют собой деньги, сэкономленные в результате их работы. В соответствии с этим интерес и поддержка менеджмента напрямую зависят от экономии, которую обеспечивают члены кружка КК.

С другой стороны, если менеджмент поддерживает их работу, направленную на совершенствование, он в первую очередь устанавливает П-критерии. В чем именно они выражаются?

Очевидно, что можно использовать ежемесячное число совещаний, их посещаемость, число решенных проблем (заметьте, это не то же самое, что сэкономленные деньги) и представленных отчетов. Каков подход членов кружка КК к решению сложных вопросов? Принимают ли они во внимание текущее положение дел в компании при постановке задач? Учитывают ли они, работая над решением проблемы, такие факторы, как безопасность, качество и затраты? Ведут ли их действия к совершенствованию существующих стандартов? Таковы некоторые П-критерии, которые следует использовать при оценке усилий и меры соучастия членов кружков качества.

Как правило, они собираются дважды в месяц, и если какая-то группа проводит совещания в среднем три раза за тот же период, это говорит о том, что ее члены прилагают немного больше усилий, чем остальные. Посещаемость — тоже показатель, который определяет степень активности лидера кружка КК или его куратора.

Р-критерии обычно несложно выразить количественно. Фактически в большинстве компаний в распоряжении менеджмента есть только такие критерии, поскольку они обычно связаны с показателями объема продаж, затрат и прибыли. Однако в большинстве случаев для П-критериев тоже можно найти цифровое выражение. В случае кружков КК, например, японский менеджмент разработал тщательно продуманные показатели для количественного выражения уровня их активности. Наряду с другими они суммируются и служат основой для одобрений и вознаграждений. (Более подробно о деятельности кружков КК рассказывается в главе 4.)

На одном из предприятий Matsushita официантки в столовой создали кружки КК. На каждый стол во время обеда ставился большой чайник, и посетитель мог выпить столько напитка, сколько захочет. Женщины заметили, что количество потребленного посетителями чая значительно различается. При этом они обнаружили, что обычно одни и те же клиенты садятся на определенные места. Собрав и проанализировав данные за несколько дней, официантки установили, сколько чая надо подать на тот или иной стол, и в результате смогли в два раза снизить расход заварки. Как оценить их деятельность с точки зрения сбереженных денег? Экономия была ничтожной. Тем не менее они получили Золотую медаль президента корпорации по итогам года.

В большинстве японских компаний существует система предложений, при оценке которых выплачиваются поощрительные премии. Если нововведение позволяет добиться экономии, рабочий получает вознаграждение пропорционально сбереженным средствам. Поощряются материально как сотрудники, внесшие предложения персонально, так и в составе группы, например кружка КК.

Одна из отличительных особенностей японских руководителей состоит в том, что они прилагают сознательные усилия по созданию системы, которая, отдавая должное Р-критериям, поддерживает и поощряет П-критерии. Для рабочих часто устанавливается отдельная система вознаграждений с учетом

П-критериев. В то время как вознаграждения, распределяемые в соответствии с Р-критериями, представляют собой денежные премии, размер которых непосредственно связан с полученной экономией или повышением прибыли, поощрения с учетом П-критериев чаще имеют не материальный, а моральный характер, в виде выражения признательности за приложенные усилия.

В Toyota Motor самая почетная награда для членов кружков контроля качества — Президентская премия, которая представляет собой не денежное вознаграждение, а чернильную ручку, которую преподносит лично глава компании. Каждому награжденному предлагают назвать имя, которое он хотел бы видеть на своем подарке. Одни сотрудники просят выгравировать имя жены, другие — дочери, а холостяки — упомянуть своих подруг. И, конечно, очень многие желают видеть на такой ручке собственное имя. Эта награда считается очень престижной, поскольку высший менеджмент тщательно продумал программу, позволяющую рабочим почувствовать, что их активное участие в проектах КК чрезвычайно важно для успеха компании. Кроме того, руководители высшего звена посещают эти собрания, демонстрируя свои внимание и поддержку. Такое участие наглядно свидетельствует о подлинной заинтересованности, которая не ограничивается распределением символических наград и объединяет менеджмент и рабочих.

Образ мышления, ориентированный на процесс, позволяет ликвидировать разрыв между процессом и результатом, между целями и средствами и между задачами и показателями и помогает людям непредвзято воссоздавать целостную картину.

Таким образом, на любом уровне существуют и могут быть определены как П-критерии, так и Р-критерии: для высшего менеджмента — по отношению к руководителям подразделений, для менеджеров среднего звена — по отношению к мастерам и для мастеров — по отношению к рабочим.

Руководитель в любом случае должен быть заинтересован в результатах. Однако когда мы наблюдаем за поведением умелых менеджеров в преуспевающей компании, то часто обнаруживаем, что процесс интересует их не меньше, чем результат. Они задают вопросы, касающиеся процесса; они принимают решения, учитывая как Р-критерии, так и П-критерии, и порой не отдают себе отчета в различии между ними.

Менеджера, ориентированного на процесс, который принимает во внимание П-критерии, интересуют:

- дисциплина;
- управление временем;
- развитие навыков;
- соучастие и вовлеченность;
- мораль;
- коммуникация.

Короче говоря, он ориентирован на людей. Более того, такой руководитель заинтересован в системе распределения вознаграждений, учитывающей

П-критерии. Если менеджмент извлекает пользу из мышления, ориентированного на процесс, и подкрепляет его стратегией кайдзен, он обязательно обнаружит, что в долгосрочной перспективе это ведет к значительному росту конкурентоспособности компании.

Данная книга рассказывает о конкретных идеях, инструментах и методах, которые эффективно используются в рамках стратегии кайдзен. Читатели обнаружат, что могут легко применить их в ситуациях, с которыми они сталкиваются в своей профессиональной деятельности изо дня в день. Эти концепции и эти инструменты действенны не потому, что они разработаны в Японии, а потому, что они представляют собой качественные инструменты менеджмента, которые хороши сами по себе. Так же, как стратегия кайдзен предполагает участие всех сотрудников предприятия, идеи этой книги будут полезны всем — высшему менеджменту, руководителям среднего звена, мастерам и рабочим в цехе.

Глава 2

СОВЕРШЕНСТВОВАНИЕ НА ВОСТОКЕ И ЗАПАДЕ

Кайдзен и инновации (1)

Существует два разных подхода к прогрессу: постепенный и «большими прыжками». Японские компании обычно предпочитают первый, тогда как западные чаще привержены второму, который можно определить термином «инновации»:

	Кайдзен	**Инновации**
Япония	Сильно	Слабо
Запад	Слабо	Сильно

Западный менеджмент боготворит инновацию. Именно она считается основной движущей силой перемен при технологических прорывах, а также внедрении новейших концепций менеджмента или технологий производства. Инновации всегда впечатляют, они неизменно находятся в центре внимания. Процессы кайдзен часто незаметны или едва различимы, и их результаты редко проявляются сразу. Инновация обычно носит одномоментный характер, в то время как кайдзен — процесс непрерывный.

На Западе менеджеру среднего звена нетрудно заручиться поддержкой высшего менеджмента при работе над такими проектами, как САПР, или система автоматизированного проектирования (Computer-Aided Design — CAD), система автоматизированного производства (Computer-Aided Manufacture — CAM) и система планирования потребности в материалах (Materials Requirements Planning — MRP), поскольку столь масштабные инновационные проекты такого рода знаменуют революцию в существующих системах. Они обеспечивают такую доходность на инвестиции (Return On Investment), перед которой не устоит ни один руководитель. Однако если заводской менеджер захочет внести небольшие изменения в методы использования оборудования, например разработать многостаночное обслуживание или перестроить производственные процессы (и то и другое может потребовать продолжительного обсуждения с профсоюзами, а также переквалификации и переобучения рабочих), получить поддержку руководства ему будет очень непросто.

На рис. 2.1 сравниваются особенности кайдзен и инноваций*. Один из привлекательных моментов кайдзен заключается в том, что при этом далеко не всегда требуются новейшее техническое оснащение и самая современная технология. Для применения этой стратегии вам нужны лишь такие простые традиционные методы, как семь инструментов контроля качества (диаграммы Парето, диаграммы причин и результатов, гистограммы, контрольные карты, диаграммы рассеивания, графики и контрольные листки). Часто достаточно просто здравого смысла. Инновации же обычно требуют самых совершенных технологий и огромных капиталовложений.

	Кайдзен	**Инновации**
1. Эффект	Долгосрочный, устойчивый, но не бросающийся в глаза	Краткосрочный, но впечатляющий
2. Темп	Малые шаги	Большие шаги
3. Временной интервал	Постоянные пошаговые приращения	Периодически, скачкообразно
4. Изменения	Постепенные и непрерывные	Резкие, преходящего характера
5. Участники	Все	Группа избранных «чемпионов»
6. Подход	Коллективизм, групповая работа, системный подход	Ярко выраженный индивидуализм, личные идеи и усилия
7. Образ действий	Поддержание и совершенствование	Сломать и построить заново
8. Движущая сила	Традиционная технология и рядовой современный технический уровень	Революционные технические решения, новые изобретения, новые теории
9. Практические требования	Нужно мало ресурсов, но требуются огромные усилия	Требует крупных капиталовложений, но объем текущей работы незначителен
10. Ориентация на…	Людей	Технологию
11. Критерии оценки	Оценивается процесс и стремление получить более высокие результаты	Результаты с точки зрения прибыли
12. Благоприятные условия	Хорошо работает при медленном развитии экономики	Эффективны при стремительно развивающейся экономике

Рис. 2.1. Особенности кайдзен и инноваций

---

* В западной и отечественной литературе такое понимание инновации ассоциируется с процессами реинжиниринга. Вспомним, что сам термин «реинжиниринг» еще не существовал в момент написания этой книги. Смотри, например: Хаммер М., Чампи Дж. Реинжиниринг корпорации: Манифест революции в бизнесе. — Пер. с англ. — СПб.: Издательство С.-Петербургского Университета, 1997. — 332 с. — *Прим. ред.*

Кайдзен подобен парнику, в котором пестуют небольшие, но постоянные изменения, тогда как инновации можно сравнить с магмой, которую время от времени извергает вулкан.

Существенное различие между кайдзен и инновацией заключается в том, что, хотя первый не всегда требует крупных капиталовложений для внедрения изменений, он предполагает постоянную, кропотливую и неустанную работу. Две концепции не похожи друг на друга, словно лестница и пологий подъем. Кайдзен делает ставку на постепенный прогресс. Инновационная стратегия, напротив, рассчитывает на то, что движение вперед происходит подобно подъему по ступеням, как показано на рис. 2.2. Я употребил слово «рассчитывает», поскольку обычно этого не случается. Без осуществления мероприятий по кайдзен прогресс происходит по модели, показанной на рис. 2.3. Причина заключается в том, что система, созданная в результате внедрения инновации, постепенно деградирует, если не прилагать усилий сначала к ее поддержанию, а затем и совершенствованию.

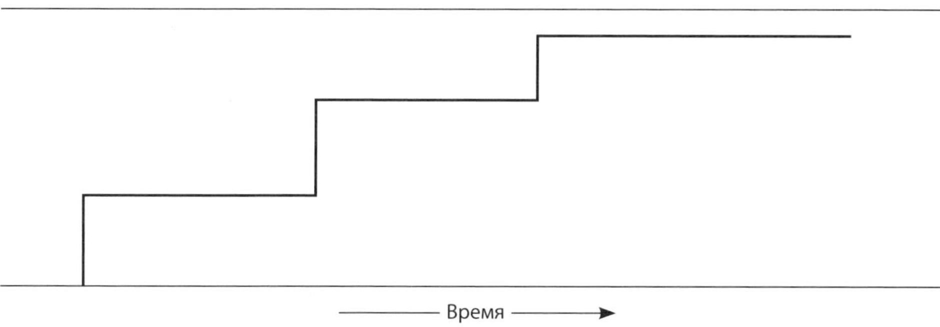

Рис. 2.2. Идеальное представление о прогрессе при инновационной стратегии

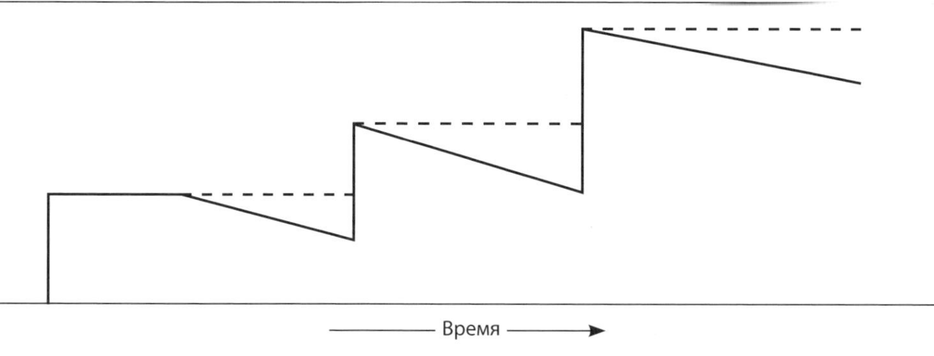

Рис. 2.3. Реальная модель прогресса при инновационной стратегии

В действительности, нет такой вещи, как неизменное постоянство. Любая система начинает деградировать с момента ее создания. Один из знаменитых законов Паркинсона гласит, что, когда фирма строит новое административное здание, она уже входит в стадию упадка. Иными словами, надо постоянно прилагать усилия даже для поддержания статус-кво.

Если этого не делать, упадок неизбежен (см. рис. 2.4). Следовательно, хотя инновации могут коренным образом изменить стандарт достижимых показателей, их уровень будет снижаться, если не заниматься постоянным пересмотром и совершенствованием нового стандарта. Поэтому любая инновация должна подкрепляться кайдзен, чтобы поддерживать достигнутый уровень и продолжать совершенствование (см. рис. 2.5).

Инновация — это одномоментный акт, эффект от которого постепенно снижается из-за острой конкуренции и устаревания стандартов. Кайдзен же — постоянная работа с кумулятивным эффектом, направленная на неуклонный подъем. Если стандарты существуют лишь для того, чтобы поддерживать статус-кво, они не пересматриваются, пока уровень показателей остается приемлемым. Кайдзен же означает постоянные усилия, направленные не только на поддержание, но и на совершенствование стандартов. Те, кто придерживаются стратегии кайдзен, считают, что стандарты по своей природе носят временный характер, они подобны камням, по которым переходят ручей. Перепрыгивая с одного камня на другой, вы перебираетесь на другой берег, а совершенствование одного стандарта неизбежно ведет к появлению следующего. Именно поэтому, не успевает кружок КК решить одну проблему, как перед ним сразу встает новая. По этой же причине японское движение TQC уделяет такое внимание циклу PCDA («планируй — делай —

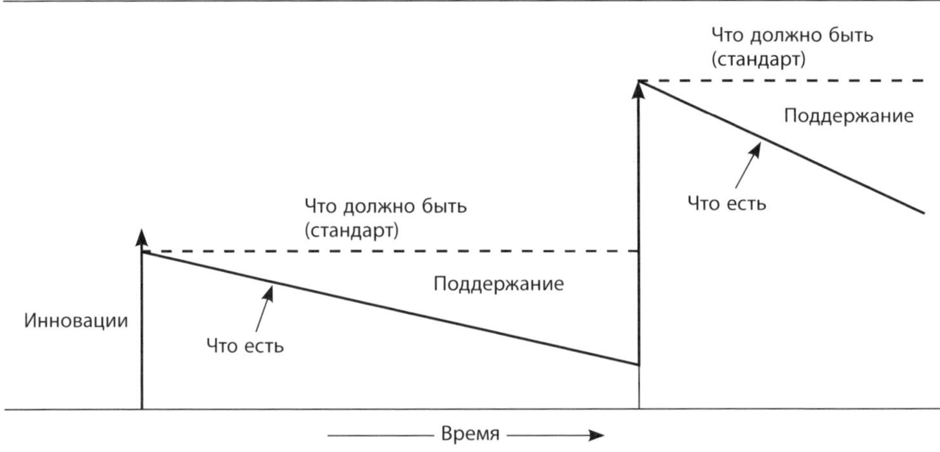

Рис. 2.4. Расчет исключительно на инновации

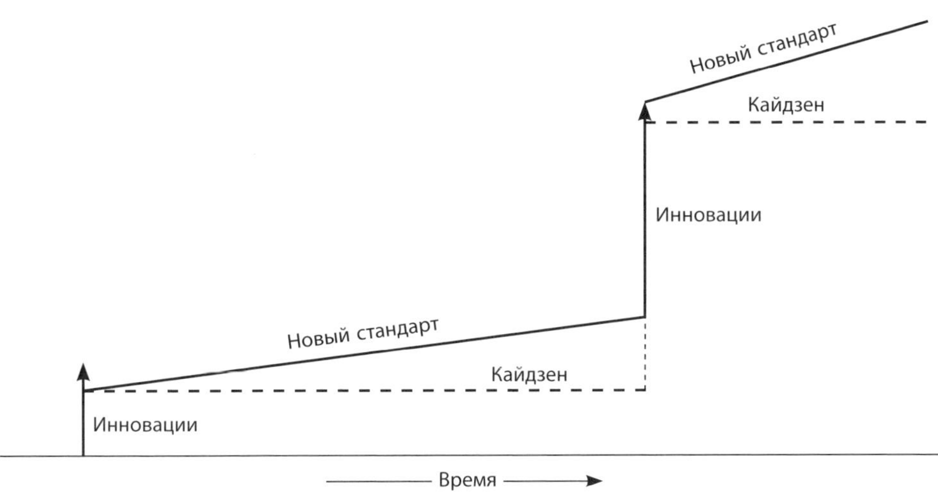

Рис. 2.5. Инновации плюс кайдзен

проверяй — воздействуй»). (Более подробно методы обслуживания и совершенствования стандартов рассматриваются в главе 3.)

Еще одна особенность кайдзен — это требование от всех и каждого личных усилий. Менеджменту приходится прилагать сознательные и постоянные усилия для поддержания духа совершенствования. Это не значит, что руководство изо всех сил трубит в фанфары в честь тех, кто достиг поразительных успехов или совершил переворот. В центре внимания кайдзен скорее процесс, нежели результат. Сильная сторона японского менеджмента — успешная разработка и применение системы, которая признает цели, делая акцент на средства.

Таким образом, кайдзен требует от руководства значительных затрат времени и сил, которые нельзя заменить вливаниями капитала. Вкладывать в кайдзен — значит вкладывать в людей. Короче говоря, кайдзен ориентирован на человека, а инновации — на технологию и деньги.

И, наконец, философия кайдзен лучше работает в условиях медленно развивающейся экономики, тогда как инновации более эффективны при ее стремительном развитии. В то время как кайдзен дюйм за дюймом продвигается вперед за счет постоянных, незначительных усилий, инновации делают прыжок вверх, надеясь, невзирая на силу тяжести и значительные издержки, приземлиться на куда более высоком плато. В условиях медленно развивающейся экономики, для которой характерны высокие затраты на сырье и энергию, излишек производственных мощностей и стагнация рынков, кайдзен часто дает бóльшую отдачу, чем инновации.

Как заметил недавно один из японских менеджеров: «Чрезвычайно трудно поднять объем продаж на 10 процентов. Но далеко не так сложно снизить на 10 процентов затраты на производство и тем самым добиться не меньших результатов».

В начале этой главы я говорил о том, что концепция кайдзен сегодня не существует или в лучшем случае весьма редко используется в большинстве западных компаний. Однако не так давно западный менеджмент тоже уделял первоочередное внимание мышлению, ориентированному на совершенствование, подобному кайдзен. Пожилые руководители помнят, что до периода феноменального экономического роста в конце 1950-х — начале 1960-х гг. менеджмент добросовестно совершенствовал все аспекты бизнеса, в частности производственный. В те дни учитывалось каждое незначительное улучшение, которое рассматривалось как шаг к успеху.

Те, кто работал с маленькими частными компаниями, с оттенком ностальгии вспоминают, что в свое время в них царила атмосфера подлинной заинтересованности в совершенствовании. Такое положение существовало, пока фирмы не были куплены или не превратились в государственные, после чего ежеквартальные отчеты о прибылях и убытках стали самым важным критерием, и менеджеры просто помешались на этих цифрах, часто жертвуя ради них постоянными, но недостаточно впечатляющими улучшениями.

Для многих других компаний резко возросшие возможности рынка и технологические новшества, которые появились в первые двадцать лет после Второй мировой войны, сделали разработку новой продукции на основе новых технологий гораздо более соблазнительной, чем медленную, кропотливую работу по совершенствованию. Стараясь угнаться за все возрастающим рыночным спросом, менеджеры смело одну за другой внедряли инновации, не обращая внимания на то, что они приносят все меньшую прибыль.

Большинство западных менеджеров, которые начали свою деятельность в ту горячую пору или позднее, ничуть не интересуются совершенствованием. Вместо этого, они, вооружившись профессиональными знаниями, занимают наступательную позицию, направляя все силы на коренные изменения во имя инноваций, которые позволят немедленно получить прибыль, быстро завоевать признание и занять следующую ступеньку служебной лестницы. Пока не сознавая этого, западные менеджеры забыли о совершенствовании и «сложили все яйца в инновационную корзину».

Другой фактор, благоприятствующий инновационному подходу, — растущее внимание, которое уделяется финансовому контролю и отчетности. В настоящее время самые передовые компании сумели создать продуманные до мелочей системы финансового учета и отчетности, которые заставляют менеджеров отчитываться за каждый шаг, приводя точные данные по окупаемости и прибыли на инвестированный капитал, полученные в результате того или иного управленческого решения. Такая система не способствует созданию благоприятного климата для совершенствования, поскольку это очень медленный, постепенный и часто незаметный процесс уже по определению, его эффект ощущается лишь через достаточно продолжительный период времени.

По-моему, самый значительный просчет западного менеджмента, бросающийся сегодня в глаза в первую очередь, — это отсутствие философии совершенствования. Здесь нет внутренней системы, которая вознаграждает усилия, направленные на улучшения; вместо этого работа всех и каждого оценивается исключительно по результатам. Западный менеджер нередко выговаривает своему подчиненному: «Меня не интересует, чем ты занимаешься или как ты это делаешь. Мне нужны результаты, причем немедленно!» Такой акцент привел к тому, что инновационный подход стал на Западе доминирующим. Это не значит, что японский менеджмент не интересуют инновации. Но японские руководители остаются горячими приверженцами кайдзен, даже занимаясь внедрением инноваций, что очевидно, например, в случае с Nissan Motor.

ПРИМЕР ИЗ КОМПАНИИ NISSAN MOTOR

На кузовном заводе №2 Nissan Tochigi первый сварочный робот появился в 1973 г. За следующие десять лет уровень автоматизации на сварочном участке достиг 98%, а степень роботизации — 60%. В этот период стандартное время работы снизилось на 60%, а эффективность производства возросла с 10 до 20%.

Этот рост производительности был совместным результатом возросшего уровня автоматизации и разнообразных усилий кайдзен, которые реализовались в цехе в этот период.

По словам Эйити Ёсида, который раньше возглавлял этот участок, а сейчас стал заместителем директора департамента управления производства и технологии, здесь проводились многочисленные работы по кайдзен.

Каждый год знаменовался новой программой совершенствования. Так, в 1975 г. это была кампания под названием Seven-up campaign («Седьмое небо»). В ходе ее реализации изыскивались возможности для улучшения в семи направлениях: стандартное время, эффективность, затраты, предложения, обеспечение качества, безопасность и процесс утилизации. В 1978 г. проводилась кампания «3-К 1, 2, 3», где 3-К означали *kangae* (мысль), *kodo* (действие) и *kaizen*, а под цифрами 1, 2, 3 подразумевался «тройной прыжок», включающий осмысление, действие и совершенствование.

Пока руководство принимало решения, реализация которых требовала больших капитальных затрат, таких, как расходы на автоматизацию и роботизацию, кайдзен вовлекал и менеджеров, и рабочих в поиски небольших недорогих усовершенствований методов работы.

Снижение стандартного времени всегда было высокоэффективным способом повышения производительности. Для достижения этой цели на заводе в Tochigi использовали методы изучения факторов труда и фактическую стандартизацию каждого движения рабочих в ходе выполнения задач.

В терминах любой индивидуальной работы в качестве наименьшей единицы времени рассматривалась 1/100 минуты, или 0,6 секунды — время, достаточное, чтобы протянуть руку или сделать полшага. Любое предложение, позволяющее сэкономить хотя бы 0,6 секунды, серьезно рассматривалось начальством.

Помимо поощрения кружков КК, которые уже какое-то время работали на этом предприятии, на сварочном участке начали отмечать наградами и морально поощрять действия рабочих в рамках кайдзен в таких вопросах, как безопасность, уменьшение ошибок и число предложений.

Для этой цели каждый рабочий получал листок кайдзен, в который вносились все предложения по совершенствованию, сделанные группой (кружком КК) или внесенные индивидуально. Этот листок представлялся на рассмотрение менеджеру участка, поскольку большинство нововведений здесь же с его помощью и внедрялись.

Ёсида говорит, что в основном рабочие могли реализовать свои предложения самостоятельно. Например, сварщик предлагал изменить высоту стеллажа для инструментов таким образом, чтобы им было удобнее пользоваться. Такое предложение было нетрудно реализовать на участке, и участок купил сварочный аппарат, чтобы на месте производить такие несложные ремонтные работы. Этот участок постоянно уделял внимание кайдзен также в ходе автоматизации и роботизации производственных процессов.

Норио Когурэ, инженер этого участка, запомнил слова, сказанные ему новым боссом, когда его перевели сюда: «Если ты в течение полугода будешь продолжать делать свою работу точно так же, как раньше, прогресса не достигнешь».

Таким образом, СРП (стандартная рабочая процедура) на рабочем месте подвергается постоянным изменениям и совершенствованию. В то же время руководство говорит своим сотрудникам, что СРП — это стандарт, который они должны строго соблюдать, пока он не улучшен.

Все, от менеджеров до рабочих, каждый день изыскивают новые возможности совершенствования. Обычно процесс начинается с изучения способа выполнения рабочим своей работы, чтобы выяснить, нельзя ли сократить стандартное время на 0,6 секунды или более. Затем изыскиваются возможности улучшения производственного процесса. Иногда работа по сборке узлов, которая ранее проводилась вне линии, включается в линию, и таким образом экономятся несколько секунд, которые затрачивались на подачу узла к линии. Когурэ говорит, что более 90 процентов работы инженера производственного отдела, так или иначе, связано с кайдзен.

Ёсида считает, что работа менеджера — идти к рабочим, поощряя их стремление к выработке идей по совершенствованию производственного процесса, и проявлять подлинный интерес к их предложениям. Он полагает также, что эти усилия создали почву для успеха завода в снижении вдвое числа поломок роботов в 1980–81 гг. ◼

Кайдзен и инновации (2)

Рис. 2.6 представляет последовательность этапов прохождения продукта от научной лаборатории до рынка. Научные теории и эксперименты прилагаются к технологии, разрабатываются в проектировании, материализуются в продукции и, наконец, продаются на рынке. Две составляющие совершенствования, инновации и кайдзен, применимы на любом этапе этой

Рис. 2.6. Общая производственная цепочка

цепочки. Так, кайдзен используется в ходе исследований и разработок, тогда как инновационные идеи применялись, например в маркетинге при создании супермаркетов и магазинов, торгующих по сниженным ценам, которые стали играть ведущую роль при реализации товаров в США в 1950-е гг. Однако влияние кайдзен обычно более заметно на стадиях, связанных с производством и рынком, в то время как воздействие инноваций ощутимее на этапах научных исследований и технологии. Рис. 2.7 сравнивает инновации и кайдзен с этой точки зрения.

Инновации	Кайдзен
Творчество	Адаптивность
Индивидуализм	Командная работа (системный подход)
Ориентация на специалиста	Ориентация на универсала
Внимание к большим скачкам	Внимание к деталям
Ориентация на технологию	Ориентация на людей
Информация: закрытая, патентуемая	Информация: открытая, распространяемая свободно
Функциональная (профессиональная) ориентация	Межфункциональная ориентация
Поиски новой технологии	Базируется на существующей технологии
Производственная линия + персонал	Межфункциональная организация
Ограниченная обратная связь	Всеобъемлющая обратная связь

Рис. 2.7. Еще одно сравнение инноваций и кайдзен

Взглянув на этот список, мы обнаружим, что на Западе больше выражена склонность к инновациям, тогда как Япония скорее демонстрирует приверженность кайдзен. Эти различия в расстановке акцентов отчасти отражают и разницу в социальном и культурном наследии, например западная система образования уделяет основное внимание личной инициативе и творческому началу, в то время как японская придает большое значение гармонии и коллективизму.

Недавно я разговаривал с европейским дипломатом, получившим назначение в Японию, который сказал, что одно из самых заметных различий между Западом и Японией заключается в том, что люди, живущие на Западе, отличаются самодовольством и чрезвычайной самонадеянностью, тогда как японцам свойственны сознание собственного несовершенства и беспокойство. Возможно, это ощущение несовершенства и есть движущая сила кайдзен.

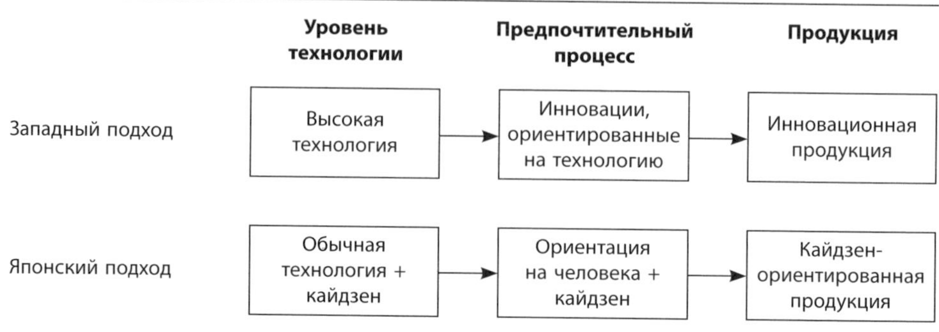

Рис. 2.8. Западный и японский подходы к производству продукции

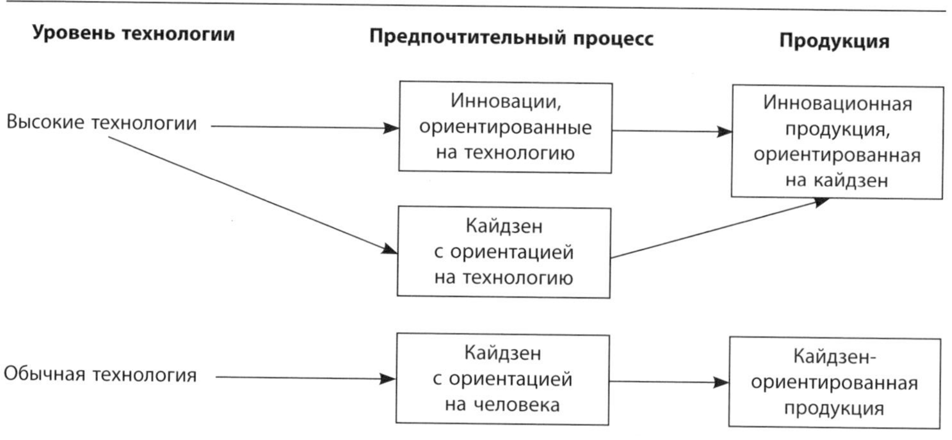

Рис. 2.9. Развитие японского подхода к производству продукции

Рассматривая отношения между кайдзен и инновациями, мы можем получить картину, представленную на рис. 2.8. Поскольку японская промышленность все чаще обращается к высоким технологиям, это ведет к изменению ситуации, как показано на рис. 2.9.

Изменение отношения к новой продукции, происходящее по представленной здесь схеме, обеспечит Японии еще большее конкурентное преимущество. Эти перемены уже происходят*. «Используя стратегию кайдзен,

---

* Сейчас, спустя почти 20 лет с момента написания этой книги, можно констатировать, что процесс «кайдзен + инновации» успешно развивается в Японии. Смотри, например: Адлер Ю.П. «Великое в малом», или Хождение в Японию за альтернативным менеджментом // Методы менеджмента качества, 2003. — № 10. — С. 52–56. — *Прим. ред.*

японские компании идут вперед даже в сфере самых передовых технологий», — говорит Масанори Моритани, руководитель исследовательских программ в Nomura Research Institute.

В качестве примера Моритани приводит полупроводниковый лазер. Цель его разработки заключалась в повышении уровней мощности одновременно со снижением производственных затрат. Когда эта цель была достигнута, стало возможным применение полупроводникового лазера в серийном производстве таких изделий, как компакт- и видеодиски.

В одной крупной японской компании, производящей электронную аппаратуру, полупроводниковый лазер, разработанный для проигрывателя компакт-дисков, в 1978 г. стоил ¥500 000. В 1980 г. его цена снизилась до ¥50 000, а к осени 1981 г. упала до ¥10 000. В 1982 г., когда в продажу были выпущены первые проигрыватели компакт-дисков, полупроводниковый лазер стоил всего ¥5000. В 1984 г. его цена составляла уже от ¥2000 до ¥3000.

В течение этого периода срок службы полупроводникового лазера вырос со 100 часов у некоторых первых моделей до 50 000 часов у последних. В основном такого прогресса удалось достичь за счет улучшения производственного оборудования и технологии производства, в частности, создания более тонких слоев полупроводника (что требует прецизионного управления в пределах менее одного микрона) и освоения метода молекулярно-химического окисления путем осаждения из паровой фазы. В то же время были усовершенствованы сами диски и снижен уровень ошибок при считывании информации с дорожки.

В результате работы, проведенной за это время, проигрыватели компакт-дисков значительно изменились к лучшему. Их цена тоже снизилась. В 1982 г. первые модели стоили около ¥168 000. В 1984 г. началось массовое производство модели, которая стоила ¥49 800. За эти два года габариты проигрывателя уменьшились в шесть раз, а потребление энергии — в десять. Поскольку основы технологии производства полупроводниковых лазеров были заложены в середине 1970-х гг., все эти достижения относились к области опытно-конструкторских работ, проектирования и производства, то есть представляли собой совершенствование существующей технологии.

Сверхбольшие интегральные схемы (СБИС), волоконная оптика и приборы с зарядовой связью также входят в число высоких технологий, которые успешно улучшались благодаря применению кайдзен. Сегодня их совершенствование начинает идти в первую очередь не за счет «больших скачков вперед», а за счет поэтапных преобразований. На Западе принято считать, что крупные технические достижения — прерогатива обладателей степени доктора философии (Ph.D.), но в составе технического персонала одной из самых преуспевающих и передовых японских компаний — Honda Motor — степень Ph.D. имеют только трое. Один из них — основатель компании Сойтиро Хонда, получивший ее в качестве почетного звания, а двое других, по сути дела, там уже не работают. Похоже, что в Honda для технологических нововведений Ph.D. не требуется.

Разумеется, без новых технологий компании не обойтись, но разница в том, что происходит после их внедрения. Продукция, изготовленная на их основе, поначалу очень дорога и не отличается высоким качеством. Следовательно, как только возникает новая технология, основные усилия следует направить, прежде всего, на массовое производство, снижение затрат, увеличение выпуска и улучшение качества — и каждый из этих аспектов требует чрезвычайно упорной работы.

Моритани говорит, что западные исследователи обычно с энтузиазмом берутся за сложные проекты и отлично справляются с поставленными задачами, но, столкнувшись с задачами массового производства при помощи новой технологии, они окажутся в весьма затруднительном положении, если будут делать ставку только на «большие скачки вперед», игнорируя повседневную работу по кайдзен.

Результаты анализа полупроводниковой промышленности Японии и США, позволяющего проиллюстрировать отличие кайдзен от инноваций, свидетельствуют о том, что каждая из двух стран имеет свои конкурентные преимущества. Профессор Кэнъити Имаи (не мой родственник) и адъюнкт-профессор Акимицу Сакума из Hitotsubashi University утверждают:

> «В весьма упрощенном виде почти все крупные инновации, определяющие будущие разработки продукции и технологии, появляются в Соединенных Штатах. Сильная сторона японских фирм — постепенное совершенствование в тех областях, в которых положение в общих чертах уже определилось… Доминирующая модель представляет собой синтез отдельных инноваций, которые раньше внедрялись в изделия порознь. Ее экономическая ценность состоит в способности воплотиться в стандарт при создании продукции. Стандартизация позволяет добиться экономии на масштабе производства. Это меняет природу конкуренции. Хотя вначале решающее значение имеют рабочие характеристики продукции, массовое производство ведет к тому, что еще одним важным фактором становится ее стоимость.
>
> Доминирующая модель синтезирует технологии прошлого, при этом значимые инновации появляются не так уж часто. Поэтому далее следует стадия небольших постепенных преобразований, направленных на повышение качества продукции и совершенствование производственного процесса. Инновация в понимании японских фирм представляет собой именно такие постепенные улучшения. Именно поэтому японские ОЗУ (оперативные запоминающие устройства) на 16 Кб благодаря высокому качеству и низкой цене захватили значительную часть американского рынка»*.

---

* *Economic Eye*, июнь 1983 г., опубликовано Keizai Koho Center. Воспроизводится с разрешения. — *Прим. авт.*

Пол Х. Арон, вице-председатель Daiwa Securities America и профессор международного бизнеса в Школе делового администрирования Нью-Йоркского университета, недавно сказал:

«Американцы уделяют первоочередное внимание инновациям и усложнениям, и многие компании жалуются, что они не могут удержать инженеров, настроенных исключительно на внедрение самых современных достижений. Мечта американского инженера — создать независимую компанию и совершить переворот в технике. После этого, полагает такой специалист, его фирму приобретет какой-нибудь крупный промышленный конгломерат. Он предвкушает, как получит крупное денежное вознаграждение, после чего, если молод, создаст новую компанию, которая будет работать в области высоких технологий, и весь процесс повторится вновь. Поэтому работа инженера-технолога часто менее престижна, и эта область не привлекает «лучших и самых способных» студентов.

Японский специалист обычно рассчитывает на работу в крупной компании. Профессия инженера-технолога на японских предприятиях, по крайней мере, не менее престижна, чем работа исследователя».

Таким образом, то, что в Японии отдается предпочтение кайдзен перед инновациями, можно объяснить и подходом менеджмента к использованию инженерных кадров, а также их отношением к своей работе.

На Западе инженер гордится выполнением своей работы, считая ее своего рода интеллектуальным упражнением и далеко не всегда озабочен поддержанием связи с производством. Недавно я побывал на одном американском заводе, где мне сказали, что установленное там оборудование разработано инженерами, работающими в главном офисе фирмы, которые ни разу не были на этом предприятии. Созданные ими станки перед вводом в эксплуатацию часто приходится подолгу отлаживать и дорабатывать.

Масанори Моритани в своей книге *Japanese Technology* (Tokyo, The Simul Press, 1982. Воспроизводится с разрешения.*) констатирует:

Приоритет производства

Третье преимущество японской технологии — тесная связь между разработкой, проектированием и производственной линией. В Японии считается, что этого требует обыкновенный здравый смысл, но в США и Европе им руководствуются не всегда.

В Японии серийное производство начинается «с места в карьер», и годовой объем быстро выходит на уровень миллиона единиц или более. Американские и европейские компании это приводит в изумление. Скептически относясь к японским темпам, они расширяют

---

* Существует русский перевод: Моритани М. Современная технология и экономическое развитие Японии. — Перевод с английского. — М.: Экономика, 1986. — 264 с. — *Прим. ред.*

производство очень осторожно, часто ограничиваясь удвоением годового объема за три-четыре года.

Основная составляющая столь стремительного расширения производства — активные капиталовложения в предприятие и оборудование, но технологически выполнимым его делает интеграция разработок, проектирования и производства. В случае с бытовыми видеомагнитофонами основной целью при их разработке и проектировании был учет всех потребностей массового производства, поэтому во внимание принимались, прежде всего, наличие комплектующих, точность обработки и легкость сборки...

Множество первоклассных японских инженеров с университетским образованием занимаются непосредственно производственными линиями, и мнение многих из них весомо в бизнес-операциях. Большинство менеджеров, занятых в промышленности, — инженеры по образованию и имеют значительный личный опыт работы в цехе. Производственный отдел в японских фирмах всегда имеет весомое слово при разработке и проектировании продукции. Кроме того, инженеры, которые этим занимаются, обязательно посещают производственные линии и обсуждают все вопросы со своими коллегами, работающими в цехе.

В Японии даже ученых можно встретить на производстве чаще, чем в исследовательском центре; большинство из них прикомандированы к заводам и производственным подразделениям. Штат сотрудников Hitachi, которые занимаются проектированием и разработками, насчитывает около 8000 человек, но лишь 3000 из них работают в исследовательском центре компании. Остальные 5000 распределены по разным заводам и производственным подразделениям.

Nippon Electric Company (NEC) имеет в штате 5000 специалистов, которые непосредственно или косвенно принимают участие в исследованиях. Из них 90 процентов трудятся в цехах. Все это означает, что между разработками и производством сложилась весьма тесная и естественная связь...

Цеховая элита

В определенных моментах французские производители телевизоров затмили своих японских конкурентов при разработке моделей экстракласса. Сенсорное управление и дистанционный контроль появились во Франции задолго до того, как их стали использовать японцы. Но пока французы увлеченно занимаются дизайном элитных моделей, качество производимой ими продукции остается ниже, чем у японских телевизоров. Это происходит потому, что французские разработчики смутно представляют себе проблемы, с которыми сталкивается производство, и проектирование ведется без учета точки зрения тех, кому предстоит собирать телевизоры. Короче говоря, между производством и разработкой существует значительная нестыковка, которая возникла из-за расхождений между представителями разных слоев организационной иерархии в самой компании...

> Я начал свою карьеру в судостроении, и первым местом моей работы была Hitachi Shipbuilding & Engineering Company. Сразу после окончания Токийского университета я получил место на заводе, где, надев униформу, вместе с другими сотрудниками отправился в цех. В то время рабочих судостроительных заводов можно было отличить по некоторым особенностям одежды: они оборачивали шею полотенцем, концы которого засовывали спереди под воротник униформы. Получалось что-то вроде шарфа или кашне, имевшего и практический смысл, — ткань впитывала пот, не давая ему течь по спине и груди. Вряд ли непосвященный мог оценить этот крик моды в виде пропитанного потом полотенца, но я с гордостью носил на шее символ причастности к работе в цехе*.

Таким образом, одна из сильных сторон японских менеджеров при разработке новой продукции состоит в том, что они могут привлечь как к работе в рамках кайдзен, так и к инновационной деятельности квалифицированных инженеров. В целом на производстве в Японии работает гораздо больше технических специалистов с высшим образованием, чем в Европе или Америке. Но и в этих условиях в Японии существует тенденция переводить на производство еще больше инженерных кадров, обеспечивая тем самым их тесный контакт с людьми в цехах.

Кроме того, разработаны самые разные полезные инструменты, например стенды качества, позволяющие улучшить межфункциональную коммуникацию между потребителями, инженерами и производственниками. Эти инструменты способствуют созданию продукции, которая соответствует запросам потребителя, как показано в разделе главы 5, посвященном структурированию качества.

Кайдзен и измерения

Производительность — это один из показателей, а не реальность, говорит Джеральд Недлер, профессор и председатель департамента организации производства и системного проектирования университета Южной Калифорнии. Однако мы в поисках «секрета» производительности ведем себя так, словно главное заключается в том, как ее измерить. По словам Недлера, это напоминает поведение человека, который, обнаружив, что в комнате слишком холодно, смотрит на термометр в поисках причины. Как ни меняй шкалу, это не решает проблему. Помочь может лишь попытка изменить ситуацию, например — подбросить дров в огонь или проверить печь, иными словами, обратиться к циклу PDCA. Производительность — это лишь одно из описаний текущего состояния дел и результата выполненной людьми работы.

---

* Указ. соч., с. 42–43, 46–48. — *Прим. авт.*

Мы можем сказать, что контроль качества — тоже одна из мер, а не реальность. Контроль качества начинался с выявления дефектов после завершения производственного процесса, как «посмертный» контроль. Само собой разумеется, как бы много сил это ни требовало, оно далеко не всегда ведет к повышению качества.

Единственный путь — совершенствование производственного процесса. Игры с цифрами не могут изменить положение к лучшему. Именно поэтому контроль качества, который начинался с проверки готовой продукции, вернулся в фазу встраивания качества в производственный процесс на этапе его разработки.

Если производительность и контроль качества — вовсе не реальность, а лишь одна из мер для оценки результатов, тогда что же такое реальность и что надо делать? Ответ состоит в том, что реальность — это усилия, прилагаемые к улучшению качества и производительности. Ключевые слова — это *усилия* и *улучшать*. Настало время избавиться от чар производительности и контроля качества, спуститься на землю, засучить рукава и начать работать над совершенствованием. Если мы определим деятельность менеджера как управление процессами и результатами, то ему нужны меры и эталоны для того и другого. Когда Недлер сказал, что производительность — это лишь мера, он на самом деле имел в виду, что производительность представляет собой показатель, ориентированный на результат (Р-критерий). Если мы имеем дело с совершенствованием, нам следует работать над показателями, ориентированными на процесс (П-критерии).

Однако руководители большинства западных компаний даже не представляют, что существует такая вещь, как показатели, ориентированные на процесс, поскольку никогда их не применяли. Вопросы, которые задает западный менеджер, всегда касаются показателей, ориентированных на результат, таких, как месячные объемы продаж, месячные расходы, объемы произведенной продукции и, наконец, прибыль. Достаточно взглянуть на цифры в отчетах типичной западной компании, например на данные учета затрат, чтобы понять, насколько верно это утверждение.

Когда менеджер анализирует конкретный результат, допустим, квартальную прибыль, показатели производительности или уровень качества, перед ним стоит единственная задача — проверить, достигнута поставленная цель или нет. С другой стороны, если он будет использовать критерии, ориентированные на процесс, чтобы оценить работу по совершенствованию, то займет более конструктивную позицию и, возможно, не столь критически подойдет к результатам, поскольку совершенствование — медленный процесс, который идет небольшими шагами.

Чтобы следовать поддерживающей позиции, менеджеры должны установить тесный контакт с рабочими, однако на Западе они, как правило, отказываются от такого шага. Часто мастера на рабочих местах не умеют общаться с рабочими, боятся беседовать с ними, вообще, возникает ощущение, что они говорят на разных языках (во многих странах это действительно так, поскольку немало предприятий нанимает на работу иностранцев).

По словам Нейла Рэкхема, президента исследовательской группы Huthwaite (Huthwaite Research Group), в девяти случаях из десяти американские менеджеры на собраниях отстаивают собственные идеи и лишь изредка опираются на мнения других людей, развивают или одобряют чужие предложения. Доля поддерживающего поведения (поощряющих высказываний) сильно варьирует, но в среднем меньше примерно вполовину, чем уровень такого поведения в группах из Сингапура, Тайваня, Гонконга и Японии. Очень важно, чтобы западные менеджеры выработали более поддерживающий стиль общения как между собой, так и в отношениях с рабочими.

Совсем недавно, после продолжавшейся целый день дискуссии о концепции кайдзен, Уильям Мэнли, старший вице-президент Cabot Corporation, язвительно заметил: «Я думал, в Японии две религии — буддизм и синтоизм. Теперь я знаю, что есть еще и третья — кайдзен!» Как это ни странно, но приверженность кайдзен требует поистине религиозного рвения, которое окупится не сразу. Такое изменение поведения требует миссионерского усердия и старания, но результаты, которое оно даст в долгосрочной перспективе, принесут огромное удовлетворение и докажут, что дело того стоило. В основе кайдзен лежит вера в свойственное людям стремление к качеству и достойному уровню, и менеджмент должен прийти к убеждению, что, в конечном счете, эта стратегия обязательно окупится.

Для кайдзен важны такие понятия, как чувство локтя, соучастие и взаимовыручка. Так же, как и религия, кайдзен нуждается в разнообразных ритуалах, поскольку люди ищут возможности поделиться опытом, поддержать друг друга и почувствовать общую ответственность. Именно поэтому так важны отчетные собрания для кружков КК. К счастью, не надо ждать следующей жизни, чтобы увидеть, как вознаграждаются ваши усилия, поскольку результаты работы в рамках кайдзен обычно начинают ощущаться если не сразу, то в пределах четырех-пяти лет. Наказание для тех, кто не поклоняется кайдзен, состоит в том, что ему не дано испытать радость движения вперед, которая нужна как человеку, так и организации, чтобы выжить.

Кайдзен также требует иного типа лидерства, основанного на собственном опыте и убежденности и далеко не всегда зависящего от должности, полномочий или возраста. Лидером может стать любой, кто сам приобрел опыт, — что подтверждается энтузиазмом, с которым руководители кружков КК, старые и молодые, проводят свои презентации и совещания. Это происходит потому, что работа по совершенствованию — выявление проблем, совместные размышления и обучение, поиски решения непростых задач и общий успех, который ведет к новым высотам, — доставляет им подлинное и глубокое удовлетворение.

Глава 3

КАЙДЗЕН И ВСЕОБЩИЙ КОНТРОЛЬ КАЧЕСТВА

Хотя существует великое множество путей, ведущих к кайдзен, основная «магистраль» — практика всеобщего контроля качества (TQC).

Как уже говорилось ранее, на Западе ее нередко представляют как часть деятельности кружков КК или работы инженеров служб качества. Понятие *контроль качества в масштабе всей компании* (CWQC) было введено для того, чтобы западные специалисты не могли неверно интерпретировать термин TQC, а их понимание и оценка этого подхода не отличались от японских. Однако в Японии большинство организаций, говоря о контроле качества в масштабе всей компании, по-прежнему употребляет термин TQC.

Контроль качества занимается качеством людей

Понятие «качество» обычно ассоциируется с качеством продукции. Однако в нашем случае такое представление очень далеко от истины. TQC уделяет основное внимание качеству людей. По капле менять человека — таким всегда был основной принцип TQC. Компания, способная «встроить» качество в своих людей, уже прошла половину пути к производству качественной продукции.

Три строительных блока бизнеса — это «железо», «бумага» и люди. TQC начинается с людей. Лишь решив эту проблему, можно переходить к «железу» и «бумаге».

Повысить качество людей означает сформировать у них кайдзен-мышление. В процессе работы встречается масса как узкоспециальных, так и межфункциональных проблем. Сначала нужно научить сотрудников выявлять проблемы, а затем овладеть методами их решения. Следующий этап — стандартизация результатов, чтобы предотвратить повторение проблем. По мере прохождения этого бесконечного цикла совершенствований люди могут научиться «мышлению в стиле кайдзен» и начать ежедневно его практиковать. Менеджеры в состоянии изменить корпоративную культуру, меняя качество людей, но прийти к этому можно только через обучение и с помощью лидерства в фирме.

В 1983 г. французский антрополог Клод Леви-Стросс* на международном симпозиуме, посвященном производительности в Японии, отметил:

> «В центре внимания этого форума должно быть, в первую очередь, не повышение производительности продукции, а повышение производительности систем. Можно сказать, что сегодня этому мешает не столько недостаточное количество произведенных товаров, сколько тот факт, что мы продолжаем зависеть от старой технической системы, на которую опирались наши предки: в отношении использования природных ресурсов мы по-прежнему хищники.
>
> Чтобы создать более совершенные системы, общество должно меньше заботиться о производстве все возрастающего количества товаров, задумавшись вместо этого о формировании людей более высокого качества — иными словами, таких, которые способны построить такие системы»**.

Японские промышленные стандарты (Z8101–1981) дают следующее определение контроля качества: это «система средств для экономичного производства товаров и услуг, удовлетворяющих требованиям потребителя». Определение интерпретируется следующим образом:

> «Эффективное осуществление контроля качества требует объединенных усилий всех сотрудников компании, включая высший менеджмент, средних менеджеров, мастеров и рабочих, занятых во всех сферах деятельности корпорации, — в маркетинговых исследованиях и разработках, планировании продукции, проектировании, подготовке производства, закупках, управлении взаимоотношениями с поставщиками, производстве, инспекции, продажах и послепродажном обслуживании, а также осуществляющих финансовый контроль, управление персоналом, обучение и переподготовку. Осуществляемые таким образом мероприятия называются контролем качества в масштабе всей компании (CWQC) или всеобщим контролем качества (TQC)».

Для наших целей мы позволим себе рассматривать термины TQC и CWQC как синонимы. Однако какой бы из них ни использовался, действительная сущность CWQC или TQC гораздо шире контроля качества в узком

---

* Клод Леви-Стросс — выдающийся французский антрополог, изучавший, в частности, структуру и логику мифа. Он показал несостоятельность представлений о «примитивном» сознании людей, находившихся на ранних стадиях общественного развития. Смотри, например: Леви-Стросс К. Сырое и вареное. — В сборнике: Семиотика и искусствометрия / Под ред. Ю.М. Лотмана и В.М. Петрова. — М.: Мир, 1972. — 364 с.; С. 25–49. — *Прим. ред.*

** Brief Report on International Productivity Symposium, Japan Productivity Center, Tokyo, 1983. Воспроизводится с разрешения. — *Прим. авт.*

смысле слова. По моему собственному определению, он представляет собой систематический и статистический подход к кайдзен и решению проблем, который используется в качестве инструмента управления. Говоря в этой главе о всеобщем контроле качества, мы будем иметь в виду широкий смысл понятия TQC (или CWQC).

В 1979 г. Манкити Татэно, в то время президент Japan Steel Works, заявил, что его компания намерена заняться внедрением TQC. Он установил три цели:

1. Производить товары и услуги, которые удовлетворяют требованиям потребителя и способны завоевать его доверие.
2. Вести корпорацию к более высокой рентабельности за счет таких мер, как улучшение рабочих процедур, снижение дефектов, затрат и дебиторской задолженности, более эффективное выполнение заказов.
3. Содействовать реализации потенциала сотрудников для достижения цели компании, уделяя особое внимание таким аспектам, как развертывание политики и добровольные действия.

Татэно также выразил надежду, что внедрение TQC поможет корпорации справиться с любыми резкими изменениями внешних условий и иными проблемами внешнего характера, завоевать доверие потребителя и обеспечить повышение рентабельности.

TQC стал продуманной до мелочей системой решения корпоративных проблем и действий по совершенствованию. Позвольте мне кратко охарактеризовать такую систему в свете кайдзен.

Она означает статистический и систематический подход к кайдзен и решению проблем. Ее методологическая основа — статистическое применение концепций КК, включая использование и анализ статистических данных. Такая методология требует, чтобы изучаемые ситуации и проблемы были выражены в численной форме — насколько это возможно. Благодаря этому те, кто применяет TQC, привыкают работать с достоверными данными, не руководствуясь интуицией или внутренним голосом. Решая статистическую проблему, при сборе данных приходится все время обращаться к ее источнику. Такой подход способствует формированию процессного мышления.

Процессное мышление означает, что нужно *сверяться с* результатом, а не *проверять по* результату. Нельзя оценивать эффективность работы людей только по результатам. Менеджменту следует также обращать внимание на то, какие шаги были предприняты, и сообща вырабатывать критерии совершенствования. Это благоприятствует обратной связи и постоянному обмену информацией между менеджментом и рабочими. Мышление, ориентированное на процесс, различает критерии, ориентированные на процесс (П) и ориентированные на результат (Р). Приверженцы TQC не согласны с принципом «все хорошо, что хорошо кончается». TQC — образ мышления, который можно выразить следующим образом: «Давайте улучшим процессы. Если все идет хорошо, значит, в процессах есть что-то хорошее. Давайте отыщем это и встроим в процесс!»

Такие совместные усилия часто оказываются чрезвычайно ценным опытом обучения для всех. Процессы можно совершенствовать по-разному, поэтому при решении проблем надо определить приоритеты. Все это учитывается, если мышление ориентировано на процесс. Согласно этой совершенно новой для науки менеджмента концепции, работа менеджера включает две составляющие. Одна из них — управление, направленное на поддержание: проверка показателей (результата) работы, здесь действуют Р-критерии. Другая часть — это управление, нацеленное на совершенствование: исследование и контроль процесса, ведущие к конкретному результату. В этом случае менеджер пользуется П-критериями.

Японский и западный подход к контролю качества

Очевидно, что между японским и западным подходом к контролю качества существует ряд принципиальных различий.

1. Деятельность менеджера, отвечающего за КК на Западе, часто носит чисто технический характер, при этом высший менеджмент оказывает слабую поддержку работе с людьми и организации труда. Менеджер по контролю качества редко поднимается по служебной лестнице достаточно высоко, чтобы поддерживать тесный и постоянный контакт с высшим руководством, а без этого сложно сделать контроль качества одной из важнейших целей работы компании.

2. Неоднородный состав рабочей силы и антагонистические отношения между рабочими и менеджментом на Западе часто мешают руководству осуществить изменения, направленные на рост производительности и контроль качества. Для сравнительно однородного населения Японии характерны большее единообразие образовательного уровня и относительное единство мировоззрения, что упрощает отношения между рабочими и руководством.

3. Инженеры на Западе обладают профессиональными знаниями в области контроля качества и других методов организации производства, но остальным сотрудникам они редко доступны. В Японии проводится огромная работа, чтобы донести такие знания до всех, включая производственных рабочих, что повышает их способность решать текущие проблемы.

4. Высший менеджмент японских компаний принимает активное участие в TQC, и поэтому эта концепция становится не просто обязанностью отдельных менеджеров, а превращается в общее дело. TQC означает, что работы по КК затрагивают людей, организацию, «железо» и «бумагу».

5. В Японии действует следующий принцип: «Контроль качества начинается с обучения и заканчивается обучением». Поэтому высший менеджмент, менеджеры среднего звена и рабочие регулярно обучаются.

6. В Японии мероприятия по контролю качества осуществляют малые группы добровольцев внутри компании, использующие при этом специальные статистические инструменты TQC. Один из примеров деятельности такого рода — кружки КК, на которые приходится от 10 до 30% общего объема работ менеджмента в области контроля качества. Кружки — очень важная составляющая системы контроля качества, но не следует преувеличивать их значение, поскольку ничто не может заменить продуманной общей программы компании по TQC.

7. В Японии есть несколько организаций, которые активно содействуют TQC в государственном масштабе. Примерами могут служить JUSE (Union of Japanese Scientists and Engineers), Japan Management Association, Japan Standard Association, Central Japan Quality Control Association и Japan Productivity Center. На Западе аналогичных организаций очень мало.

Каору Исикава, президент Musashi Institute of Technology и заслуженный профессор Токийского университета в отставке, сыграл решающую роль в формировании движения контроля качества и кружков КК. Он перечисляет шесть особенностей движения TQC в Японии:

1. TQC в масштабах всей компании с участием всех сотрудников.
2. Упор на образование и обучение.
3. Деятельность кружков КК.
4. Аудиты TQC (например, аудит президента компании и премии Деминга).
5. Применение статистических методов.
6. Поощрение TQC в национальном масштабе.

Можно лучше понять концепцию TQC, если ознакомиться с некоторыми ключевыми высказываниями, которые выдержали испытание временем и часто цитируются теми, кто занимается этим вопросом в Японии. Давайте обратимся к некоторым из них.

Говорите с данными

TQC делает упор на использование данных. Каору Исикава в своей книге *Japanese Quality Control* (на японском)* пишет: «Нам надо говорить с фактами и данными, — и далее добавляет: — Когда вы видите данные, усомнитесь

---

* Есть русский перевод: Исикава К. Японские методы управления качеством. — Сокращенный пер. с англ. — Под. ред. А.В. Гличева. — М.: Экономика, 1988. — 215 с. — *Прим. ред.*

в них! Когда вы видите измерительный прибор, усомнитесь в его показаниях! Когда вы видите результаты химического анализа, не доверяйте им!» Далее он напоминает читателям, что существуют ложные данные, ошибочные данные и вещи, которые нельзя измерить.

Даже если вы располагаете правильными данными, они бесполезны, если используются некорректно. Умение компании их собирать и применять может стать определяющим фактором успеха или провала.

В большинстве компаний работу с претензиями потребителей и продукцией, имеющей дефекты, поручают новичкам, считая ее не самой важной. Президент Yokogawa-Hewlett-Packard Кэндзо Сасаока говорит: «На самом деле эту миссию следует возлагать на талантливых молодых инженеров, поскольку она предоставляет ценнейшую возможность наладить обратную связь с потребителем и улучшить изделие».

Проблема в том, что, даже если ценная информация доступна, мало кто берет на себя труд использовать ее надлежащим образом. Одержимые погоней за сиюминутной выгодой, большинство менеджеров часто забывают о потребителе. Для них жалобы покупателей — просто досадная помеха. В результате они лишаются блестящей возможности собрать информацию и предоставить ее тем, кто может извлечь из нее пользу. Обмен информацией между руководителями столь же важен, как ее сбор и обработка. Там, где сбор, обработка, распространение и использование информации хорошо налажены, всегда есть возможности для совершенствования. Система сбора и оценки данных для программы TQC/кайдзен — вопрос первостепенной важности.

Чтобы разработать изделие, которое удовлетворит потребителей, сведения об их запросах должны собирать, прежде всего, те, кто занимается его продажами и маркетингом, и отчасти персонал, работающий в отделе рекламаций. Затем эти данные передаются в конструкторское бюро, технологический и производственный отделы. Разработка новой продукции требует, чтобы в сферу TQC были включены разные отделы, связанные эффективной сетью коммуникаций. В поддержку TQC в Японии были разработаны различные системы, инструменты и методы, включая межфункциональные оргструктуры, диаграммы систем и структурирование качества.

Сначала качество, а не прибыль

Пожалуй, это высказывание лучше всего выражает сущность TQC и кайдзен, поскольку в нем отражено стремление к качеству ради качества и кайдзен ради кайдзен. Как уже говорилось выше, TQC включает такие составляющие, как обеспечение качества, снижение затрат, эффективность, соблюдение дисциплины поставки и безопасность. Качество понимается здесь как совершенствование всех перечисленных аспектов. Японские менеджеры пришли к выводу, что стремление к совершенствованию ради совершенствования — самый надежный путь повышения конкурентоспособности компании. Если вы заботитесь о качестве, прибыль позаботится о себе сама.

Профессор Musashi Institute of Technology Масумаса Имидзуми утверждает, что основные элементы, которыми надо управлять, это качество (продукции, работ и услуг), количество, поставки (время), безопасность, затраты и мораль сотрудников. Он продолжает:

> «Менеджеры любого уровня ответственны за надлежащее управление этими элементами. Предприятие процветает, только если потребители, приобретающие его продукцию или услуги, удовлетворены. Потребители могут быть удовлетворены или не удовлетворены *качеством* продукции или услуг. Иными словами, единственное, что предприятие может предложить потребителю, это качество. Все остальные показатели связаны с внутренним управлением. Таков первый смысл слов «сначала качество».
>
> Я не сторонник идеи изготовления высококачественных изделий по низкой цене и в больших количествах на первых этапах деятельности предприятия. Само собой, это конечная цель TQC. Однако я предлагаю в качестве первого шага начать с производства высококачественной продукции и затем переходить к повышению производительности и снижению затрат. С самого начала мы должны придерживаться технологий и методов, которые позволят создать продукцию, удовлетворяющую потребителей, и на этом этапе следует пренебречь такими факторами, как затраты, объемы производства и производительность. Лишь после того, как технология отработана, мы можем переходить к следующей фазе производства конкурентоспособной продукции по низкой цене и в большом количестве, не жертвуя при этом качеством. Это второй смысл слов «сначала качество»».

Управляйте предыдущим процессом

Уделяя первоочередное внимание данным и процессам, а не результатам, TQC поощряет людей обращаться в поисках причин проблем к предыдущему процессу в производственной линии. Совершенствование требует, чтобы мы всегда знали, что поступит с предыдущего процесса. Те, кто решают производственные проблемы, задают вопрос «почему?» не единожды, а пять раз. Часто первый ответ не выявляет коренной причины проблемы. Задавая вопрос *почему* несколько раз, можно выявить цепочку обстоятельств, одно из которых, как правило, и будет ключевым.

Тайити О́но, бывший вице-президент Toyota Motor, однажды привел следующий пример выявления действительной причины остановки станка.

Вопрос 1: Почему остановился станок?
Ответ 1: Потому что из-за перегрузки перегорел предохранитель.
Вопрос 2: Почему возникла перегрузка?
Ответ 2: Потому что смазка подшипника была недостаточной.

Вопрос 3: Почему смазка была недостаточной?
Ответ 3: Из-за неисправности смазочного насоса.
Вопрос 4: Почему неисправен насос?
Ответ 4: Потому что износилась его ось.
Вопрос 5: Почему она износилась?
Ответ 5: Потому что в смазке встречаются загрязняющие примеси.

Повторив *почему* пять раз, удалось выявить настоящую причину, а следовательно, принять правильное решение: оснастить смазочный насос фильтром. Если бы рабочие не задали все перечисленные вопросы, они, скорее всего, ограничились бы промежуточной контрмерой, заменив предохранитель.

Следующий процесс — ваш потребитель

В старину деревенский корзинщик знал каждого, кто приходил покупать его товар. Среди них были жена его соседа, друзья и дальние родственники. Ему и в голову не приходило продать кому-нибудь из них корзину с дырявым дном. В современную эпоху массового производства потребитель превратился в нечто абстрактное, и тот, кто производит продукцию, не знает, да и не задумывается о том, кто ее купит. Потребитель тоже не знает того, кто изготовил товар. Процесс стал обезличенным. Возможно, продавец воздержится от продажи корзины с большой дырой. А если дырочка маленькая? Что ж, caveat emptor*.

Проблему усугубляет тот факт, что производят и продают продукцию разные люди. Когда рабочий, который производит сборку автомобиля, не затягивает, как положено, болты и гайки, последствия такой работы заметны не сразу. Какая разница, хорошо затянут болт или нет? Однако если тот, кто выполняет следующую операцию над тем же автомобилем, воспринимается как потребитель, проблема персонифицируется, и вопрос, затянут болт или нет, становится важным.

Если качество надо и поддерживать, и улучшать в ходе производственного процесса, то нужен беспрепятственный обмен информацией между всеми его участниками на всех стадиях производства. Часто отношениям между рабочими свойственны групповщина и соперничество, особенно между теми, кто выполняет смежные операции. Следует позаботиться о формировании чувства локтя и сплоченности всех участников производственного процесса.

Тридцать лет назад Каору Исикава столкнулся с этой проблемой, работая консультантом в Nippon Steel. Как-то раз он обследовал поверхностные царапины, обнаруженные на некоторых стальных листах. Когда Исикава

---

* Пусть покупатель будет осмотрителен (лат.) — *Прим. ред.*

предложил инженеру, отвечавшему за данный процесс, чтобы его команда обсудила этот вопрос с инженерами, которые работали на следующем процессе, тот ответил: «Вы хотите сказать, что мы должны решать эту проблему вместе с нашими *врагами*?» На это Исикава возразил: «Вы не должны видеть в них своих врагов. Вы должны воспринимать того, кто отвечает за следующий процесс, как потребителя. Вам следует ежедневно общаться со своим потребителем, проверяя, доволен ли он вашей продукцией». Но инженер не уступал: «Как я могу пойти на это? Если я покажусь в их цехе, они подумают, что я пришел шпионить за ними!»

Этот случай заставил Исикава произнести ставшую знаменитой фразу: «Следующий процесс — ваш потребитель». Концепция помогла инженерам и рабочим в цехе понять, что потребители их продукции — не только те, кто покупает конечный продукт, но и те, кто выполняет следующий процесс, принимая у них работу. Такое понимание, в свою очередь, привело к официальному обязательству никогда не отправлять тому, кто выполняет следующую операцию, дефектные детали, что позднее было закреплено в системе *канбан* и концепции «точно вовремя». С самого начала непростая задача выработки отношения к рабочим из соседнего цеха как к потребителям потребовала откровенного признания проблем на своем рабочем месте и стремления отдать все силы их решению. Сегодня эта концепция применяется и в делопроизводстве.

Таким образом, для инженера-конструктора потребители — те, кто работают в цехах. А следовательно, он должен учитывать нужды производственников при разработке новой продукции, принимая во внимание такие моменты, как возможности имеющегося оборудования и наличие сырья. По аналогии, потребителями для клерка будут те, кто получает оформленные им документы. Таким образом, обеспечение качества для того, кто потребляет результаты труда на очередном этапе производства, позволяет обеспечить и качество конечного продукта.

TQC ориентирован на потребителя, а не на производителя

TQC получил название «вписаться в рынок» (market-in) в противовес концепции «сбыть продукт» (product-out)*. Эта система, применяемая на разных стадиях процесса производства, в конечном счете, ориентирована на потребителя. Вот почему деятельность по TQC сместила акценты с поддержания качества в ходе производственного процесса на закладку качества будущей продукции, удовлетворяющей запросам потребителя, на стадиях ее разработки и проектирования.

---

* «Product-out» (сбыть продукт) — антоним «market-in» (вписаться в рынок), используется, чтобы показать приоритетное значение производства товаров и услуг без серьезного внимания к требованиям потребителя. — *Прим. авт.*

Эта аксиома, по-видимому, одна из самых важных составляющих TQC. Все действия, связанные со всеобщим контролем качества, в Японии проводятся с учетом нужд потребителя. И все же некоторые менеджеры по-прежнему склонны рассматривать продукцию, прежде всего, сквозь призму своих проблем. Очень часто они принимают схему производства новых товаров, лишь ориентируясь на имеющиеся в их распоряжении финансовые средства, технологию и производственные мощности. Такая продукция удовлетворяет потребность компании в расширении производства, и менеджеры суеверно скрещивают пальцы, надеясь, что она будет пользоваться спросом.

Восприятие того, кто выполняет следующий процесс, как потребителя, означает, что его нельзя подводить. Если внутренний потребитель получает бракованную продукцию или некачественные услуги, страдать будет вся дальнейшая производственная цепочка. Обычно проблема осложняет жизнь не тому, кто ее создал, а тому, кто принимает его работу, отражаясь далее на всех, вплоть до конечного потребителя.

Ориентация TQC на потребителя проявляется и в том, как определяют его многие японские компании. Так, Komatsu разъясняет цель TQC как «удовлетворение потребителей Komatsu во всем мире путем рациональных и экономных исследований, разработок, продаж и обслуживания».

Применяя концепции TQC, японские компании создали систему разработок, проектирования, производства и обслуживания продукции, конечная цель которой — удовлетворение потребителя. Именно в этом секрет популярности японских товаров среди покупателей всего мира. Однако как у нас в стране, так и за рубежом все еще слишком много компаний, где высший менеджмент признает концепцию удовлетворения потребителей лишь на словах, но не имеет системы для достижения этой цели.

Сомнение в готовности большинства западных продавцов прислушиваться к потребителю остается и сегодня. Недавно кто-то процитировал слова представителя европейской компании по розничной торговле бытовой техникой: «Когда к нам приходит менеджер по продажам из Японии, он задает самые разные вопросы, пока не поймет, что нам действительно нужно. Но стоит взглянуть на европейского менеджера по продажам, как понимаешь, что вся его речь сводится к тому, чтобы выставить нас идиотами. Если мы предъявляем претензии, он всегда старается убедить нас в том, что мы не правы».

Другой важный аспект — это как определить потребителя. Например, кто потребители для производителя компонентов автомобильных шин? Верно, он продает свои изделия производителю шин и поэтому должен внимательно прислушиваться к его требованиям. Но тогда как быть с автомобильной компанией, которая покупает шины у их производителя, или с тем, кто приобретает машину у автомобильной компании? Можно ли считать, что все они тоже потребители для того, кто делает компоненты шин? Часто такие разные клиенты и фирмы предъявляют различные требования к качеству.

Определение потребителя — прерогатива высшего менеджмента, поскольку это решающий фактор при установлении показателей качества, которые должна иметь продукция, чтобы удовлетворить покупателя.

Ниже приводится пример того, как служащие усовершенствовали процесс приема телефонных звонков, уделяя пристальное внимание нуждам клиентов.

КОНКРЕТНАЯ СИТУАЦИЯ: СОКРАЩЕНИЕ ВРЕМЕНИ ОЖИДАНИЯ КЛИЕНТОВ ПРИ ПРИЕМЕ ТЕЛЕФОННЫХ ЗВОНКОВ*

Это история о программе контроля качества, которая была внедрена в главном офисе одного крупного банка, куда ежедневно звонят около 500 клиентов. Опросы свидетельствуют о том, что абонент обычно начинает раздражаться, если после пятого гудка никто не снимает трубку, и часто больше не звонит в такую компанию. Напротив, незамедлительный ответ после второго гудка вызывает у клиента позитивные ощущения и стимулирует его желание вести дела по телефону.

1. ***Выбор темы***. Прием телефонных звонков был выбран в качестве объекта КК по следующим причинам: 1) прием телефонных звонков определяет первое впечатление, которое компания производит на клиента; 2) эта проблема созвучна девизу компании в отношении телефонных звонков: «Не заставляй клиента ждать и переключай его на другого сотрудника лишь в самом крайнем случае» и 3) этот же вопрос встает в связи с проводимой на уровне всей компании программы по повышению всеобщей взаимной доброжелательности и приветливости.

   Прежде всего, персонал обсудил, почему существующая система ответа на телефонные звонки заставляет абонентов ждать. Рис. 3.1 наглядно демонстрирует распространенную ситуацию, в которой звонок от клиента Б поступает в то время, когда оператор отвечает клиенту А. Давайте посмотрим, почему клиент вынужден ждать.

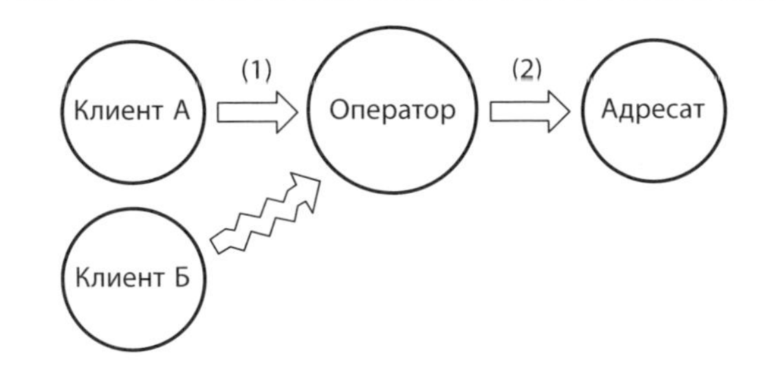

Рис. 3.1. Почему клиент вынужден ждать

---

* Воспроизводится с разрешения из *The Quest for Higher Quality — the Deming Prize and Quality Control*, Ricoh Company, Ltd. — *Прим. авт.*

На этапе 1) оператор принимает звонок клиента, но из-за недостатка опыта не знает, с кем его соединить. На этапе 2) возможно, адресат не может ответить на звонок сразу, потому что его нет на рабочем месте и никто не может его заменить. В результате оператору приходится переключать клиента на другого специалиста, извиняясь за задержку.

2. ***Диаграмма причин и результатов и анализ ситуации.*** Чтобы понять ситуацию в полной мере, члены кружка решили провести обследование абонентов, которые в ответ на свой звонок слышали более пяти гудков. Методом мозгового штурма составили перечень факторов и представили их в виде диаграммы (см. рис. 3.2). Затем операторы на протяжении 12 дней, с 4 по 16 июня, вели контрольные листки, включавшие несколько позиций, чтобы подсчитать результаты (см. рис. 3.3).

3. ***Результаты анализа ситуации, отраженные в контрольных листках.*** Данные контрольных листков неожиданно показали, что ситуация «Только один оператор (напарник находится за пределами офиса)» возглавила список с большим отрывом и в общей сложности имела место 172 раза. В этом случае оставшемуся сотруднику приходилось принимать слишком большое число звонков при высокой нагрузке на телефон. В среднем число клиентов, которым приходилось подолгу ждать ответа на звонок, было равно 29,2, что составляло 6% ежедневного числа звонков (см. рис. 3.4 и 3.5).

4. ***Постановка задачи.*** После бурного, но плодотворного обсуждения сотрудники решили в рамках программы КК поставить задачу свести число ждущих абонентов к нулю. Иначе говоря, все входящие звонки должны приниматься незамедлительно, чтобы клиент не испытывал неудобств.

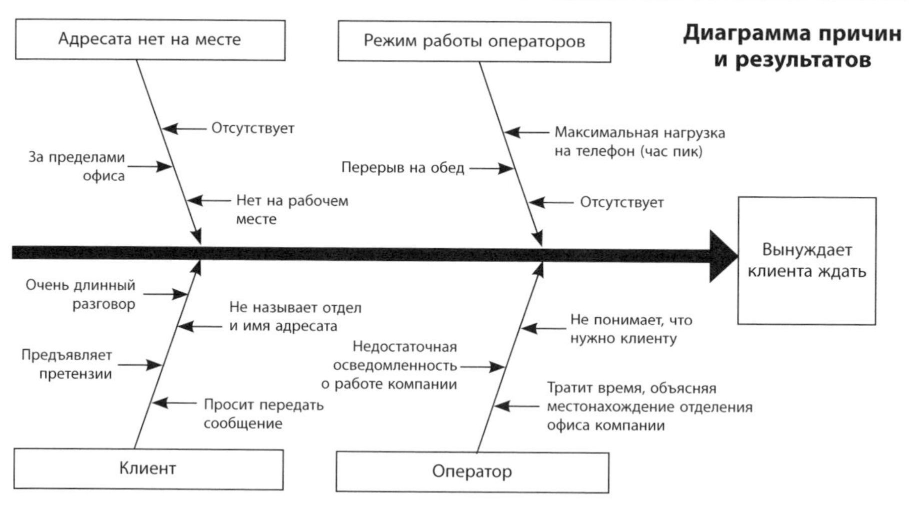

Рис. 3.2. Что вынуждает клиента ждать

Рис. 3.3. Контрольный листок — разработан для выявления проблем

Причина / Дата	В отделе, который должен ответить на звонок, никого нет	Адресата нет на месте	Только один оператор (напарник находится за пределами офиса)		Всего
4 июня	\\\	卌 \	卌 卌 \		24
5 июня	卌	卌 \\\	卌 卌 \\\		32
6 июня	卌 \	\\\\	卌 卌 \\		28
15 июня	卌	卌	卌 \\\		25

Рис. 3.4. Причины, по которым телефонным абонентам приходилось ждать

		В среднем в день	Всего
A	Только один оператор (напарник находится за пределами офиса)	14,3	172
B	Адресата нет на месте	6,1	73
C	В отделе, который должен ответить на звонок, никого нет	5,1	51
D	Не названы отдел и имя адресата	1,6	19
E	Расспросы о местонахождении отделения офиса	1,3	16
F	Прочие причины	0,8	10
	Всего	29,2	351

Период: 12 дней, с 4 по 16 июня, 1980 г.

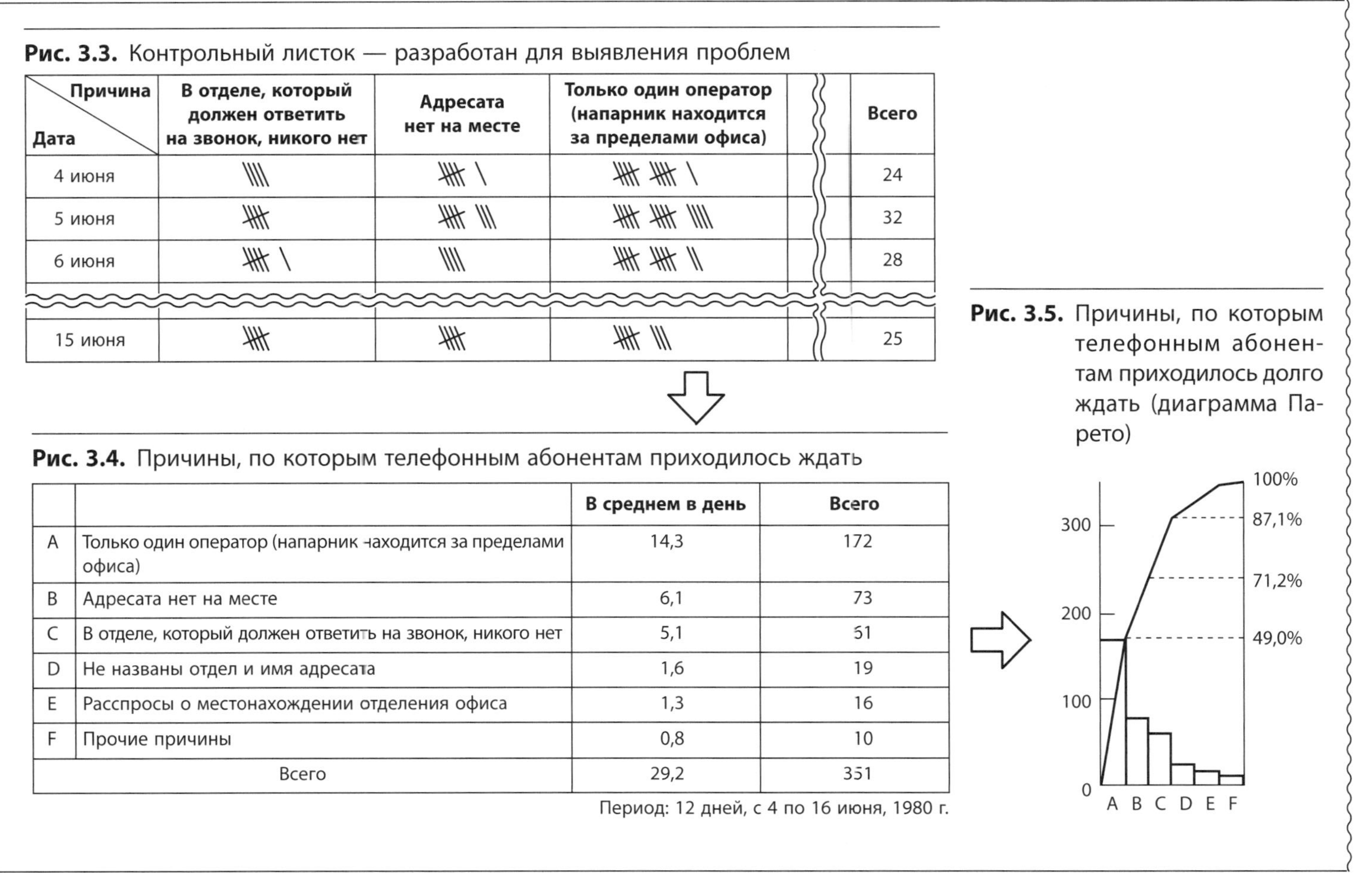

Рис. 3.5. Причины, по которым телефонным абонентам приходилось долго ждать (диаграмма Парето)

Рис. 3.6. Результаты КК (сравнение показателей до и после принятия мер)

	Причины, вынуждающие абонента ждать	Всего		В среднем в день	
		До	После	До	После
A	Только один оператор (напарник находится за пределами офиса)	172	15	14,5	1,2
B	Адресата нет на месте	73	17	6,1	1,4
C	В отделе, который должен ответить на звонок, никого нет	61	20	5,1	1,7
D	Не названы отдел и имя адресата	19	4	1,6	0,3
E	Расспросы о местонахождении отделения офиса	16	3	1,3	0,2
F	Прочие	10	0	0,8	0
	Всего	351	59	29,2	4,8

Период: 12 дней, с 17 по 30 августа.

Проблемы были сгруппированы в зависимости от причин возникновения и представлены в порядке, соответствующем потраченному времени. Это иллюстрирует гистограмма. За 100% принято общее число звонков, ответы на которые занимали слишком много времени.

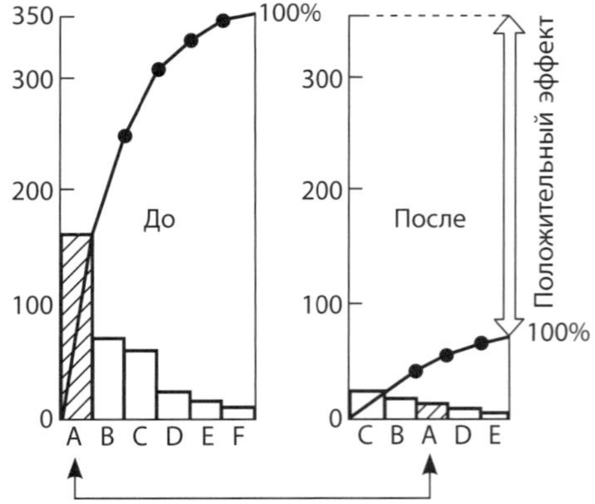

Рис. 3.7. Эффект от мер по КК (диаграмма Парето)

5. *Принятые меры.* **1) Операторы стали обедать в три смены, чтобы на рабочем месте постоянно присутствовало не менее двух человек.**

   До того как было принято это решение, люди обедали в две смены, и когда кто-то из операторов уходил в столовую, на рабочем месте оставался один сотрудник. Однако поскольку проведенное исследование выявило, что именно это было основной причиной, заставляющей клиентов ждать на линии, компания перевела из другого отдела еще одного оператора для приема телефонных звонков.

   2) Всех сотрудников попросили оставлять сведения о том, где они находятся, когда покидают свое рабочее место.

   Целью этого правила было упростить работу оператора, если адресата нет на рабочем месте. Новая программа была доведена до сведения сотрудников во время регулярно проводимых утренних собраний, и всех в компании попросили помочь в ее реализации. Дополнительно в офисе были расклеены объявления, которые уведомляли о принятии новых мер.

   3) Составили справочник, содержащий список сотрудников с указанием их обязанностей.

   Был разработан специальный журнал, призванный помочь операторам, которые не могли знать в подробностях круг обязанностей каждого сотрудника и не всегда представляли, с кем соединить клиента.

6. *Подтверждение результатов.* Хотя ожидание ответа не было сведено к нулю, по всем пунктам наблюдалось значительное улучшение ситуации, что показано на рис. 3.6 и 3.7. Показатели главной причины задержек «Только один оператор (напарник находится за пределами офиса)» упали с 172 случаев в течение контрольного периода до 15 при повторной проверке. ◼

TQC начинается с обучения и заканчивается обучением

Введение TQC в Японии неизменно начинается с программы обучения всех менеджеров и рабочих. Это естественным образом вытекает из концепции встраивания качества в людей. Когда одна из ведущих японских строительных компаний Kajima в 1978 г. начала работы по TQC, ее первоочередной задачей было разработать образовательные программы для обучения всех 16 000 служащих компании за три года. Обнаружив, что отправка менеджеров на публичные семинары и приглашение лекторов со стороны не позволяют обучить всех сотрудников, фирма разработала специальные видеокурсы по TQC, которые транслировались через 110 внутренних видеотерминалов.

Основной целью всех этих разнообразных обучающих программ было постепенное формирование у всех служащих TQC-мышления, что означало переворот в их сознании. Для каждого организационного уровня Kajima разработала отдельный курс, и в течение трех лет каждый сотрудник проходил специальную подготовку. Одновременно компания отобрала 800 лидеров КК и создала собственные учебники для внутреннего пользования.

Поскольку согласно этой концепции выполняющий следующую технологическую операцию рассматривается как потребитель, TQC естественным образом распространяется на смежные бизнес-единицы (процессы) и далее, вплоть до самого конца. Поэтому TQC охватывает все организационные уровни по вертикали — от высшего менеджмента к менеджерам среднего звена, от менеджера среднего звена к мастерам, от мастеров к штатным рабочим, от штатных рабочих к рабочим, занятым неполный день. По этой же причине он распространяется по горизонтали — от поставщика, с одной стороны, до конечного потребителя, с другой.

Во многих компаниях в работе кружков КК участвуют и рабочие, занятые неполный день, поскольку решить проблемы компании можно лишь в том случае, если в этом задействованы все. На практике такие сотрудники часто становятся наиболее активными и энергичными членами кружков КК и подают много полезных предложений.

Межфункциональный менеджмент способствует кайдзен

Концепция управления предыдущим процессом означает, что TQC следует распространить на поставщиков и субподрядчиков, чтобы повысить качество сырья и материалов. Поскольку TQC предполагает снижение затрат, обеспечение качества, управление объемами производства и другие сферы, он положил начало концепции межфункционального менеджмента. В соответствии с ней различные подразделения должны вместе координировать свои действия. Это горизонтальное распространение стратегии.

TQC охватывает разные уровни менеджмента и разные подразделения. Его участники не изолированы друг от друга. Он способствует взаимопониманию и сотрудничеству. Дух TQC заразителен.

«Ломайте барьеры между подразделениями!» — весьма популярная фраза, которую часто повторяют в компаниях, внедряющих концепцию*. В особенности это актуально в фирмах, которые страдали от внутренней борьбы и знают, как неблагоприятно сказывается такая вражда на качестве, затратах и дисциплине поставок. Поэтому такие компании обычно начинают практиковать межфункциональный менеджмент, который разрушает барьеры между подразделениями. Это не значит, что отдельные подразделения должны быть слабыми. Напротив, чтобы в полной мере извлечь выгоду из межфункционального менеджмента, каждый отдел должен быть достаточно сильным.

По мере того как TQC охватывает одно подразделение за другим, способствуя укреплению горизонтальной и вертикальной взаимосвязи разных организационных уровней, он способствует развитию коммуникации в масштабе всей компании. Среди многих его преимуществ выделим совершенствование контактов, более эффективный обмен данными между разными организационными уровнями и обратную связь. TQC не только сплачивает людей вокруг общих целей, он делает акцент на ценности информации.

---

* Эта фраза принадлежит У.Э. Демингу и служит одним из его знаменитых 14 пунктов для менеджмента. — *Прим. ред.*

Следуйте циклу PDCA
(Развитие концепции колеса Деминга)

Деминг подчеркивал важность тесной взаимосвязи между исследованиями, проектированием, производством и продажами. Лучшее качество, удовлетворяющее потребителей, обеспечивается непрерывным чередованием этих четырех стадий, служа при этом основным критерием. Позднее концепция непрерывно вращающегося колеса Деминга распространилась на все уровни управления и четыре фазы поворота колеса стали рассматриваться в связи с конкретными действиями руководства (см. рис. 3.8).

Проектирование → Планируй	Проектирование изделия соответствует этапу планирования
Производство → Делай	Производство соответствует созданию, изготовлению или доработке изделия, подготовленного проектировщиками
Продажи ⟩ Проверяй	Показатели продаж позволяют узнать, удовлетворен ли потребитель
Исследования → Воздействуй	В случае предъявления претензий их следует учесть на этапе планирования и принять меры, перед тем как переходить к следующему этапу работ. Под словом «воздействуй» понимается действие, направленное на совершенствование

Рис. 3.8. Взаимосвязь колеса Деминга с циклом PDCA

Японские менеджеры, таким образом, переработали колесо Деминга и назвали его циклом PDCA, сделав применимым к любым стадиям и ситуациям (см. рис. 3.9). Цикл PDCA — это последовательность действий, направленных на совершенствование. Он начинается с изучения текущей ситуации, во время которого собираются данные, которые используются для разработки плана совершенствования. Когда такой план подготовлен, его реализуют. Затем смотрят, что получилось и достигнуты ли ожидаемые улучшения. Если опыт удался, заключительным этапом будет методологическая стандартизация, которая должна обеспечить постоянное использование новых методов, чтобы улучшение обрело устойчивый характер.

На ранних стадиях применения концепции колеса позиция «проверяй» означала анализ результатов труда рабочих контролерами, а позиция «воздействуй» — корректирующие меры, которые предпринимались при обнаружении ошибок или брака. Таким образом, исходная концепция PDCA базировалась на разделении труда между мастерами, контролерами и рабочими. Однако в ходе ее применения в Японии вскоре обнаружилось, что если PDCA нацелен лишь на корректировку результатов, то этого явно недостаточно. В результате появилась новая концепция PDCA, показанная на рис. 3.10.

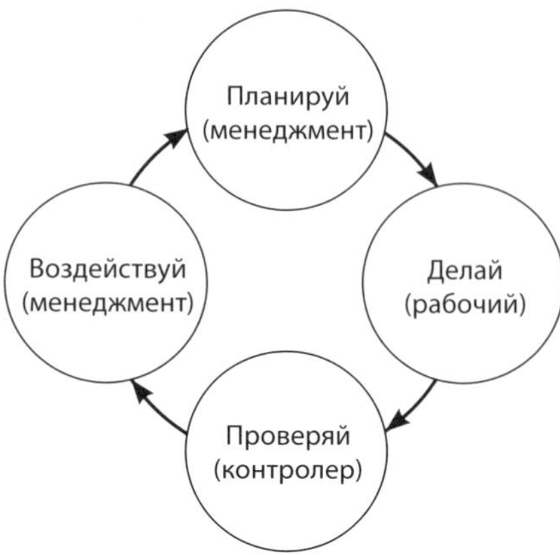

Рис. 3.9. Исходный цикл PDCA

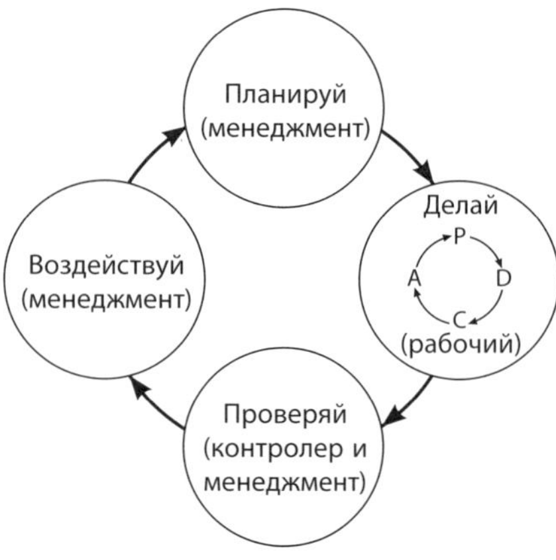

Рис. 3.10. Исправленный и дополненный PDCA-цикл

К сожалению, антагонистическая природа производственных отношений в Европе и США ведет к жесткому распределению функций. В результате сформировался цикл, который можно назвать PDCF-циклом (см. рис. 3.11).

На Западе в очень многих ситуациях действие «F» применяется при предельных значениях P-критериев, и решение об увольнении рабочих и менеджеров принимается быстро и без колебаний.

В исправленной и дополненной версии цикла PDCA, представленной на рис. 3.10, первый пункт означает планирование совершенствования текущей

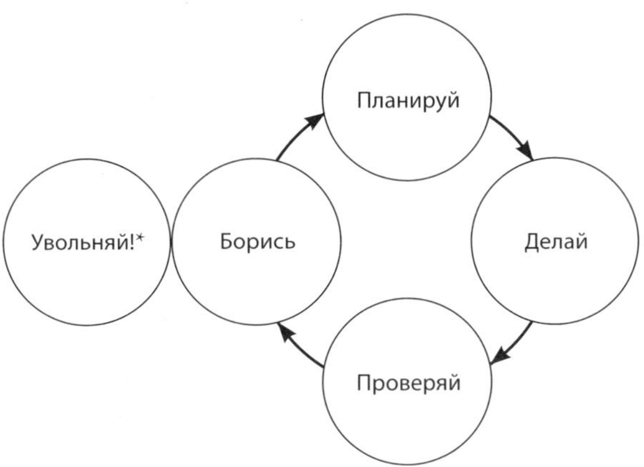

Рис. 3.11. Западный PDCF-цикл

практики с помощью статистических инструментов, таких, как семь инструментов КК, включающих диаграммы Парето, диаграммы причин и результатов, гистограммы, контрольные карты, диаграммы разброса, графики и контрольные листки (объяснение этих терминов см. в Приложении Е). «Делай» означает внедрение разработанного плана; «проверяй» — выяснение, удалось ли добиться желаемых улучшений, а «воздействуй» — предотвращение рецидивов и закрепление усовершенствований в качестве новой практики, подлежащей дальнейшему совершенствованию. Цикл PDCA повторяется вновь и вновь. Как только сделано очередное усовершенствование, оно немедленно закрепляется в стандарте, для того чтобы стать отправной точкой для дальнейшего совершенствования. Так происходит претворение в жизнь процесса кайдзен.

Таким образом, PDCA понимается как процесс, в ходе которого появляются новые стандарты. Последние, в свою очередь, критически переоцениваются, исправляются, пересматриваются и заменяются новыми и лучшими. В то время как большинство западных рабочих видят в стандарте неизменный эталон, приверженцы PDCA в Японии рассматривают его как стартовую площадку для того, чтобы в следующий раз ту же самую работу выполнить лучше.

В начале главы 1 я говорил о том, что менеджмент в Японии работает в двух направлениях, обеспечивая поддержание и совершенствование. Цикл PDCA — весьма важный инструмент для реализации усовершенствований и обеспечения их устойчивости. Еще до начала его внедрения важно стабилизировать текущие стандарты.

---

* Здесь пара слов *fire* означает и «уволить», и «открыть огонь». — *Прим. пер.*

Такой процесс стабилизации часто называют циклом SDCA («стандартизуй — делай — проверяй — воздействуй»). Только когда цикл SDCA работает, мы можем переходить к совершенствованию текущих стандартов при помощи цикла PDCA. Менеджмент должен постоянно следить за согласованной работой SDCA- и PDCA-циклов.

Любой рабочий процесс вначале идет с отклонениями, и его отладка требует определенных усилий. Например, производственная линия, которая должна производить 100 единиц продукции в час, фактически в состоянии производить 95 утром и 90 днем, однако в те или иные дни может выдавать и 105 единиц. Это происходит из-за неустойчивости работы линии. Важно стабилизировать процесс, чтобы приблизить производительность к 100 единицам в час.

Это совершается в ходе цикла SDCA (см. рис. 3.12). Только после того как стандарт установлен и стабильно выполняется, можно переходить к следующей фазе применения PDCA-цикла, чтобы повысить стандарт. То есть, SDCA используется для стабилизации и стандартизации ситуации, а PDCA — для ее совершенствования.

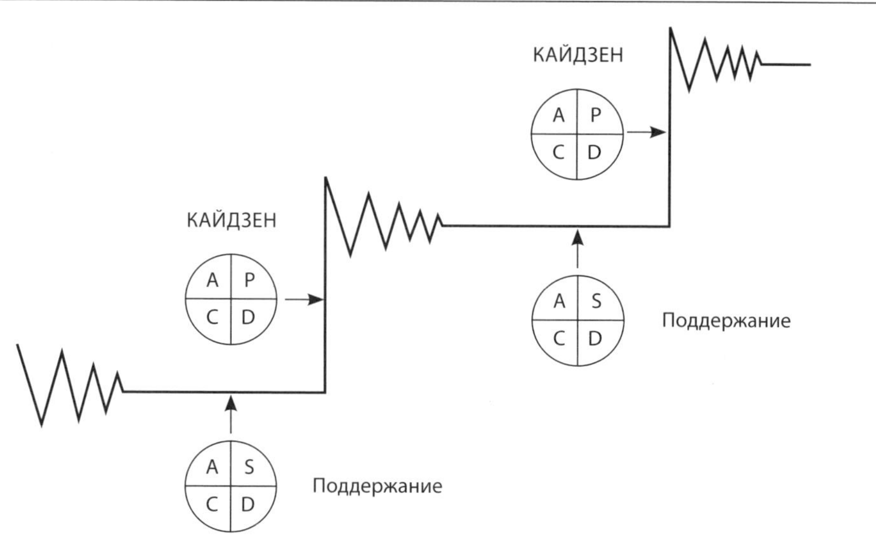

Рис. 3.12. Взаимосвязь циклов SDCA и PDCA с кайдзен и поддержанием

Недавно одно японское предприятие, менеджеры и сотрудники которого увлеченно работали над применением PDCA-цикла в ходе TQC, посетила группа руководящих работников из Франции. Гости услышали, как один из японских менеджеров сказал: «Каждый раз, внедряя что-то новое, мы наблюдаем за тем, как оно работает, проверяем результаты, выявляем и признаем ошибки, которые сделал менеджмент, и потом пытаемся сделать это лучше». Один из гостей сказал: «Но ведь вы начальник. Зачем вам нужно в чем-то каяться?» Концепция кайдзен означает, что каждый, невзирая на звание и должность, должен открыто признавать любые ошибки, которые он сделал, и стараться в следующий раз выполнить работу лучше. Прогресс невозможен, если вы не способны признавать свои просчеты.

Проходя цикл PDCA, менеджеры и рабочие постоянно стремятся завоевать новые высоты. Юдзуру Ито, начальник центра КК Matsushita Electric's, объясняя, почему члены кружков КК все время пытаются усовершенствовать производственный процесс, сказал:

> «Любопытный случай, связанный с контролем качества, произошел со мной, когда я работал на заводе по производству телевизоров. В среднем каждый из наших паяльщиков делал на каждой детали 10 паек и обрабатывал 400 деталей в день, что ежедневно составляло 4000 паек. Если считать, что он работает 20 дней в месяц, число паяных соединений за месяц составит 80 000. Один цветной телевизор требует примерно 1000 паек. Разумеется, в наши дни пайка в основном выполняется автоматически, но рабочие должны следить за тем, чтобы доля дефектов не превышала одной ошибки на 500 000–1 000 000 соединений.
>
> Те, кто приходил к нам на завод, обычно удивлялись, как паяльщики, выполняя такую монотонную работу, практически не допускали ошибок. Но давайте вспомним другие однообразные действия, которые люди выполняют постоянно, например ходьбу. Мы ходим практически всю жизнь, повторяя вновь и вновь одни и те же движения. Это чрезвычайно монотонное занятие, но вместе с тем есть такие люди, как спортсмены-олимпийцы, которые, упорно тренируясь, приобретают умение ходить быстрее других. Подобным образом мы подходим к контролю качества на нашем заводе.
>
> Есть работа, которая весьма однообразна, но если люди понимают поставленную задачу и мы даем им почувствовать, что они трудятся во имя общей цели, даже монотонные действия выполняются с интересом».

Для убеждения используйте истории контроля качества

TQC применяет сводки статистических данных, которые анализируются для решения проблем. Практики обнаружили, что их предложения и решения весьма убедительны, поскольку опираются на анализ точных данных, а не на интуицию. Отсюда фраза: «Используй истории КК для убеждения».

Истории КК обычно начинаются с рассказа о сущности проблемы на рабочем месте и причинах, по которым группа, занимающаяся КК, выбрала для изучения именно этот вопрос. Обычно основные факторы, влияющие на проблему, представляются по их значимости в виде диаграммы Парето.

Определив ключевые факторы, группа ставит цель действий по контролю качества.

Далее она, используя диаграмму причин и результатов, анализирует причины проблемы и вырабатывает метод ее решения. После его реализации результаты проверяются и оценивается их эффективность. При этом каждый член группы критически оценивает итоги работы, стараясь предотвратить повторное появление проблемы при стандартизации результата, и начинает думать о том, как улучшить нововведение. Так действует цикл PDCA.

Истории КК часто служат эффективным инструментом, облегчающим коммуникацию между представителями верхних и нижних уровней организации по таким вопросам, как качество, снижение затрат и эффективность. Кэндзо Сасаока из Yokogawa Hewlett-Packard, созданного в Японии совместного предприятия, объединяющего Yokogawa Hokushin Electric Corp. и Hewlett-Packard, однажды заметил, что письма японских менеджеров YHP в Hewlett-Packard, в которых запрашивается конкретная информация или обратная связь, иногда остаются без ответа, а если он и приходит, то не всегда содержит требуемые сведения. Однако когда менеджеры из YHP начали представлять свои запросы в виде историй КК, их письма стали восприниматься с гораздо бо́льшим пониманием. Сегодня более 95% респондентов получают ожидаемый ответ.

**ПРИМЕР ОДНОЙ ИЗ ИСТОРИЙ КК:
СНИЖЕНИЕ ВАРИАЦИЙ ВЫХОДА СМОЛЫ
НА RICOH***

Это рассказ об увлеченно работающем кружке КК на заводе Numazu, входящем в Ricoh. Члены этой группы, состоящей из шести мужчин, средний возраст которых 28 лет, отвечают за производство и контроль сырья, которое используется в производстве тонера для копировальных аппаратов. Чтобы стабилизировать качество смолы, они провели ряд действий по контролю качества с помощью критических химических реакций и ежедневных процедур контроля. Поскольку для реализации этой цели надо провести точные и тщательные анализы с точностью до 1/10 000 грамма, все члены кружка должны были обладать технологическим опытом и теоретическими знаниями. Поэтому они неустанно работали над повышением качества смолы, постоянно анализировали данные, получаемые на рабочем месте, и изучали результаты контроля. Эта группа занималась не только техническими вопросами, но и уделяла внимание технике безопасности и методам решения проблем. За время внедрения улучшений было проведено 42 собрания, каждое из которых продолжалось 90 минут. Этот кружок контроля качества за свою деятельность получил в 1980 г. Литературную премию КК Nikkei (QC Literature Award).

---

* Воспроизводится с разрешения из *The Quest for Higher Quality — the Deming Prize and Quality Control*, Ricoh Company, Ltd. — *Прим. авт.*

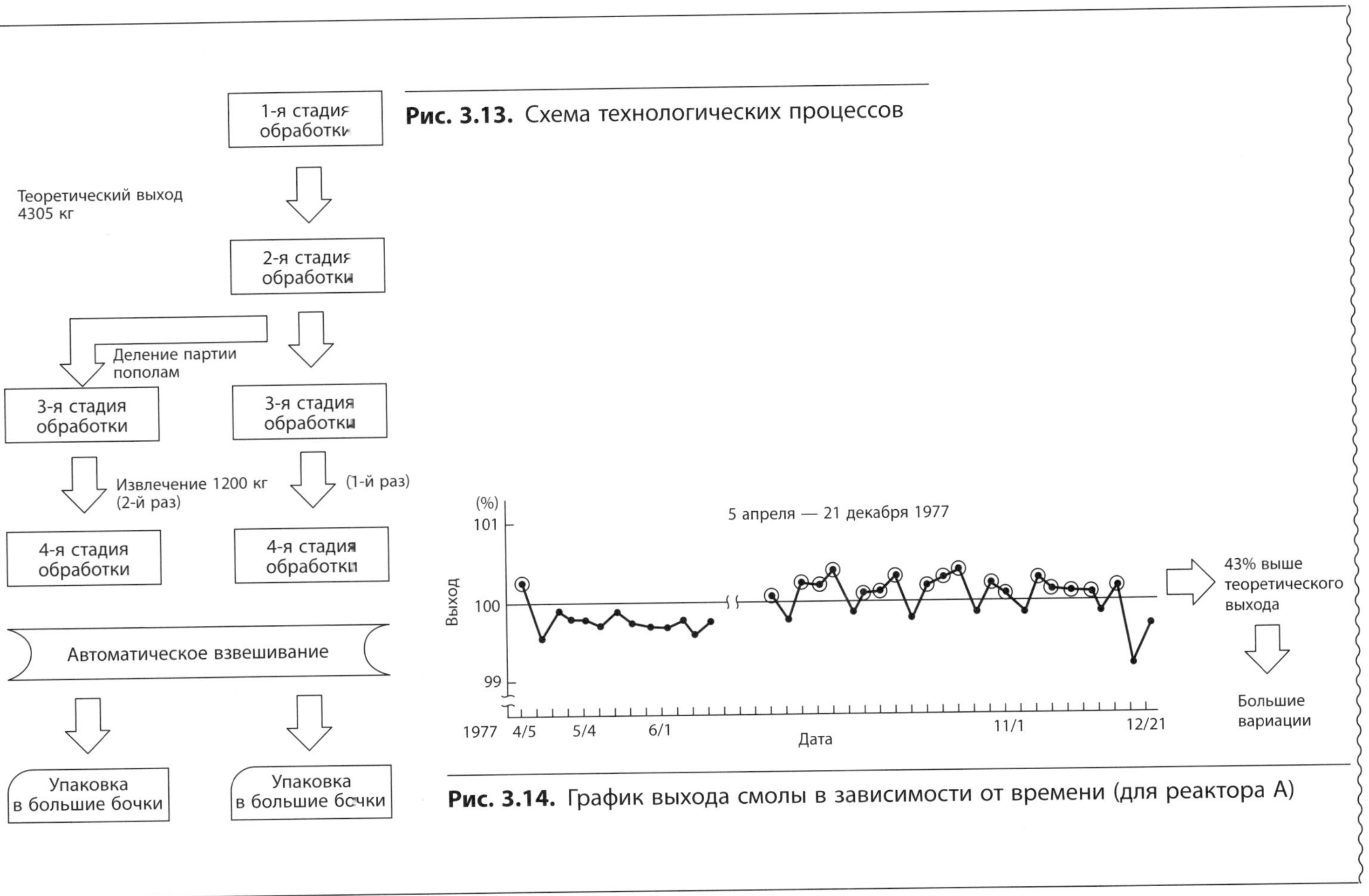

Рис. 3.13. Схема технологических процессов

Рис. 3.14. График выхода смолы в зависимости от времени (для реактора А)

1. ***Выбор темы****.* Как показано на рис. 3.13, после второго этапа обработки партия сырья делится пополам, и каждая часть проходит третью и четвертую стадии обработки отдельно. Средний выход составлял 99,8%, но, как видно на рис. 3.14, его вариабельность была велика и в 43% случаев превышала теоретическое значение. Поскольку стабильность выхода непосредственно влияет на качество смолы, кружок поставил вопрос о том, как снизить вариацию. (Примечание: **технические термины:** абсолютный выход = количество производимого вещества; относительный выход или просто выход = отношение произведенного количества к теоретическому выходу.)

2. ***Осмысление ситуации****.* На основе имеющихся данных была построена гистограмма (показана на рис. 3.15). Поскольку график имел два пика, члены кружка пришли к выводу, что это результат смешивания двух разных партий сырья, а затем еще и выяснили, что средние веса этих партий отличались на 14 кг. Более того, контрольная карта средних весов и размахов ($\bar{\chi}$–R карта) показала, что вариации между партиями достигали 48 кг, что не было видно на графике выходов. Между партиями встречались и вариации, превышающие 60 кг*.

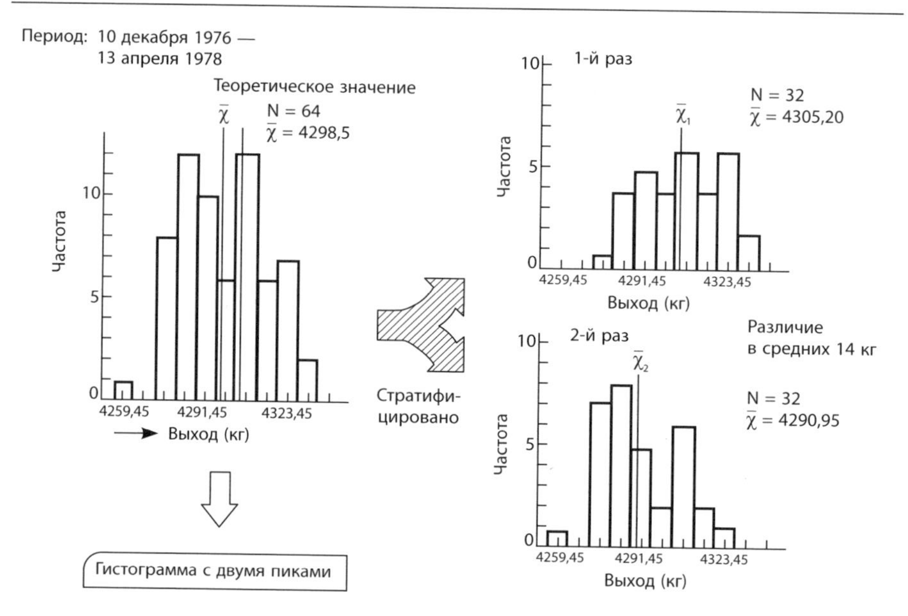

Рис. 3.15. Гистограмма выхода смолы

---

* В приведенных расчетах R обозначает разность между максимальным и минимальным значениями в группе, а $\bar{\chi}$ — среднее значение. — *Прим. авт.* / Величину R принято называть «выборочным размахом», или просто «размахом». — *Прим. ред.* /

3. ***Постановка задачи***. Данные говорили о наличии нескольких сложных проблем, за решение которых решил взяться кружок КК. Группа поставила цель добиться стабильного выхода смолы, составляющего 4300 кг с вариацией ±5 кг. Эту задачу предстояло решить к ноябрю 1978 г.

4. ***Факторы и меры***. После снижения вариации внутри партии контрмеры были направлены на ее снижение между отдельными партиями. Из числа факторов, перечисленных на рис. 3.16, члены кружка выделили три приоритетных: работа по разделению после второй стадии, стехиометрия (соотношение компонентов) и процесс автоматического взвешивания. Далее, как показано на рис. 3.17 и 3.18, был проведен анализ и приняты меры, которые позволили кружку КК решить поставленную задачу. Неожиданные трудности возникли в связи со взвешиванием, но после непосредственного наблюдения за процессом члены кружка устранили и эти недоработки.

5. ***Результаты***.

1) Материальный эффект

Как показано на рис. 3.18 и 3.19, вариации выхода смолы значительно уменьшились. Попутно снизились вариации соотношения и вязкости смолы, что способствовало стабилизации ее качества.

2) Нематериальный эффект

■ Средние величины могли переоцениваться. Занимаясь только этим, члены кружка несколько раз попадали в ловушку, после чего их подход к вариации и обработке данных изменился.

■ Все члены кружка поняли важность ежедневного контроля качества, который позволяет улучшить выход.

■ Методы ежедневного контроля были улучшены и реализованы при помощи контрольной карты $(\bar{\chi}{-}R)$ и установления методов локализации отклонений от нормы.

6. ***Меры для предупреждения рецидивов***

1) Подготовка инструкций по технологии извлечения смолы
2) Подготовка инструкций по технологии подачи растворителя
3) Пересмотр инструкций по синтезу смолы
4) Периодическая проверка процесса автоматического взвешивания

7. ***Выводы и направления дальнейшей работы***. Отдавая должное важности наблюдений на рабочем месте, члены кружка поняли, как легко при этом не заметить упущений, которые случаются при ежедневной, рутинной работе. Этот опыт был весьма ценным для всех членов группы. В это время произошел переход с двухсменного на трехсменный режим работы, что затруднило планирование встреч. Однако эта проблема решилась, когда члены кружка, работающие в ночную смену, стали оставлять письменные сообщения, позволившие им участвовать в деятельности группы заочно. В дальнейшем были приняты дополнительные меры, чтобы все могли беспрепятственно участвовать в собраниях и работе кружка. ■

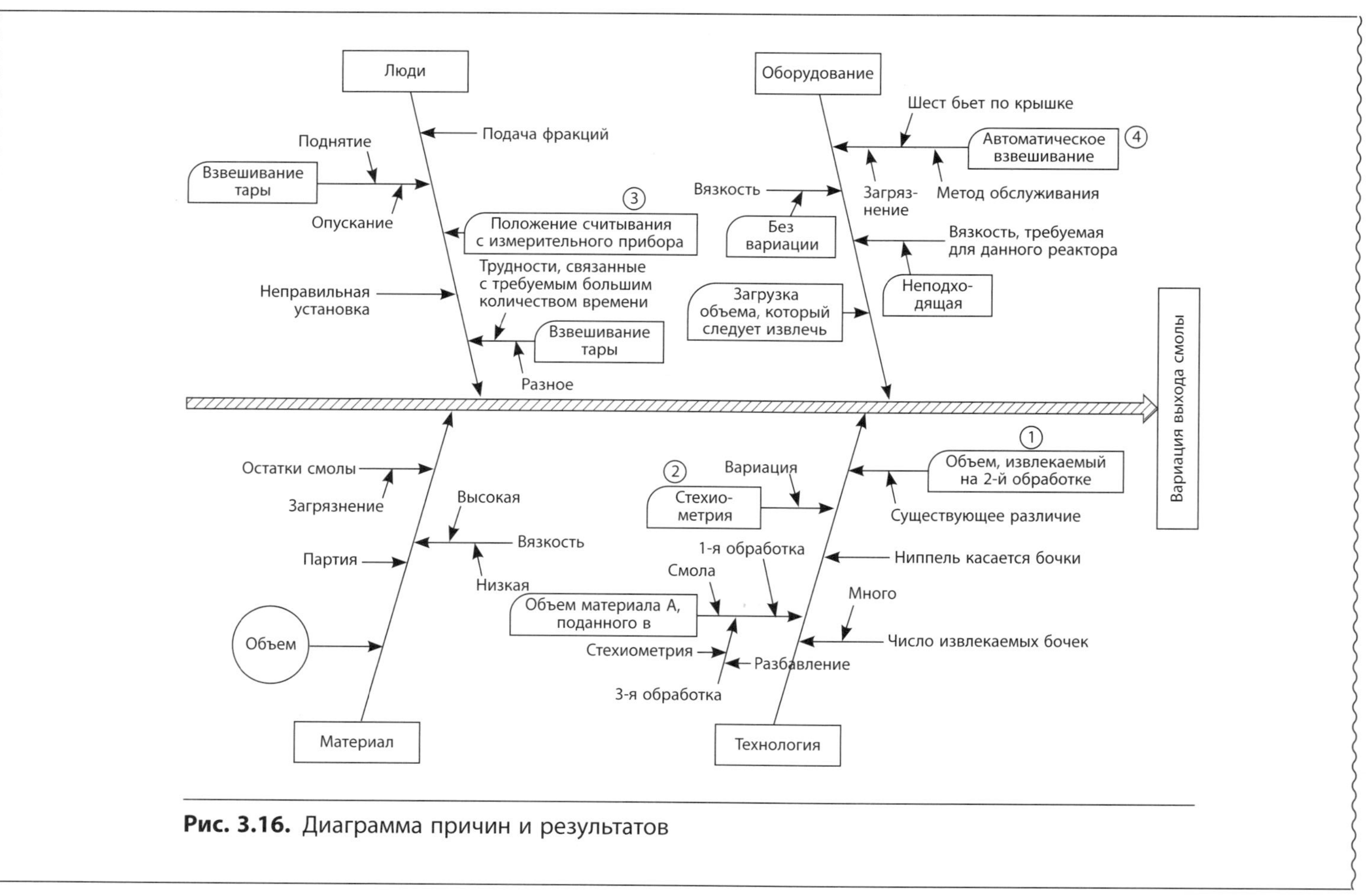

Рис. 3.16. Диаграмма причин и результатов

Метод анализа	Действия	Анализ	Результаты исследования и принятые меры
(1) Снижение вариации внутри партии. Контрмера 1.	Исследование выхода для 1-го раза и 2-го раза	Критерий знаков для выхода (кг) в 1-й и 2-й раз — 24 июня 1977 — 17 мая 1978 *(см. таблицу ниже)*	Между выходом в 1-й и 2-й раз было значимое различие на уровне 1% ■ Анализ и изучение различий (в работе по разделению) в 1-й и 2-й раз
	Извлекалась и исследовалась половина после 2-й обработки	Общий объём, извлекаемый по завершении 2-й стадии. Общий объём — Получено 2424 кг → 1212 кг — половина. Значительное количество остаётся в реакторе во время работы по разделению предшествующей загрузки — 1200 кг	Во время 2-й стадии половина получилась 1212 кг, а не 1200 кг ■ Объём, извлекаемый на 2-й стадии, был изменён и проверен
	После 2-й обработки извлечение делалось с выходом 1212 кг для каждой загрузки	Критерий знаков для 1-го и 2-го выходов (кг) — 25 мая — 26 августа 1978 *(см. таблицу ниже)*	При разделении на две части по 1212 кг значимое различие между 1-м и 2-м разами исчезло ■ Пересмотр рабочих стандартов ■ Вариация выходов остаётся ■ Пересмотр диаграммы причин и результатов
	Исследование выхода и соотношения	Диаграмма разброса выхода в зависимости от соотношения *(см. рисунок ниже)*	■ На 5%-ном уровне было значимое различие в выходах в зависимости от соотношений ■ Пересмотр и анализ операции по заданию соотношения

Критерий знаков для выхода (кг) в 1-й и 2-й раз — 24 июня 1977 — 17 мая 1978

№	1	2	3	4	5	6	7	...	27	28	29	30
1-й раз	4303	4291	4306	4346	4326	4332	4307	...	4319	4336	4296	4279
2-й раз	4275	4331	4092	4287	4323	4292	4307	...	43С5	4280	4289	4274
Знак	+	−	+	+	+	+	○	...	+	+	+	+

n n_+ = 21   n n_- = 7   O O = 2

Критерий знаков для 1-го и 2-го выходов (кг) — 25 мая — 26 августа 1978

№	1	2	3	4	5	6	7	8	9	10	
1-й раз	4299	4275	4297	4309	4321	4337	4298	4277	4290	4295	4302
2-й раз	430˙	4280	4297	4302	4294	4307	4294	4290	4293	4275	4311
Знак	−	−	○	+	+	+	+	−	−	+	−

n_+ = 5 n_- = 5   O = 1

(кг) Диаграмма разброса выхода в зависимости от соотношения

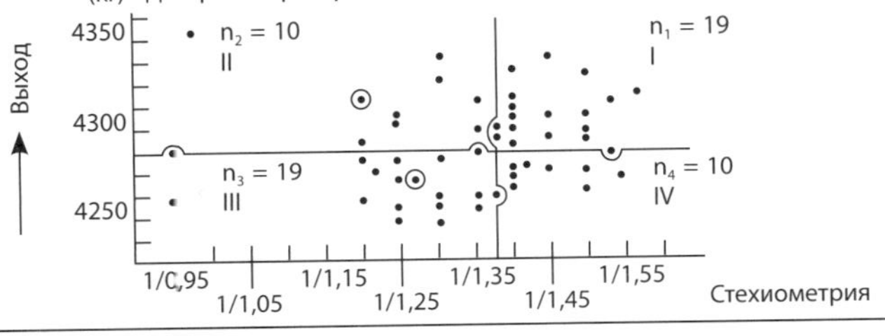

$n_+ = n_1 + n_3 = 38$
$n_- = n_2 + n_4 = 20$

Выход / Стехиометрия; $n_1 = 19$ (I), $n_2 = 10$ (II), $n_3 = 19$ (III), $n_4 = 10$ (IV). Оси: 4250, 4300, 4350; 1/0,95, 1/1,05, 1/1,15, 1/1,25, 1/1,35, 1/1,45, 1/1,55.

Рис. 3.17. Анализ вариаций внутри партии и контрмеры

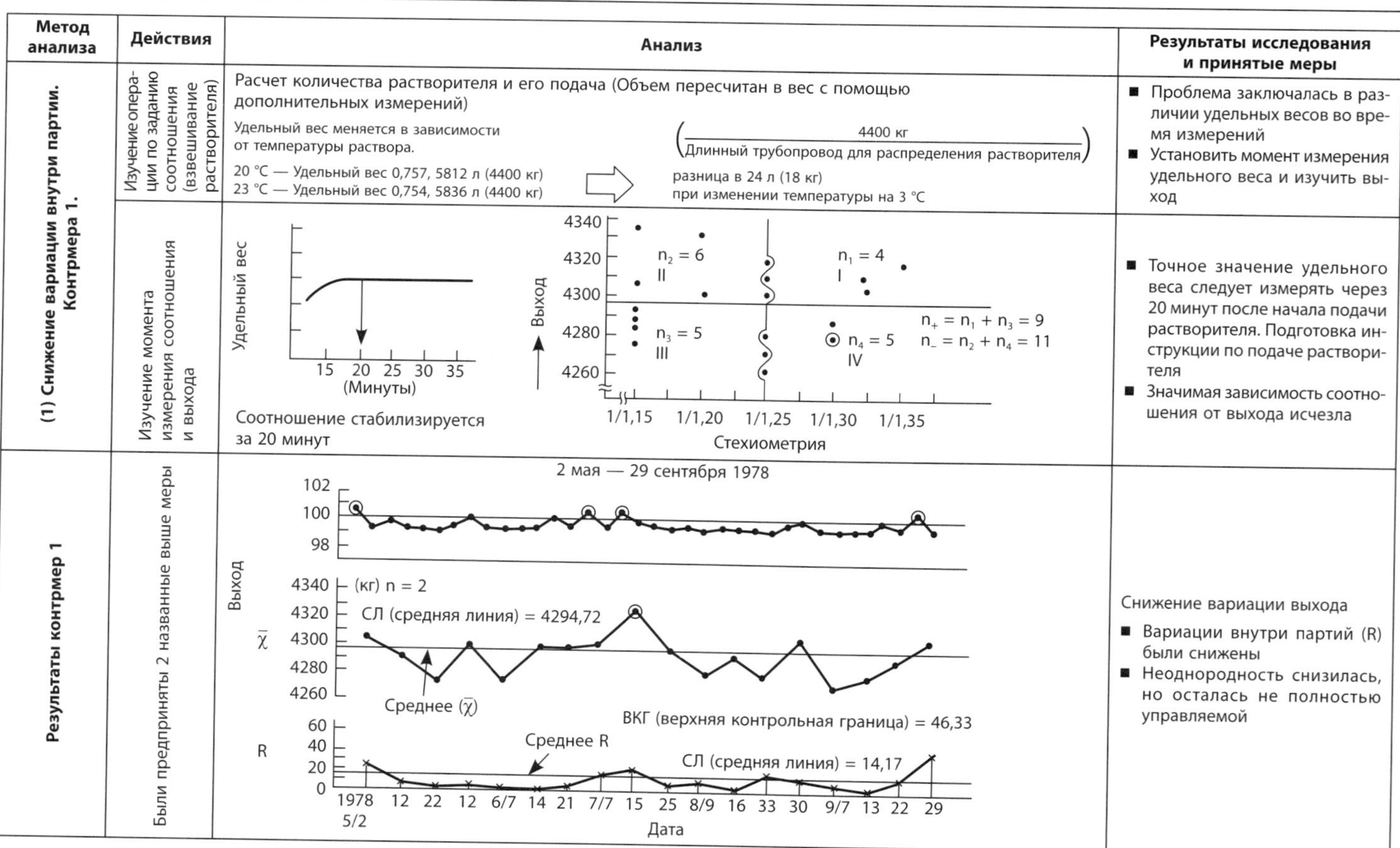

Рис. 3.17 (продолжение)

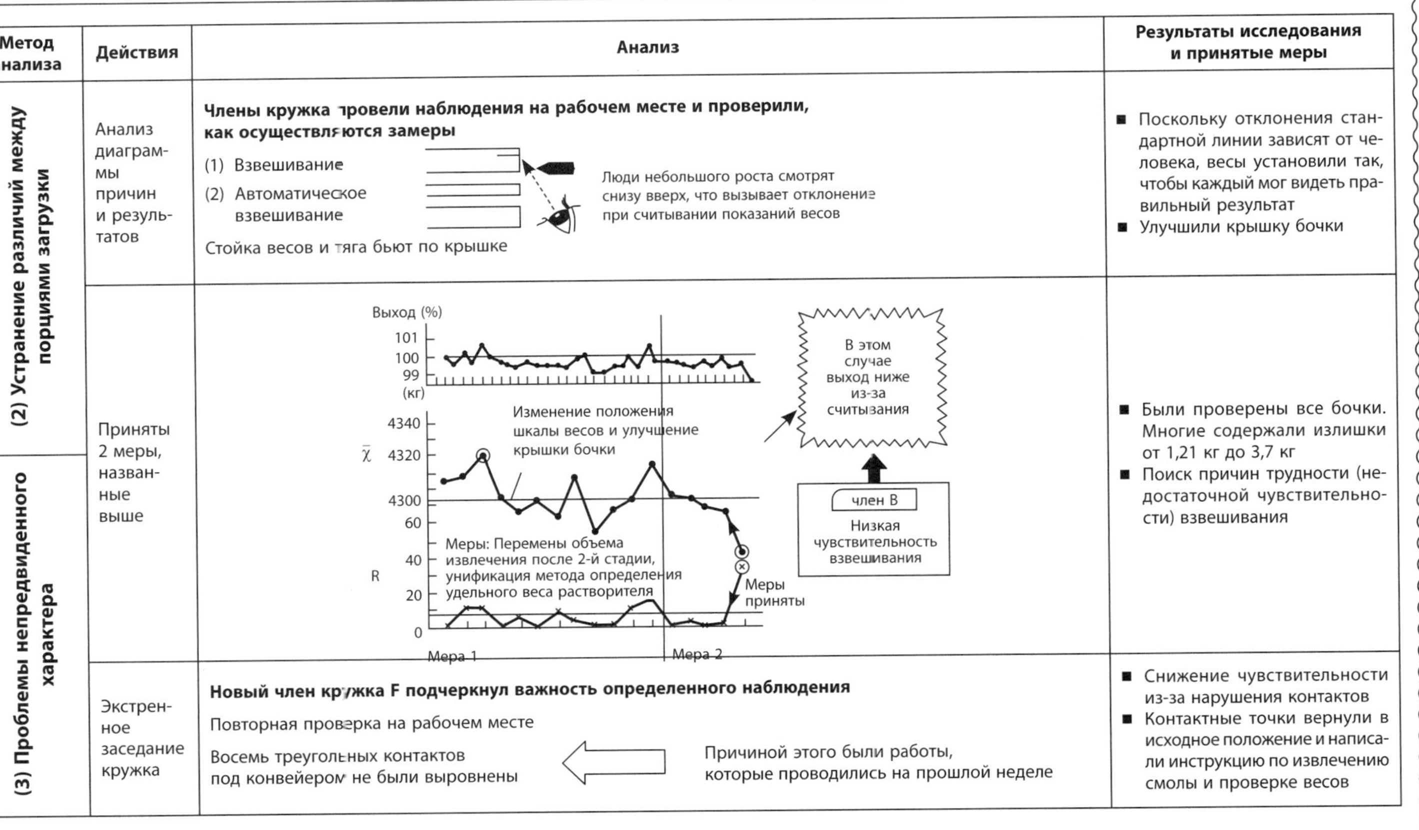

Метод анализа	Действия	Анализ	Результаты исследования и принятые меры
(2) Устранение различий между порциями загрузки	Анализ диаграммы причин и результатов	**Члены кружка провели наблюдения на рабочем месте и проверили, как осуществляются замеры** (1) Взвешивание (2) Автоматическое взвешивание Люди небольшого роста смотрят снизу вверх, что вызывает отклонение при считывании показаний весов Стойка весов и тяга бьют по крышке	■ Поскольку отклонения стандартной линии зависят от человека, весы установили так, чтобы каждый мог видеть правильный результат ■ Улучшили крышку бочки
	Приняты 2 меры, названные выше	Выход (%) 101 100 99 (кг) Изменение положения шкалы весов и улучшение крышки бочки $\bar{x}$ 4340 4320 4300 Меры: Перемены объема извлечения после 2-й стадии, унификация метода определения удельного веса растворителя R 60 40 20 0 Мера 1 Мера 2 Меры приняты В этом случае выход ниже из-за считывания член В — Низкая чувствительность взвешивания	■ Были проверены все бочки. Многие содержали излишки от 1,21 кг до 3,7 кг ■ Поиск причин трудности (недостаточной чувствительности) взвешивания
(3) Проблемы непредвиденного характера	Экстренное заседание кружка	**Новый член кружка F подчеркнул важность определенного наблюдения** Повторная проверка на рабочем месте Восемь треугольных контактов под конвейером не были выровнены Причиной этого были работы, которые проводились на прошлой неделе	■ Снижение чувствительности из-за нарушения контактов ■ Контактные точки вернули в исходное положение и написали инструкцию по извлечению смолы и проверке весов

Рис. 3.17 *(окончание)*

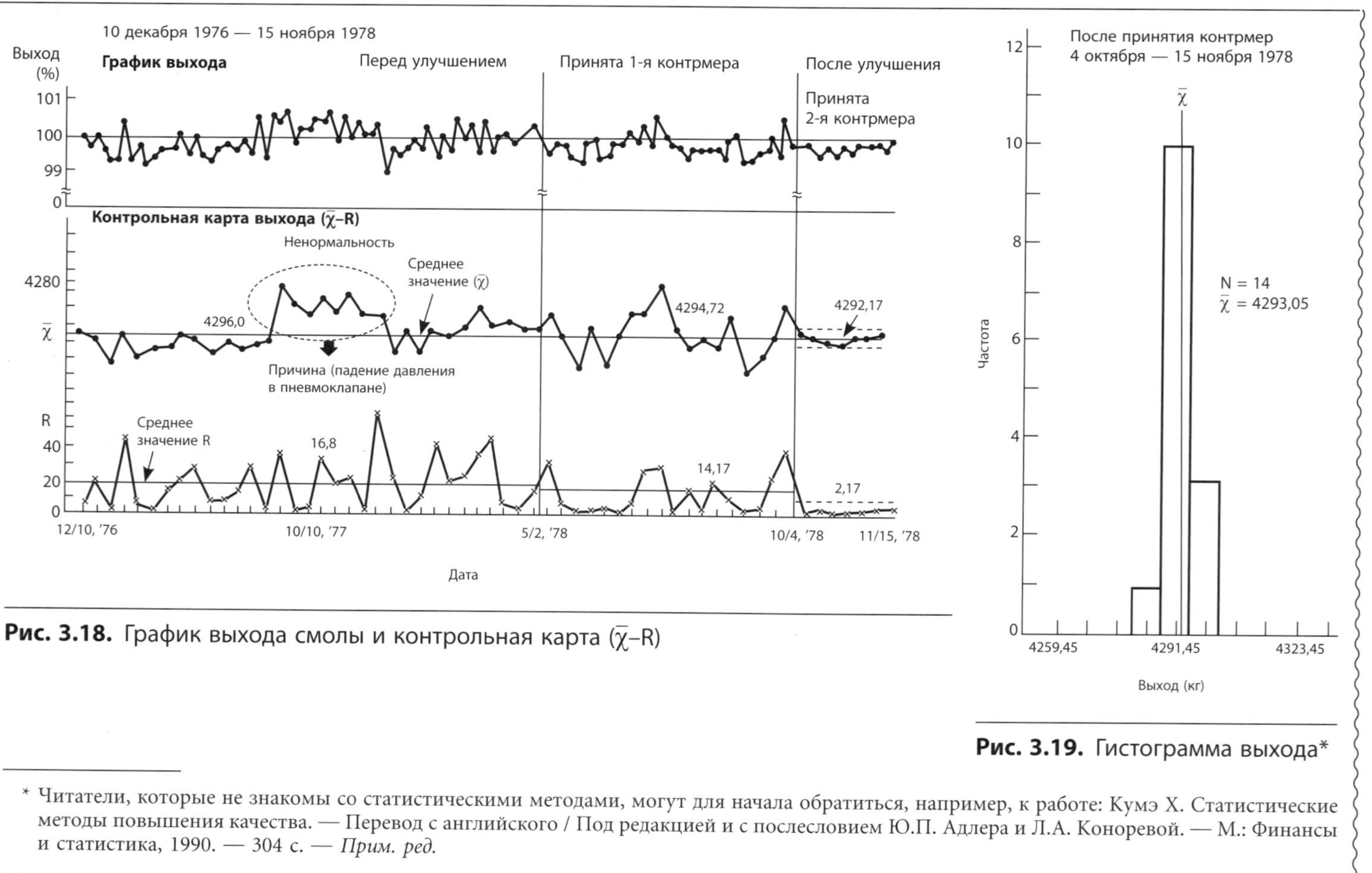

Рис. 3.18. График выхода смолы и контрольная карта ($\bar{\chi}$–R)

Рис. 3.19. Гистограмма выхода*

* Читатели, которые не знакомы со статистическими методами, могут для начала обратиться, например, к работе: Кумэ Х. Статистические методы повышения качества. — Перевод с английского / Под редакцией и с послесловием Ю.П. Адлера и Л.А. Коноревой. — М.: Финансы и статистика, 1990. — 304 с. — *Прим. ред.*

Стандартизируйте результаты

Там, где нет стандартов, не может быть совершенствования. Отправная точка любого улучшения — четкое представление о текущем моменте. Нужен точный стандарт на измерение каждого сотрудника, каждого станка и каждого процесса. Точно так же нужен ясный стандарт на измерение для каждого менеджера. Еще до внедрения TQC и стратегии кайдзен руководители должны постараться понять, каково текущее состояние дел в компании и что представляют собой рабочие стандарты. Именно поэтому стандартизация — один из основополагающих принципов TQC.

Как уже отмечалось, стратегия кайдзен требует непрерывной работы по совершенствованию. Иными словами, она постоянно бросает вызов существующим стандартам, которые для кайдзен существуют лишь для того, чтобы заменять их новыми, лучшими. Каждый стандарт, каждое техническое задание и любые измерения остро нуждаются в постоянном пересмотре и обновлении.

Разбивая деятельность индивида на ряд П-критериев, мы, в конце концов, приходим к измеримым П-критериям, или стандарту. Например, работа станочника делится на несколько шагов: прием заготовок, их установку на станке, запуск станка, обработку заготовки, остановку станка, передачу обработанных заготовок на следующий станок и так далее.

Нет ни возможности, ни необходимости стандартизовать все эти операции. Однако самые важные элементы, такие, как время цикла, последовательность работы или настройка станка перед началом работы, должны быть измеримыми и стандартизуемыми. На японских предприятиях существует так называемая точечная стандартизация, когда специфика деятельности производственного рабочего такова, что достаточно унифицировать не все операции, а лишь одну.

Такой документ часто вывешивают на рабочем месте, так, чтобы сотрудник всегда мог его видеть, и лишь после того, как его выполнение войдет в привычку, менеджеры могут задуматься о составлении нового.

Работа каждого должна регламентироваться стандартами, а обязанность руководителей — следить, чтобы каждый работал в соответствии с установленными стандартами. Это и называется дисциплиной.

Каждый стандарт предполагает:

1. Личную ответственность и четкие полномочия.
2. Передачу личного опыта следующему поколению рабочих.
3. Передачу личного опыта и ноу-хау фирме.
4. Накопление опыта (особенно касающегося ошибок и сбоев) в организации.
5. Обмен ноу-хау между цехами.
6. Дисциплину.

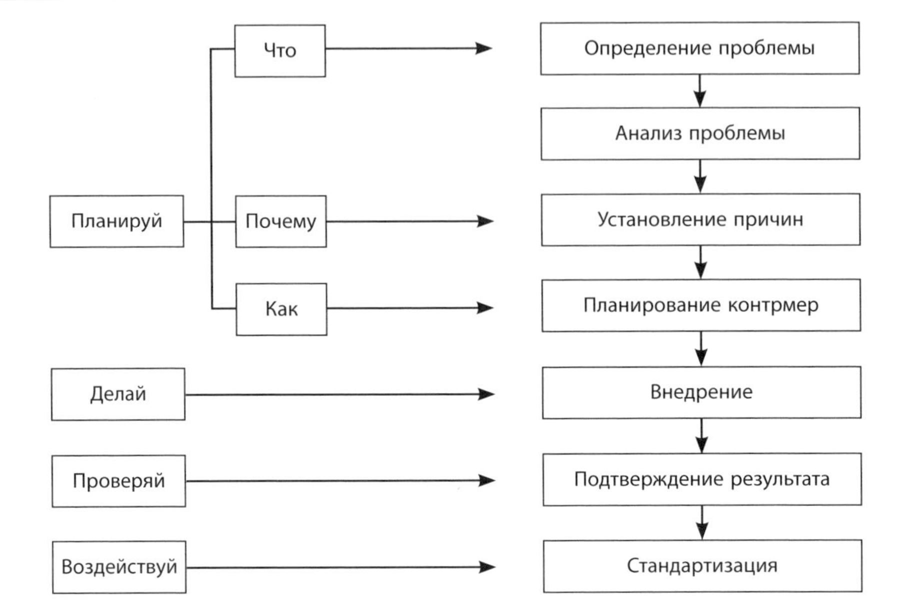

Рис. 3.20. Цикл принятия решения

На любом рабочем месте есть свои стандарты показателей и СРП (стандартная рабочая процедура) для каждого человека, станка или процесса. Когда люди сталкиваются с проблемой, они ее анализируют, выявляют причины и предлагают решения.

Если в ходе цикла PDCA предложенное решение было реализовано на практике, следующим шагом становится проверка его эффективности. В случае, когда обнаружено, что решение действительно улучшает ситуацию, оно закрепляется в новом стандарте (см. рис. 3.20), который часто распространяется по горизонтали на другие подразделения и предприятия.

Лишь после проведения всего комплекса работ, связанных с новым стандартом, мы можем сказать, что достигли реального (то есть устойчивого) улучшения. Кэндзо Сасаока определяет стандартизацию как метод, позволяющий распространить преимущества от совершенствования на всю организацию.

Возможно, это полезно проиллюстрировать примером из области производства высокотехнологичной продукции, которая изготавливается в Японии по лицензии. Когда в Японии началось ее производство, японский лицензиат отверг сырье одного из американских поставщиков, поскольку оно не соответствовало техническим условиям, установленным лицензиаром, тоже американской компанией. При этом оказалось, что данная фирма-поставщик много лет снабжает тем же самым сырьем непосредственно фирму-лицензиар. Судя по всему, она принимала у поставщика сырье несмотря на то, что оно не вполне соответствовало техническим характеристикам, поскольку это ни разу не вызвало серьезных проблем. Лицензиару и поставщику было нелегко объяснить подобную ситуацию японской фирме-лицензиату, которая хотела понять, почему не соблюдается стандарт.

Такая ситуация исключена в обстановке всеобщей заинтересованности в TQC. Все знают о том, что инженеры, которые разрабатывают технические требования, несколько завышают их, чтобы подстраховаться. Однако если приемлемы более реалистичные технические условия, стоит пересмотреть их, а не стремиться к соблюдению норм завышенного уровня. Пересмотр — это тоже своего рода усовершенствование, и менеджмент должен чутко реагировать на текущие нужды такого рода. Надлежащее функционирование программы кайдзен обеспечивает постоянную критическую переоценку действующих стандартов.

Применяя эту стратегию, менеджмент должен пересматривать текущие стандарты и стремиться к их повышению. Если стандарт установлен, руководство обязано следить за его строгим соблюдением всеми сотрудниками. Это руководство людьми. Если менеджмент не может добиться того, чтобы персонал следовал установленным правилам и нормам, он ни на что не способен.

Я часто беседовал с японскими инженерами, которым доводилось посещать предприятия США и Европы. Все они в один голос говорили, что западные менеджеры не уделяют внимания одной из основных проблем: очень часто не соблюдается дисциплина. Один молодой инженер, который недавно побывал на американском заводе по производству пластмассовых деталей для автомобилей, сказал: «Там, где я работаю, курить запрещено, поскольку мы используем легковоспламеняющиеся химикаты. Эта американская компания работает с такими же материалами, и повсюду висят таблички «Курить воспрещается». Но менеджер, который сопровождал меня, не только курил, но и бросил окурок на пол!»

Другой инженер рассказал мне, что когда он был на одном итальянском предприятии, то увидел, как одна работница, стоя у станка, ела яблоко, а увидев посетителя, приветливо помахала ему рукой.

Напротив, когда принц Ренье и ныне покойная принцесса Грейс из Монако посетили в апреле 1981 г. завод по производству телевизоров компании Matsushita, ни один из работающих на конвейере даже не взглянул на них. На приеме, который был дан вечером накануне посещения предприятия, председатель Масахару Мацусита сказал принцу Ренье и принцессе Грейс, что, хотя рабочих предупредили об их визите, скорее всего, они будут настолько поглощены своим делом, что у них не будет времени разглядывать членов королевской семьи. На следующий день, когда Мацусита сопровождал высоких гостей во время осмотра предприятия, он, судя по всему, гордился сосредоточенностью своих рабочих больше, чем сверхсовременным оборудованием.

Чтобы читатель не думал, что это обычное дело, я спешу добавить, что сотрудники других японских компаний, где работа не требует такой сосредоточенности, часто приветствуют гостей вежливым кивком головы, не отрываясь от своих занятий.

Обязанность руководства — устанавливать стандарты, а затем следить за дисциплиной, которая обеспечивает их соблюдение. Лишь при этом условии оно готово к применению кайдзен для повышения стандартов.

В большинстве западных компаний менеджмент порой годами трепетно придерживается одних и тех же «неприкасаемых» стандартов, при этом далеко не все делается для их соблюдения и поддержания дисциплины.

Одно из основных преимуществ внедрения программы кайдзен состоит в том, что она заставляет руководство задуматься о том, когда в последний раз пересматривались действующие стандарты. Кроме того, это хороший повод проверить, соблюдается ли дисциплина и придерживаются ли сотрудники действующих норм и правил.

Кайдзен на основном уровне

Говорят, что 95% случаев снятия с продажи некачественных автомобилей происходит из-за механических неисправностей и упущений, которые можно было бы предотвратить, если бы инженеры были чуть более внимательны при конструировании деталей, а рабочие чуть более тщательно обрабатывали их на станке или более ответственно относились к сборке. Сегодня менеджеры работают в условиях подъема движения в защиту интересов потребителя и судебных исков, по которым за выпуск недоброкачественной продукции фирма должна платить неустойку. В такой ситуации ключевым вопросом для выживания компании становится способность руководства обеспечить всеобщее стремление к поддержанию качества.

Pentel, фирма, производящая канцелярские принадлежности, недавно выпустила в продажу новый механический карандаш. Одной из его особенностей стало наличие колпачка, поэтому руководство решило, что он будет пользоваться спросом среди тех, кто любит носить ручки в кармане. Когда колпачок снимается и надевается на нерабочий конец карандаша, вы нажатием на него можете выдвинуть грифель. Кроме того, фирма Pentel позаботилась, чтобы колпачок снимался и надевался с ясно различимым щелчком. Модель дорабатывалась до тех пор, пока производитель не добился требуемого характерного звука. Не стоит и говорить, что эта деталь не имела ни малейшего отношения к эксплуатационным характеристикам, однако с точки зрения маркетинга щелчок был весьма важен, поскольку служил для потребителя подтверждением того, что колпачок плотно зафиксирован.

ЛОЗУНГИ TQC В КОМПАНИИ PENTEL

Ниже дан список лозунгов, используемых в Pentel, чтобы донести философию TQC до сотрудников фирмы.

1. Придерживайся концепции «ориентация на рынок» (клиент прежде всего).
   (Тот, кто выполняет следующую технологическую операцию, — твой потребитель. Если ты — сторонник концепции «поскорее сбыть», то название нашей компании вскоре исчезнет даже из телефонной книги.)

2. Всегда будь внимателен к возникающим проблемам.
   (Там, где нет проблем, совершенствование невозможно.)

3. Управлять — значит начать с планирования и сравнить план с результатом.
   (Давайте вертеть колесо PDCA и менять свой подход к выполняемой работе.)

4. Горы сокровищ высятся на каждом шагу.
   (Хронические проблемы могут научить тебя большему, чем те, что возникают внезапно.)

5. Управляй процессом по результатам.
   (Исправление и подгонка — проблемы, возникающие из-за упущений руководства. Решение этих проблем — это уже не менеджмент, а манипуляции.)

6. Анализируй происходящее на предприятии и действуй на основе фактов.
   (Делай выводы, опираясь на достоверные данные. Не полагайся на интуицию или внутренний голос.)

7. Будь внимателен к отступлениям от стандарта.
   (Важнее устранить отклонения, чем повысить средние показатели.)

8. Разделяй объекты наблюдения на группы перед наблюдением.
   (Классификация помогает лучшему пониманию.)

9. Совершенствование начинай с себя.
   (Приучи себя определять вопросы, за которые отвечаешь ты лично, в отличие от тех, за которые отвечают другие, и начинай с решения собственных задач.)

10. Устраняй основную причину и предотвращай рецидивы.
    (Не путай причину проблемы с ее проявлениями.)

11. Встраивай качество в процесс как можно раньше.
    (Качество должно встраиваться в процесс. Проверка не создает качества.)

12. Никогда не забывай о стандартизации.
    (Нам нужны методы, позволяющие закрепить достигнутый успех.)

13. Всегда помни о развертывании по горизонтали.
    (Личный опыт должен становиться достоянием всей компании.)

14. Внедрение TQC касается всех.
    (Приятная и осмысленная работа в цехе начинается с активного кружка КК, который способствует взаимному обучению и саморазвитию.) ■

Строгие требования к качеству можно выполнить лишь при условии кропотливой и усердной работы всех занятых на производстве. Иначе технические контролеры будут вынуждены отправить в брак все изготовленные карандаши. Такое внимание к деталям сегодня, в условиях острой конкуренции, становится все более важным для успеха на рынке. Поскольку основная технология производства механических карандашей общедоступна, базовая конструкция редко может повлиять на предпочтения потребителя. Определяющее значение будут иметь мелкие элементы косметического характера.

Без сомнения, чтобы завоевать признание потребителя, важны такие факторы, как цена, эксплуатационные характеристики и сервисное обслуживание новых продуктов. Однако многие изделия, представленные сегодня на рынке, — это одинаковые «черные ящики» без существенных различий в эксплуатационных характеристиках. В таких обстоятельствах большинство товаров как на потребительском, так и на промышленном рынке конкурируют за счет привлекательности чисто внешних особенностей. При этом разработчики, менеджеры и исполнители часто относятся к таким деталям оформления скептически, считая их несущественными. Но только менеджеры, уделяющие внимание таким «незначительным» факторам, и рабочие, для которых важна каждая мелочь, могут добиться успеха, производя продукцию, которая пользуется спросом. Кайдзен представляет собой методику, которая вовлекает как руководство, так и рабочих в работу, нацеленную на достижение успеха.

Глава 4

ПРАКТИКА КАЙДЗЕН

Mы рассмотрели японский и западный подход к прогрессу и совершенствованию. В частности, сравнили японскую философию кайдзен с акцентом Запада на инновации, воспринимаемые как источник прогресса. В программе кайдзен можно выделить три направления, отличающиеся сложностью и уровнем улучшений: 1) кайдзен для менеджеров; 2) кайдзен для группы и 3) кайдзен для индивида (см. рис. 4.1). Давайте более подробно рассмотрим эту детализацию.

	Кайдзен для менеджеров	Кайдзен для группы	Кайдзен для индивида
Инструменты	Семь статистических инструментов **(см. Приложение Е)** Семь новых инструментов Профессиональная квалификация	Семь статистических инструментов Семь новых инструментов	Здравый смысл Семь статистических инструментов
Вовлечены	Менеджеры и специалисты	Члены кружков (групп) КК	Все сотрудники
Цель	Сосредоточиться на системах и процедурах	Собственный цех	Личное рабочее место
Цикл (период)	Соответствует продолжительности проекта	Для реализации требуется четыре-пять месяцев	Всегда
Выполненные задачи	Число определяется менеджментом	Две-три в год	Много
Система обеспечения	Линейный персонал и команда проекта	Действия малых групп Кружки КК Система предложений	Система предложений

Рис. 4.1. Три направления кайдзен

	Кайдзен для менеджеров	**Кайдзен для группы**	**Кайдзен для индивида**
Затраты на внедрение	Иногда требуются незначительные затраты на внедрение решения	По большей части незначительные	Незначительные
Результат	Новая система и улучшение оборудования	Совершенствование рабочей процедуры Пересмотр стандартов	Улучшения на месте
Стимулирует	Улучшение показателей менеджмента	Моральный дух Соучастие Приобретение опыта	Моральный дух Кайдзен-мышление Саморазвитие
Направленность	Постепенные и видимые улучшения Заметное улучшение текущего состояния	Постепенные и видимые улучшения	Постепенные и видимые улучшения

Рис. 4.1 *(окончание)*

Кайдзен для менеджеров

Первая составляющая программы — это кайдзен, ориентированный на менеджмент, поскольку он направлен на решение ключевых вопросов логистики и стратегии, на прогресс в целом и мораль.

Поскольку кайдзен — дело всех и каждого, менеджер обязан улучшать свою работу. Японские руководители считают, что должны уделять совершенствованию по меньшей мере 50% своего времени. Проекты кайдзен, которые приходится рассматривать менеджменту, требуют высочайшей квалификации в области решения проблем, а также специальных и инженерных знаний, хотя иногда достаточно семи статистических инструментов (см. Приложение Е). Они явно касаются работы менеджера, часто предполагают взаимодействие сотрудников разных подразделений, которые, объединяясь в команду, решают межфункциональные проблемы.

Недавно я посетил европейскую фирму, производящую электронику, и обсуждал с инженерами возможности совершенствования на рабочих местах. В ходе беседы один из них сказал, что, когда он предлагает новый, отличный от прежнего метод работы, босс обязательно спрашивает, каков ожидаемый экономический эффект от введения этого изменения. Если сотрудник не может гарантировать, что внедрение даст финансовые преимущества, начальник просто кладет его предложение под сукно.

Возможности совершенствования есть повсюду. Недавно один японский инженер при посещении американского сталелитейного завода пришел в ужас, увидев в коридоре груду стальных листов, «напоминающую падающую Пизанскую башню». Его тревогу вызвали две причины: во-первых, эта неустойчивая конструкция представляла реальную угрозу безопасности рабочих, а, во-вторых, лежащие без движения деньги, вложенные в эту гору металла, были не менее реальной угрозой для благосостояния компании.

В цехах японских заводов на пол обычно нанесена специальная сетка с номерами, на которой отмечены места, отведенные для комплектующих, сырья и незавершенного производства. «На нашем заводе мы начали мероприятия по кайдзен с наблюдения за тем, как люди выполняют свою работу, — говорит Тайити О́но из компании Toyota, — поскольку это не требует никаких затрат». Следовательно, отправная точка для кайдзен — определить «потери» в движениях рабочего. На практике их выявление — одна из самых сложных проблем, поскольку эти нерациональные перемещения — неотъемлемая часть последовательности действий.

Тайити О́но приводит в пример рабочего, который устанавливает в пресс блок двигателя, подаваемый конвейером. Если на линии оказывается больше одного блока, рабочий не успевает их обработать и поэтому вынужден отодвигать назад, при этом образуется скопление подаваемых сборочных единиц. Такой труд, будучи весьма интенсивным, непроизводителен. Если менеджмент способен выявить потери времени при выполнении подобной производственной операции, можно повысить эффективность работы, исключив лишние движения. В приведенном примере, например, помещать блоки на конвейер по одному.

При осуществлении непрерывных операций важно обратить внимание на размеры и положение переключателей, разместив их поближе к рабочему месту. Для удобства их часто заменяют тумблерами. Иногда переключатель устанавливается на полу, чтобы рабочий мог просто наступить на него, не отвлекаясь от выполнения операции.

Человек, как правило, не замечает, что делает лишние движения. Например, рабочий, который обслуживает несколько станков, переходя от одного к другому, то и дело оглядывался назад. Когда О́но видел, что кто-нибудь на Toyota вел себя так, он кричал: «Не веди себя как скунс!» (Скунс, когда его преследуют, имеет обыкновение время от времени останавливаться и оглядываться назад.) Лишь после того, как эти ненужные движения были выявлены и устранены, говорит О́но, мы смогли перейти к следующей фазе кайдзен и заняться системами и станками. Его любимая поговорка: «Голова дороже денег».

Кайдзен для менеджмента может включать и групповые формы работы, такие, как команды кайдзен, команды проектов и группы решения проблем. Однако они отличаются от кружков КК, главным образом, тем, что в их состав входит менеджмент и организация их деятельности — часть его работы.

Кайдзен оборудования

Если взглянуть на кайдзен менеджмента через призму работы оборудования, мы вновь обнаружим практически неисчерпаемые возможности совершенствования. Хотя основной акцент сместился на встраивание качества в процесс проектирования, его обеспечение на этапе производства по-прежнему остается непременной составляющей контроля качества. Японский менеджмент полагает, что новое оборудование всегда требует дополнительного улучшения. Казалось бы, в этом нет нужды, поскольку большая его часть изготавливается по индивидуальному заказу. Но производственники прекрасно знают, что даже самое лучшее оборудование нуждается в доработке и совершенствовании в процессе эксплуатации. Поэтому большинство промышленных предприятий имеет собственные мощности для ремонта и даже производства станков.

На заводе Daihatsu Motor в Киото для сборки легковых автомобилей используются 102 промышленных робота. Сто из них были либо собраны прямо здесь, либо переделаны инженерами Daihatsu после приобретения у фирм-производителей.

Ётаро Кобаяси, президент Fuji Xerox, вспоминает слова одного профессора, который посетил сборочные заводы компании до того, как она приступила к TQC. (Позднее, в 1980 г., фирма получила премию Деминга для предприятий.) Осматривая поточную линию, профессор заметил: «Господа, это не производственное предприятие. У вас тут сборочная линия, устроенная на складе».

Обычно в процессе производства в цехе скапливается столько деталей, что, стоя в начале поточной линии, вы не видите ее конца. В сущности, склад тоже можно использовать для сборки. Одним из несомненных дополнительных преимуществ систем канбан и «точно вовремя» служит то, что после их внедрения прекрасно просматривается весь конвейер.

Изменение компоновки завода для повышения эффективности — одна из самых приоритетных задач, и усилия кайдзен всегда нацелены на сокращение длины конвейеров или их ликвидацию. Вот почему группа японских бизнесменов пришла в такое смятение, увидев, что на одном из европейских предприятий до сих пор используются устаревшие ленточные транспортеры.

На семинаре по *канбан*, контролю качества и менеджменту качества, организованном Cambridge Corporation в 1983 г. в Чикаго, Иллинойс, Грэхем Сперлинг, директор-распорядитель Mitsubishi Motors в Австралии, сказал следующее:

> «В 1980 г. Mitsubishi приобрела Chrysler Company в Австралии. В 1977–78 гг. эта компания потеряла около $50 миллионов. Теперь рентабельность и эффективность Mitsubishi Motors в Австралии известна всем. Мы убеждены, что имеем самый высокий уровень производительности в австралийской автомобильной промышленности и выпускаем продукцию самого высокого качества.
>
> Справедливости ради следует заметить, что, хотя начало данной программе совершенствования было положено до поглощения Chrysler и оно достигнуто благодаря австралийской команде менеджеров, процветанию нашей компании во многом помогли уроки, преподанные японскими специалистами».

По словам Сперлинга, Mitsubishi сумела достичь таких результатов с минимумом капиталовложений за счет внедрения ряда усовершенствований, в числе которых были сокращение запасов и изменение компоновки цехов. Прежнее расположение разрабатывалось исходя из особенностей планировки здания, но Mitsubishi пересмотрела эту концепцию и спроектировала помещение с учетом оптимальной компоновки. В результате стало возможным на 80% снизить запасы на линии и на 30% повысить показатели рабочих.

Излишки запасов скрывают множество проблем, и Mitsubishi обнаружила, что их минимизация выявляет разнообразные скрытые проблемы, требующие разрешения, позволяя компании преодолеть их одну за другой.

Говорит Сперлинг:

«Компоновка завода диктовалась контейнерами, поэтому мы решили: «Если нам нужен склад, давайте устроим склад, и пусть это будет хороший склад. Но если нам нужен завод, давайте сделаем завод, и пусть это будет хороший завод». Мы поняли, что нужно делать контейнеры, которые вписываются в компоновку. Еще лучше там, где возможно, избавиться от них вовсе. Результат превзошел все ожидания. Ликвидировав их, мы сократили поточную линию и, таким образом, сделали еще один шаг к минимизации запасов».

На освободившихся в результате площадях были установлены столы для пинг-понга.

Этот опыт убедил Сперлинга в том, что менеджменту завода надо решить пять задач:

1. Стремиться к наивысшему качеству при максимальной эффективности.
2. Обслуживать минимум запасов.
3. Ликвидировать тяжелую работу.
4. Использовать инструменты и оборудование, позволяющие повысить качество и эффективность, одновременно облегчая труд.
5. Стимулировать стремление к постоянному совершенствованию на основе командной работы и сотрудничества.

Сперлинг добавляет:

«Я твердо уверен, что японский рабочий ничуть не более исполнителен и предан делу, чем его австралийский собрат, но его более умело направляют и им лучше управляют. Менеджмент на японских заводах работает более качественно, к чему рабочий привык и ценит это. Лучшие руководители обеспечивают лучшую мотивацию и лучшую подготовку, что повышает производительность и качество продукции».

На группу из 12 менеджеров, работающих в отделе по производству носителей информации компании 3M (Data Recording Products Division), произвели большое впечатление выступления Грэхема Сперлинга, Тайити

Óно и других лекторов, и они решили внедрить контроль качества на заводе в Уэзерфорде (Оклахома), где 3М производила дискеты. Новая политика заключалась в том, чтобы не допускать поступления дефектных деталей на следующую стадию и требовать остановки конвейера, если этого требовало обеспечение качества. Среди принятых мер были: устранение ненужных шагов, ликвидация лишнего оборудования, производств и т.д., а также перемещение контроля на поточную линию для ускорения обратной связи.

Добиться поддержки работы на таких принципах было непросто. Когда я посетил завод в Уэзерфорде осенью 1983 г. и завел речь об участии и заинтересованности всех сотрудников, что служит ключевым моментом кайдзен, директор предприятия вдруг перебил меня и сказал: «Беседа с вами, мистер Имаи, ободряет и обнадеживает меня не меньше, чем беседы с моей мамой, которую я не видел уже несколько месяцев!»

Работа по совершенствованию рабочих процессов и сокращению запасов привела в Уэзерфорде к следующим переменам:

- совершенствованию планирования загрузки производственных мощностей;
- изменению компоновки цехов;
- изменению методологии планирования;
- интенсификации процесса производства и модификации оборудования;
- введению права на остановку линии;
- трансформации системной философии.

В результате этих усилий произошло впечатляющее сокращение незавершенного производства: за 18 месяцев оно снизились по предприятию в целом на 3/4, а на одной из линий — в 16 раз.

Сегодня пространство для хранения продуктов незавершенного производства строго ограничено, а тележки с запасами могут стоять только в специально отведенных местах. Если место занято и следующую тележку некуда поставить, производство останавливается. Для обозначения концепции «точно вовремя» вместо термина «канбан» здесь используется понятие «плечом к плечу» (Nip & Tuck).

Лидер команды повышения качества на заводе в Уэзерфорде поддерживает энтузиазм своих подчиненных и заинтересованность в кайдзен не хуже капитана команды болельщиков. Она поняла, что, если люди на личном опыте испытали радостное волнение, связанное с кайдзен, и увидели результаты своего труда, их воодушевление становится заразительным и передается товарищам даже без поддержки извне. На предприятии говорят, что кайдзен заразителен, как корь, поскольку лишь тот, кто болен сам, может заразить другого. Сейчас эта эпидемия охватила практически весь завод.

Когда я вновь посетил его в 1984 г., сотрудник, показывающий мне один из цехов, где работал он сам, представляя коллегу, который должен был провести меня по следующему цеху, назвал его своим «клиентом». Я сразу понял, что здесь не обошлось без вируса кайдзен. Во время моей последней поездки в 1985 г. я обнаружил, что с помощью менеджмента на заводе введена новая производственная система с самыми большими «чистыми комнатами» в США. Хотя ее можно рассматривать как инновацию, повсюду заметны последствия внедрения кайдзен. Так, пол сделан таким образом, что производственные ячейки можно перемещать в зависимости от изменяющихся требований. Рабочих поощряют за подачу предложений по оптимизации компоновки, а менеджеры говорили мне, что, когда на новом заводе устанавливались производственные линии, схема размещения оборудования менялась чуть ли не еженедельно.

Я заметил и изменения в понимании контроля качества на предприятии. Сегодня качество считается там делом всех и каждого, а в обязанности тех, кто непосредственно занимается этим вопросом, входят содействие реализации программ кайдзен, обмен информацией, обучение и создание атмосферы доверия и ответственности.

Производственная система «точно вовремя»: пример кайдзен для менеджмента

Рядом с заводом Motomachi компании Toyota стоит длинная очередь грузовиков с комплектующими для сборки автомобилей. Как только за ворота выезжает один грузовик, другой въезжает на территорию предприятия. Склада для комплектующих там нет. Так, мягкие сиденья подаются к технологической линии прямо с грузовика.

Производственная система Toyota сейчас привлекает самое пристальное внимание в Японии и за рубежом, поскольку это одна из немногих компаний, которые пережили нефтяные кризисы, сохранив высокий уровень рентабельности. Об успехе Toyota говорит многое. Например, компания совершенно свободна от задолженностей. По уровню прибылей она не отстает от крупнейших японских банков.

Toyota славится своей непревзойденной системой контроля качества, за что первой в Японии получила в 1966 г. престижную Японскую премию по контролю качества (Japan Quality Control Prize). На сегодняшний день, кроме нее, этой награды удостоились только семь компаний. Более того, Toyota известна и своей системой подачи предложений. Производственная система Toyota, которую иногда называют *канбан*, по всеобщему признанию, значительно превзошла метод научной организации труда Тейлора и конвейерный способ массового производства Форда.

Инициатором создания этой уникальной системы был Тайити О́но, который заявлял, что она родилась из потребности разработки системы производства, позволяющей выпускать малые серии автомобилей разного класса. Такой подход — полная противоположность западной практике производства огромного количества одинаковых автомашин. В то же время

О́но решил устранить все виды издержек. С этой целью он сгруппировал потери в ходе производственного процесса следующим образом:

1. Перепроизводство.
2. Потери машинного времени.
3. Потери, связанные с транспортировкой изделий.
4. Потери в обработке.
5. Потери, связанные с наличными запасами.
6. Потери, связанные с лишними движениями.
7. Потери в виде дефектных деталей.

О́но понимал, что корень зла лежит в перепроизводстве, которое ведет к издержкам в других сферах. Чтобы решить проблему потерь, он разработал производственную систему, структура которой характеризовалась двумя особенностями: 1) концепцией «точно вовремя» и 2) наличием *дзидока (автономизации)*.

Концепция «точно вовремя» предполагает, что на каждой стадии производства в данный момент времени должно подаваться строго определенное число требуемых заготовок. Применение этой концепции на практике означает пересмотр привычных представлений. Обычно изделия доставлялись на следующую стадию производства по мере их готовности. Тайити О́но перевернул этот порядок, и теперь тот, кто выполняет очередную операцию, должен сам «вытянуть» требуемое ему число деталей с предыдущей стадии. Это нововведение позволило значительно сократить запасы.

С того момента, как О́но разработал концепцию *канбан* и опробовал ее на процессах механической обработки и сборки в 1952 г., до ее внедрения на всех предприятиях Toyota прошло 10 лет. Когда такая производственная система начала действовать, О́но принялся распространять ее на поставщиков. Он начал с того, что пригласил их осмотреть свой завод и отправил к ним своих инженеров для консультаций. В результате совместных усилий Toyota и ее поставщиков была реализована система поставки комплектующих по системе «точно вовремя».

Канбан — это бирка, которая используется в системе как инструмент коммуникации. Она прикрепляется к каждому ящику с заготовками, подающемуся на сборочную линию. Поскольку детали «всасываются» по потребности, то, когда они израсходованы, *канбан* возвращается обратно, свидетельствуя о том, что работа выполнена, и одновременно превращаясь в заказ на новую партию. Привлекательность этой системы в том, что *канбан* регулирует приток деталей и узлов на сборочную линию и минимизирует процессы, в результате, например, утром на завод может быть доставлен блок двигателя, а вечером из ворот выехать готовый автомобиль. Таким образом, *канбан* представляет собой инструмент производственной системы Toyota, но это вовсе не значит, что этим она и ограничивается.

Система «точно вовремя» имеет следующие преимущества: 1) ограничение времени цикла; 2) сокращение непроизводительных затрат времени;

3) уменьшение запасов; 4) лучший баланс различных процессов; 5) выявление проблем.

Основная структурная особенность производственной системы Toyota — это *дзидока* (*автономизация* — не путайте с автоматизацией). Этот неологизм был создан для обозначения оборудования, конструкция которого предполагает автоматическую остановку механизма при возникновении неполадок. В производственной системе Toyota все оборудование оснащено такими устройствами; при производстве дефектной детали станок останавливается и система выключается. Чтобы предотвратить повторное возникновение ошибки, требуется тщательная отладка; принятия мер первой помощи недостаточно. Тайити Óно утверждает, что это привело к прорыву в концепции производства. Рабочий должен заниматься обслуживанием оборудования лишь тогда, когда случается сбой, если же все нормально, то делать ничего не надо. *Дзидока* позволяет одному человеку обслуживать много станков одновременно, что резко повышает его производительность.

Такая система существенно расширяет круг его обязанностей и требует более высокой квалификации. Рабочий, со своей стороны, должен стремиться к расширению своих навыков. Кроме того, такой подход приводит к большей гибкости в компоновке оборудования и производственных процессов. Эта концепция распространяется и на операции ручной сборки, позволяя рабочему останавливать линию, если он обнаружит, что что-то не в порядке.

Опасность, которую таит в себе современная автоматизация, заключается в перепроизводстве деталей без учета требований последующих процессов. Поскольку обычное автоматическое оборудование не оснащается устройствами самодиагностики, одна-единственная неисправность может привести к тому, что целая партия деталей окажется дефектной. Чтобы предотвратить это, в каждый станок на Toyota встраивается автостоп.

Посетителю, оказавшемуся на заводе Toyota, сразу бросаются в глаза большие сигнальные табло, свисающие с потолка. При остановке станка на них высвечивается его идентификационный номер, чтобы оператор знал, каким механизмом ему надо заняться.

Производственная система Toyota построена таким образом, чтобы круглый год уравновешивать поток производства различных изделий в ячейках во избежание пиковых нагрузок в такие периоды, как конец месяца. По-видимому, она более успешно удовлетворяет запросы меняющегося мира, для которого характерны медленные темпы развития и многообразие потребительских запросов.

Нетрудно догадаться, что в основе системы Toyota лежат кайдзен и TQC. Если бы на всех стадиях производства, включая поставщиков, не поддерживался высочайший уровень качества, оборудование останавливалось бы постоянно. То, что пять из восьми предприятий, которые были удостоены

Японской премии по контролю качества (Japan Quality Control Prize), принадлежали компаниям группы Toyota — не случайное совпадение.

Компания успешно применяет кайдзен в таких областях, как компоновка заводов, серийное, а не непрерывное производство, при частых переналадках оборудования и перестановках людей. Иными словами, концепции *канбан* и «точно вовремя» представляют собой результаты работы по совершенствованию во всех этих сферах, а сокращение запасов — венец общих усилий. Работа Toyota по использованию кайдзен в этих жизненно важных направлениях привела к тому, что оборачиваемость оборотных средств компании в 10 раз выше, чем у американских автомобилестроителей.

Дзэндзабуро Катаяма, помощник менеджера отдела содействия TQC в Toyota Motors, говорит:

> «Производственная система Toyota, в двух словах, представляет собой систему, гарантирующую производство и подачу к сборочной линии такого количества деталей и комплектующих, которое требуется для бесперебойной сборки. Она изменяется и улучшается изо дня в день. Люди иногда называют ее «системой без запасов», однако это неверно. У нас всегда есть *некоторый резерв*, поскольку известный уровень запасов нужен, чтобы производить определенное число изделий за конкретный отрезок времени.
>
> На сборочной линии к передку корпуса каждой автомашины прикрепляется карточка. В процессе сборки на основании записанных на ней кодов и номеров отбираются детали и комплектующие. Можно сказать, что с ее помощью будущий автомобиль говорит вам: «Я хочу стать машиной, у которой есть то-то и то-то».
>
> Например, на карточке может быть указано, что для этой машины требуется левосторонний руль или автоматическая трансмиссия. Рабочий на конвейере выбирает сборочный узел в соответствии с этими указаниями. Иногда такой метод называют визуализируемым менеджментом. Иными словами, мы можем контролировать процесс работы, глядя на карточку.
>
> Для совершенствования производственной системы используются ноу-хау и идеи рабочих. Например, они предложили использовать на карточке, прикрепленной к корпусу машины, цветовые обозначения, которые помогают избежать ошибок. Чтобы такая система работала, нужен дисциплинированный и хорошо обученный персонал.
>
> Еще одна особенность состоит в том, что, взяв ее на вооружение, вы будете терять деньги при адаптации, если качество деталей неудовлетворительно. Как только на сборку поступает некачественная деталь, линия останавливается.
>
> На Toyota, обнаружив дефектную деталь, мы останавливаем всю линию. Поскольку все операции согласованы между собой, при остановке одного завода эффект распространяется и на предшествующие процессы и, естественно, на завод Kamigo, где делают двигатели. Если простой продолжается, все предприятия прекращают работу.

Остановка завода — серьезная неприятность для менеджмента. И все же мы идем на это, поскольку верим в контроль качества. А если уж решаемся на такой серьезный шаг, то обязаны найти причину проблемы и принять меры для того, чтобы она никогда не возникла вновь.

Например, рабочий на заводе Tsutsumi имеет право нажать кнопку «стоп», если обнаружит, что двигатели, которые поступают с завода Kamigo, неисправны. Ничто не побуждает его останавливать линию, но ему дано право нажать «стоп», если он обнаружит хоть что-то необычное.

Обнаружив, что линия не работает, инженеры и мастера бросятся выяснять, что не в порядке, и поймут, что причина остановки — дефектные двигатели. Если они действительно неисправны, специалисты с Kamigo немедленно отправятся на Tsutsumi, чтобы изучить проблему.

В течение этого времени все заводы будут стоять, и ни одна машина не сойдет с конвейера. Но, что бы ни случилось, мы обязаны найти причину. Одна из особенностей японского контроля качества состоит в том, что он создает качественные процессы.

Еще одно отличие производственной системы Toyota — ее подход к обработке и использованию информации. Когда для управления производством и диспетчеризации оказывается недостаточно компьютера, мы используем *канбан,* или карточки, прикрепленные к корпусу автомобиля на сборочном заводе.

В нормальных условиях изделия (детали) и информация разделены. На Toyota каждое изделие (деталь) сопровождается собственной информацией и знаками.

Мы ожидаем от наших рабочих, что они будут «шевелить мозгами» при чтении и интерпретации информации и знаков на бирках *канбан,* и ждем от них участия в совершенствовании системы путем подачи новых идей.

При таком подходе, даже если рабочий делает ошибку при сборке, выбрав не ту деталь, его оплошность будет носить единовременный характер и не распространится на следующую операцию.

Чтобы сохранить свежими мясо и фрукты, вы кладете их в холодильник. В определенном смысле железо тоже портится. Технология не стоит на месте, появляются новые инженерные решения, и кусок железа устаревшей конструкции представляет собой примерно то же самое, что сгнивший фрукт. И от того, и от другого мало толку».

Я бы сказал, что информация тоже портится. Если она собрана, но не используется должным образом, то портится чрезвычайно быстро. Менеджер, который не направляет информацию заинтересованным сторонам, и руководство, у которого нет системы ее использования, оказывают компании медвежью услугу и создают огромные потери в виде упущенных возможностей и потерянного времени.

Проблема многих менеджеров заключается в том, что они считают информацию источником власти и пытаются контролировать подчиненных, распоряжаясь ею монопольно. Они часто идут на это, рискуя эффективностью организации и порой совершенно не представляя ценности информации и той пользы, которую она может принести, если попадет в нужный момент нужным людям.

Даже когда менеджер по-настоящему заинтересован в том, чтобы поделиться накопленными данными со своими коллегами, общение часто затруднено из-за территориальной разобщенности. С этой проблемой сталкиваются многие транснациональные корпорации и компании США. Как вы будете делиться сведениями о разработке нового изделия, если отдел сбыта находится в Денвере, штат Колорадо, главное конструкторское бюро — на 128-м шоссе в штате Массачусетс, а завод-изготовитель — в Шаумбурге, штат Иллинойс? Но дело не только в расстоянии. Более существенным препятствием может оказаться психологическое сопротивление людей, которое менеджмент должен преодолевать с открытым забралом, если он намерен внедрять кайдзен в сфере сбора, обработки и использования информации.

Совершенствование систем

Руководству следует направить свои усилия на совершенствование систем, а это — одна из важнейших задач кайдзен для менеджмента в области планирования и контроля, процессов принятия решений, организации и информационных систем. Способствовать решению проблем в этих сферах могут такие новые концепции управления, как межфункциональный менеджмент, развертывание политики и структурирование качества. Естественно, для проектов, связанных с системным совершенствованием, используются «Семь новых» инструментов TQC.

Если менеджерам не удается сформировать такую систему, а их работа носит характер неупорядоченной и несистематической деятельности в таких сферах, как подача предложений и кружки КК, можно достичь лишь временного успеха. Именно поэтому при внедрении TQC и кайдзен не обойтись без заинтересованного участия высшего менеджмента. Кайдзен охватывает весь спектр деятельности, связанной с бизнесом, начиная с методов работы в цехе, модернизации оборудования и кончая улучшением систем и процедур. Совершенствование имеет повсеместный характер, поэтому многие представители высшего менеджмента в Японии считают, что работа по кайдзен занимает 50 процентов их времени.

Кайдзен для группы

Кайдзен для группы, как постоянная форма работы, представлен кружками КК, JK-командами (дзисю канри — самоуправляемыми) и другими видами малых групп, использующих для решения проблем различные статистические инструменты. Кайдзен для группы требует применения полного цикла PDCA и предполагает, что члены команды должны не только выявлять проблемы, но и уметь искать и анализировать их причины, принимать и тестировать контрмеры и устанавливать новые стандарты и/или процедуры.

В рамках такой постоянной работы члены группы вовлечены в процесс решения проблем и принятия решений. Это предполагает, что цикл PDCA включает внутренний цикл PDCA на стадии «делай» (см. рис. 4.2). Работа кружков КК и иных групп ограничена кругом проблем, возникающих в цехе, но благодаря тому, что каждый овладевает искусством их решения, кайдзен позитивно отражается на морали людей.

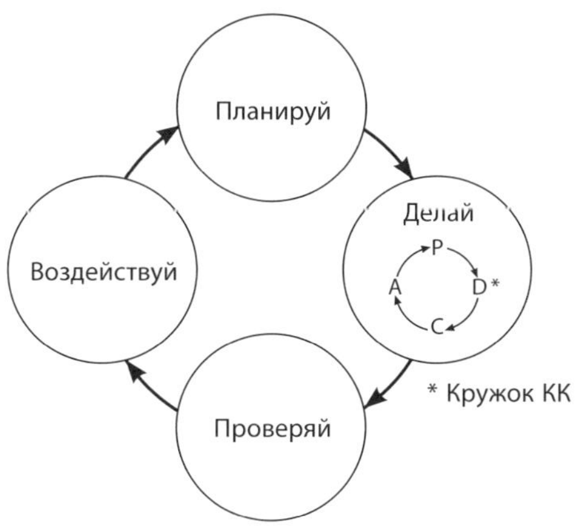

Рис. 4.2. Внутренний цикл PDCA, включенный в цикл PDCA

Групповая работа может носить и временный характер, если речь идет о предложениях, которые подают маленькие коллективы, сформированные специально для данного случая. Зачастую входящие в их состав сотрудники обучены использованию статистических и аналитических инструментов, но, как только цель достигнута, кружок прекращает свое существование.

При внедрении кайдзен как для группы, так и для индивида весьма существенно, чтобы менеджмент должным образом понимал роль рабочих и всемерно поддерживал такую деятельность. В связи с этим Наоми Ямаки, президент Mitsubishi Space Software, говорит:

> «Очевидно, сегодня рабочих уже не удовлетворяет обычный, монотонный труд, какое бы денежное вознаграждение они ни получали. Люди хотят, чтобы их работа включала творческие аспекты, которые предполагают осмысление и пересмотр принципов ее реализации.
>
> Важно, чтобы менеджмент был готов изменить подход к задачам рабочего, позволяя ему почувствовать значимость своего дела. Человек

испытывает потребность не только в физической нагрузке, но и в умственном труде.

Такая перестройка мышления означает ломку сложившихся представлений о функциях менеджера и рабочего. В соответствии с традиционным разделением труда считалось, что менеджеры должны планировать, управлять и контролировать, а рабочие — только исполнять. То есть менеджер решает, что и как надо сделать, и дает подчиненным подробные инструкции. Те, со своей стороны, бездумно выполняют свою работу в точном соответствии с полученными указаниями.

Однако современные рабочие хотят работать не только руками, но и головой, используя как свои физические возможности, так и умственные способности. В результате такого переосмысления распределения обязанностей между рабочими и менеджерами первый планирует, делает и контролирует, а второй стимулирует стремление людей повышать производительность своего труда. Таким образом, роль менеджмента сводится к планированию, лидерству и контролю, при этом каждый руководитель отвечает за лидерство подчиненных и их поддержку.

В основе философии нового представления о распределении обязанностей лежит стремление делегировать рабочим как можно больше функций, связанных с планированием и контролем, что стимулирует повышение производительности и качества их труда.

Обычно на японском предприятии в каждом цехе есть уголок, где представлена информация о мероприятиях, проводимых на рабочем месте, таких, как подача предложений и работа малых групп. Иногда здесь же собраны инструменты, улучшенные по предложению рабочих, и представители других цехов могут позаимствовать идеи своих товарищей.

На Mitsubishi Electric эти места называются уголками кайдзен, и там подобраны различные инструменты и механизмы, что позволяет всем воспользоваться улучшениями, сделанными по предложению малых групп или отдельных сотрудников.

На каждом заводе Mitsubishi Electric есть несколько «людей кайдзен». Это производственные рабочие с большим стажем, которые временно освобождаются от повседневных обязанностей и ходят по предприятию, изыскивая возможности улучшений. Опытные рабочие назначаются на должность людей кайдзен примерно на шесть месяцев, после чего их сменяют другие.

Малые группы, включая кружки КК, играют весьма важную роль в стратегии кайдзен в Японии. Более подробно их деятельность и ее значение для менеджмента будут рассматриваться далее.

Деятельность малых групп

В пределах компании на добровольной основе формируются неформальные малые группы, которые решают конкретные задачи в цехе. В зависимости от целей своей деятельности они могут иметь множество различных форм:

«группы большого брата» (big-brother groups), «группы старшей сестры» (big-sister groups), кружки КК, движение за ноль дефектов, движение за работу без ошибок, движение за повышение уровня качества, JK (дзисю канри — самоуправление), коллекционирование мини-идей (mini think tanks), группы подачи предложений, группы безопасности, движение за вовлеченность, комиссии по производительности, группы управления по целям и цеховые дискуссионные группы. Многие малые группы первоначально создавались как стимул для взаимного развития их участников.

В предпринимательских кругах Японии есть два повальных увлечения. Одно из них — TQC, а другое — деятельность малых групп. Эти две темы стали столь популярны среди японских бизнесменов, что, если в названии новой книги есть одно из вышеперечисленных слов, она тут же будет распродана по меньшей мере в количестве 5000 экземпляров. Практически во всех книжных магазинах можно увидеть новинки по этой тематике.

Последние 30 лет японские компании не покладая рук трудились над повышением качества. Они использовали для этого практически все имеющиеся средства, в том числе статистические инструменты, TQC и кружки качества. Японские предприниматели твердо убеждены, что миссия любой компании — производить качественную продукцию и удовлетворять запросы рынка.

Кружки КК появились, когда в 1962 г. был создан новый журнал, который позволял рабочим и бригадирам вместе учиться и овладевать современными знаниями и методами контроля качества. Образованные первоначально как учебные группы, кружки КК позднее перенесли акцент своей деятельности на решение задач в цехе, где они использовали изученные ранее методы. Отказавшись от традиционного контроля качества, который представлял собой, прежде всего, проверку, японский менеджмент занялся решением этой задачи в ходе производственного процесса и на этапе разработки новой продукции. Теперь концепция контроля качества понимается еще шире, поскольку предполагается включить в его сферу поставщиков и субподрядчиков. В то время как изначально он был сориентирован на производство и технологический процесс, все больше компаний распространяет его на такие сферы, как делопроизводство, продажи и обслуживание.

Возможно, одно из самых удивительных открытий, сделанных японскими менеджерами за последние 30 лет, состоит в том, что контроль качества окупается. Он позволяет не только повысить качество, но и увеличивает производительность, снижая затраты. При этом отличное качество продукции позволяет назначать более высокую цену (premium price). Оказалось, что стремление максимально удовлетворить потребителя, повышая качество продукции, автоматически ведет к повышению производительности и корпоративной эффективности труда. Неудивительно, что среди японского менеджмента царит культ TQC. Сегодня контроль качества — это не просто один из подходов к проведению разработок и организации производства.

Он превращается в разнообразный инструментарий управления, позволяющий охватить всю компанию, от высшего менеджмента до рабочих.

Хотя в первую очередь руководство стремится к повышению производительности, качество — общая забота рабочих и менеджеров. Когда менеджмент просит своих сотрудников повысить производительность труда, те отвечают: «Зачем? Разве это не значит, что нам придется более напряженно работать? Что нам это даст?» Но кто же будет возражать, если руководители приглашают рабочих к сотрудничеству, говоря: «Давайте поговорим о качестве». В конечном счете, качество — единственный путь сохранить конкурентоспособность и удовлетворить потребителя. Японский менеджмент обнаружил, что работа по повышению качества автоматически ведет к повышению производительности. Без фундамента в виде надлежащего контроля качества невозможно внедрение таких революционных идей, как производственная система *канбан* на Toyota.

У трудовых отношений есть два направления: 1) конфронтация — сотрудничество и 2) формальная — неформальная организация. Это иллюстрирует рис. 4.3. Деятельность малых групп представляет собой неконфронтационный, неформальный путь решения проблем и внедрения улучшений. Западный стиль, предполагающий переговоры о заключении коллективного договора, напротив, — конфронтационный и формальный.

Преимущества деятельности малых групп становятся очевидными вскоре после их создания:

1. Определение целей и работа команды с целью их достижения укрепляет чувство локтя.
2. Члены группы лучше распределяют обязанности и координируют роли.
3. Как рабочим и менеджерам, так и людям разного возраста становится проще найти общий язык.
4. Существенно улучшается мораль.

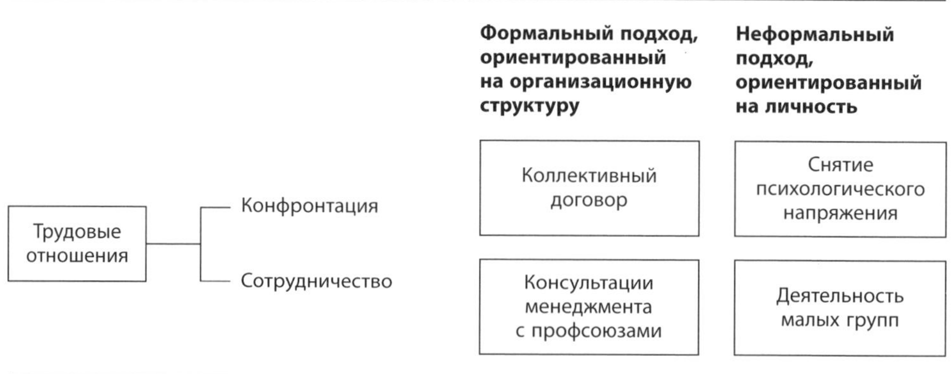

Рис. 4.3. Формальные и неформальные структуры в компаниях

5. Сотрудники приобретают новые навыки и знания и обнаруживают большую готовность к сотрудничеству.

6. Группа действует самостоятельно и решает проблемы, которые иначе пришлось бы решать менеджменту.

7. Значительно улучшаются отношения между руководством и профсоюзами.

Хотя деятельность малых групп начиналась с создания неформальных добровольных организаций, сегодня в Японии они пользуются заслуженным уважением менеджмента и всех сотрудников компании.

Деятельность малых групп: кружки КК

В ноябре 1980 г. в Токио проходила XIX Ежегодная конференция лидеров кружков КК. На ней в течение трех дней было представлено 124 доклада об их деятельности в различных компаниях.

Большинство докладов касалось производства. Так, руководитель кружка КК из Kobayashi Kose говорил о том, как они справились с задачей устранения неровностей на поверхности губной помады. Кроме того, были представлены доклады об улучшении работы в офисе. Например, Sanwa Bank, один из крупнейших в Японии, имеет 2400 кружков КК, в которых участвуют 13 000 служащих. Со времени начала работы в 1977 г. они успели решить 10 000 проблем. Применительно к банковскому делу члены кружков вкладывают в понятие качества уровень обслуживания и степень удовлетворенности клиентов. Руководствуясь таким определением, они стремятся повысить качество работы в офисах компании.

В числе прочих сотрудники Sanwa Bank решают следующие вопросы: как снизить число ошибок в списках (erroneous listing), повысить эффективность рассылки почты, запомнить имена клиентов и увеличить частоту их визитов, сэкономить электроэнергию и канцелярские принадлежности, сократить сверхурочную работу, добиться открытия новых счетов и улучшить осведомленность служащих об услугах, которые оказывает банк. Все эти вопросы решались рядовыми сотрудниками, такими, как клерки и кассиры.

Лидер кружка качества из Kanzanji Royal Hotel, обычной гостиницы, расположенной в зоне горячих источников, рассказал, как они решили проблему подачи горячей темпуры* из креветок 500 постояльцам одновременно, причем сделали это настолько успешно, что фирменное блюдо стало их наиболее привлекательным преимуществом. (Поскольку еду для большого числа клиентов приходится готовить заранее, во многих крупных курортных отелях она попадает на стол уже остывшей.)

---

* Темпура — национальное блюдо японской кухни, обычно представляющее собой креветки или рыбу, жаренные в кляре. — *Прим. пер.*

Сатико Камата из Bridgestone Tire рассказала, как она вместе с еще четырьмя чертежницами (младшей из участниц было 19 лет) создала в конструкторском отделе «Кружок королевы пчел», чтобы усовершенствовать процесс изготовления чертежей для приспособлений и инструментов, используемых в производстве шин. Проводя еженедельные двухчасовые собрания, посвященные сбору и анализу соответствующей информации, члены кружка пришли к выводу, что при изготовлении чертежей они делают много лишней работы, и эту проблему можно решить при помощи фотокопировальных машин. «В результате, — сказала Камата, — нам удалось сократить время изготовления чертежей на 60 процентов. Обычно мы ежедневно работали в среднем по два часа сверхурочно, теперь же в этом отпала необходимость».

На Западе считается, что такие задачи, как повышение качества губной помады, подача горячей еды и сокращение затрат времени на изготовление чертежей, должен решать менеджмент, и заниматься ими поручают технологам или инженерам, ответственным за организацию производства. Однако все докладчики отмечали одну замечательную особенность: эти вопросы решались японскими рабочими по собственной инициативе, хотя и с благословения менеджмента, и членам кружков КК удавалось успешно найти путь, ведущий к повышению производительности и совершенствованию контроля качества.

По данным JUSE, организации, которая координирует движение кружков КК в государственном масштабе и содействует его расширению, в Японии существует более 170 000 кружков качества, официально зарегистрированных JUSE, и примерно вдвое больше действующих независимо от нее. Поскольку обычно в такой группе от шести до десяти членов, по приблизительной оценке, по крайней мере 3 миллиона рабочих и служащих в Японии непосредственно участвуют в деятельности кружков КК.

Кроме того, существует восемь региональных отделений, ведающих деятельностью кружков КК, каждое из которых проводит региональные встречи, где лидеры кружков рассказывают о своей деятельности и делятся опытом. Ежегодно проходит около 100 таких региональных собраний, а также полдюжины разного рода совещаний и конференций в масштабах страны, например Ежегодная конференция лидеров кружков КК.

Таким образом, деятельность кружков КК предполагает ведение работы в государственном масштабе, и на различных мероприятиях люди без труда могут ознакомиться с тем, что делают их единомышленники в других отраслях. В Японии насчитывается более 1000 лидеров, которые добровольно занимаются работой по организации таких встреч в масштабе регионов и всей страны, чтобы содействовать обмену информацией между членами кружков контроля качества.

Сегодня это движение расширилось настолько, что охватывает даже служащих фирм-субподрядчиков, чтобы было легче решать проблемы, общие для компании-потребителя и компании-поставщика. Кружки КК стараются привлечь к участию в работе также и фирмы, где много домохозяек, работающих на неполную ставку.

Кружки КК, действующие сегодня более чем в половине японских компаний, начали свою деятельность в 1962 г. при содействии JUSE. Рабочие и служащие создавали такие кружки не с целью повышения производительности или контроля качества, а по собственной инициативе, чтобы сделать свой труд более осмысленным и привлекательным, содержательным и значимым. Обычно такая группа начинала с того, что бралась за решение проблем, с которыми сталкивались ее члены в своей работе. Начав с вопросов организации труда и соблюдения безопасности, члены кружков КК постепенно перешли к решению более сложных задач. Повышение производительности и качества — лишь два показателя успеха их работы.

Поскольку деятельность кружков КК строится на добровольной основе, менеджмент никого не заставляет входить в их состав. Собрания кружка могут проходить во время работы или после нее. Если члены группы встречаются в нерабочее время, менеджмент может оплатить эти часы как сверхурочную работу, но поступает так далеко не всегда. В ряде случаев члены кружка обеспечиваются бесплатным питанием в кафетерии предприятия.

Когда кружок КК разворачивает свою деятельность, менеджмент порой оказывает ему содействие, определяя направления его работы, и, как правило, выражает признательность, если усилия людей приносят плоды. На практике во многих компаниях работу кружка КК, который внес заметный вклад в деятельность компании, отмечают вынесением благодарностей или иными наградами.

В соответствии с «Общими принципами работы кружков КК» (*General Principles of the QC Circle*), изданными JUSE, кружок КК определяется как малая группа, которая добровольно занимается контролем качества в цехе, где работают его члены. Ее работа — неотъемлемая часть общей программы компании, направленной на контроль качества, саморазвитие и взаиморазвитие, контроль потоков и улучшения в пределах цеха. В процессе совместного решения проблем члены кружков приобретают ценный опыт общения с коллегами. Своими находками они делятся не только с товарищами, но и с кружками, которые работают в других компаниях.

ДЕЯТЕЛЬНОСТЬ МАЛЫХ ГРУПП В KOMATSU

Недавно я получил письмо от американского студента, который изучает деловое администрирование. Он пишет: «Похоже, менеджеры в США не хотят примириться с тем фактом, что их сотрудники могут подавать весьма полезные идеи». Это заставило меня задуматься о роли менеджеров. По классическому определению, их задача — следить, чтобы работа была сделана. Они должны планировать, принимать решения, отдавать распоряжения подчиненным, говоря, что им следует делать, а затем следить, чтобы они их выполняли.

Однако по мере того как бизнес начинает определяться все более сложными параметрами, менеджеры все чаще обнаруживают, что не всегда располагают цифрами и фактами, которые нужны для такого планирования, выдачи распоряжений и отслеживания результатов.

Поскольку текущей производственной деятельностью фактически занимаются рабочие, которые гораздо ближе к этим проблемам, зачастую им проще принять решение, чем менеджеру. При этом возникает дополнительный положительный эффект — рост их морали. Однако менеджер должен быть восприимчив к проявлению инициативы своими рабочими.

Подача полезных предложений рабочими зависит не только и не столько от их творческих способностей, сколько от умения руководства стимулировать своих подчиненных. Если рабочие не предлагают никаких идей, скорее всего, это не их проблема, а *менеджера*.

Одна из основных особенностей японского движения КК — участие в нем сотрудников всех уровней. Вспоминая, как начиналась деятельность по контролю качества на Komatsu Ltd., Дзисаки Акацу, генеральный директор зарубежного отдела, говорит: «Полагаю, мы на Komatsu добились успеха, разворачивая движение КК, поскольку начали эту работу в тот момент, когда поняли, что компания на пороге кризиса». Движение КК на Komatsu началось в 1961 г., после того как Caterpillar объявила о создании совместного предприятия с Mitsubishi Heavy Industries, Ltd. в Японии. В это время годовой оборот Komatsu был в десять раз меньше, чем у Caterpillar, и все понимали, что компания не сможет уцелеть, если ее продукция по эксплуатационным характеристикам и цене не выдержит конкуренции с продукцией Caterpillar. Чтобы решить эту задачу, Komatsu развернула свою кампанию Maru-A, направленную на повышение конкурентоспособности, и центральной ее частью должен был стать TQC.

Успех TQC зависит, в первую очередь, от вовлеченности всех сотрудников компании в работу по контролю качества. На Komatsu начали работать пять инструкторов по КК, подчинявшихся ответственному за этот вопрос менеджеру. В первые годы персонал Komatsu, который занимался КК, посещал проводимые JUSE учебные семинары. Сегодня эти инструкторы имеют достаточно высокую квалификацию, чтобы самостоятельно провести любой цикл лекций по КК.

Каждый сотрудник Komatsu обязан заниматься на таких семинарах. Так, члены правления компании должны посещать 16-часовой курс занятий для директоров, менеджеры отделов и подразделений — пройти 32-часовой курс, а новые сотрудники — 8-часовой вводный курс. При этом из всех производственных и офисных подразделений отбираются сотрудники, которые должны посещать учебные курсы продолжительностью от 10 до 20 дней. Такая подготовка считается очень важной для бесперебойного функционирования кружков КК.

Хотя, по оценке менеджмента Komatsu, деятельность таких групп составляет лишь около одной десятой общего объема работ по TQC, они очень важны, поскольку стимулируют всех сотрудников фирмы подавать полезные предложения. В Komatsu есть отдел, который занимается КК и оказывает содействие кружкам во всех производственных ячейках. В целом численность персонала, занимающегося КК, составляет 300 человек, или один человек на 10 рабочих. У таких людей можно получить совет или консультацию, они занимаются распространением учебников и всегда готовы выслушать своих коллег.

Первый кружок КК на Komatsu появился в 1963 г. Сегодня в компании более 800 кружков в производственных подразделениях и 350 в подразделениях, которые занимаются продажами и обслуживанием. Каждый кружок подает в среднем 4,2 новых идей в год.

После того как в компании был налажен TQC, Komatsu решила расширить сферу его охвата, причем как по вертикали, так и по горизонтали. По вертикали TQC стал распространяться на дочерние компании Komatsu, компании-филиалы и субподрядчиков, а по горизонтали — на зарубежную сеть дилеров и заводов-изготовителей в Бразилии и Мексике. Менеджер, который занимается КК в Komatsu, тратит более половины своего рабочего времени, посещая зарубежные заводы-изготовители и дилеров, чтобы помочь им внедрить TQC. Komatsu сделала вывод, что лучший способ склонить зарубежные филиалы и дилеров заняться внедрением КК — убедить высший менеджмент, что это выгодно с финансовой точки зрения.

Когда председатель Komatsu Рёити Кавай в 1977 г. посетил Китай, он в беседе с высокопоставленными правительственными чиновниками подчеркнул важность TQC. В итоге в Пекине был заложен завод под руководством инженеров из Komatsu. Результаты его работы оказались столь обнадеживающими, что Дэн Сяопин решил заняться внедрением TQC по всей стране, и через некоторое время в Китае уже использовалось более 100 000 экземпляров руководства Komatsu по контролю качества. Не говоря о пользе, которую нововведение принесло китайской промышленности, оно весьма способствовало укреплению в этой стране репутации японской компании.

Принимая во внимание однородность населения Японии и достаточно тесные отношения между менеджментом и профсоюзами, Komatsu сочла возможным, хотя и не очень простым делом, привлечь к работе в кружках КК рабочих низших уровней. Компания уже имела некоторый опыт в этой области за рубежом, где такие попытки предпринимались, правда, с переменным успехом. Так, например, выяснилось, что за рубежом во многих случаях лучше начать организацию кружков КК с менеджеров среднего и низшего уровня, прежде чем вовлекать в них рабочих. Хотя рабочие в Юго-Восточной Азии и на Ближнем Востоке воспринимали концепцию КК весьма позитивно, было довольно трудно вовлечь в это движение менеджеров из США и других промышленно развитых стран, поскольку они часто не видели в КК новой философии управления и считали, что с таким методом уже знакомы. В то время как японские рабочие стремятся учиться и заинтересованы в приобретении новых знаний и навыков, в других странах часто больше интересуются плодами своего труда. Другие факторы, которые следует учитывать за рубежом, — высокая текучесть кадров и ожидание материального вознаграждения за повышение производительности.

Однако рабочие в других странах тоже получают удовлетворение, если им предоставляется возможность участвовать в деятельности такого рода и видеть, как их предложения находят практическое применение. Некоторые люди даже говорили, что теперь с радостью идут на работу и более глубоко в нее вникают.

Все члены правления Komatsu участвуют в ежегодных совещаниях по КК, на которых лидеры кружков рассказывают о своей работе, по итогам которой им присуждаются призы. Представители филиалов и субподрядчики тоже приглашаются на такие встречи, где они могут поделиться своими достижениями. Сотрудники, которые работают неполный рабочий день, главным образом домохозяйки, часто принимают весьма активное участие в работе кружков КК, и им тоже предоставляется возможность рассказать о своих успехах на ежегодных встречах.

Акацу говорит: «КК стал… делом каждого сотрудника, и мы все ищем новые идеи и лучшие способы, чтобы удовлетворить запросы рынка».

Мы живем в эпоху неопределенности, и мне кажется, что каждая компания должна понять, что наступил переломный момент, и ни один менеджер не может оставаться равнодушным к возможностям, которые открывает новый опыт в сфере управления. ■

ДЕЯТЕЛЬНОСТЬ МАЛЫХ ГРУПП В NISSAN CHEMICAL

В состоянии ли вы представить себе инвестиционные возможности, которые обеспечат ежегодную прибыль на вложенный капитал в размере 500 процентов? Да еще так, что вам не нужно начинать новое дело или создавать новую продукцию? Менеджмент Nissan Chemical, судя по всему, открыл для себя такую возможность. С 1978 г. в компании действует система подачи предложений на основе деятельности малых групп, и общая сумма инвестиций в ¥200 миллионов позволила сократить издержки на ¥1 миллиард.

На Nissan Chemical работает 2550 человек. Фирма производит удобрения, фармацевтические препараты, используемые в промышленности и сельском хозяйстве, и другие химические продукты. Это типичная химическая компания, которая делает крупные капиталовложения в предприятие и оборудование. На заводе операторы трудятся в три смены и привыкли работать в малых группах.

Столкнувшись с сокращением прибылей в 1977 г., менеджмент компании решил активизировать деятельность своих сотрудников и повысить производительность с помощью системы подачи предложений. За первые полгода в рамках этого движения рабочими было подано более 3000 идей, однако большинство из них представляли собой догадки или выражали субъективную точку зрения и не имели должного обоснования.

В результате руководство фирмы в 1978 г. развернуло кампанию Ai, что означало «*all* members' *ideas*», т. е. идеи всех сотрудников. Кроме того, это слово переводится с японского как «любовь» и созвучно английским существительным «eye» (глаз, взгляд, внимание, наблюдение) и «I» (я). Вся совокупность мероприятий была направлена на то, чтобы поощрить всех сотрудников фирмы подавать идеи, проникшись духом братской любви, то есть речь шла о движении, созданном людьми ради самих себя. При этом также имелось в виду, что они должны изыскивать любую возможность для подачи таких предложений.

Организуя эту кампанию, менеджмент решил, что предложения сотрудников должны касаться выполняемой ими работы. Кроме того, каждая идея должна представлять собой не просто общие соображения, но и содержать конкретные рекомендации по ее применению. Другой важной особенностью движения было то, что оно опиралось на групповую работу. Рабочие каждого цеха создают группы Ai и подают менеджерам конкретные предложения, связанные с их работой, которые можно внедрить в конкретном цехе.

Центральный комитет движения Ai под председательством менеджера по персоналу собирается в главном офисе компании. Его секретариат размещается в отделе персонала главного офиса. На предприятиях создаются комитеты, возглавляемые заводскими менеджерами, и служба персонала каждого завода становятся секретариатом для соответствующего комитета. Кроме того, каждое подразделение имеет свой комитет, возглавляемый менеджером этого подразделения.

Центральный комитет содействует проведению мероприятий в масштабах всей компании, издает *Ai News* (Новости Ai), проводит ежегодные церемонии вручения наград и устраивает специальные семинары для лидеров Ai-групп. Заводские комитеты издают *Plant Ai News* (Заводские новости Ai), содействуют подаче предложений, распределяют вознаграждения, проводят различные заводские семинары и обеспечивают руководство различными подразделениями. Комитеты подразделений принимают и рассматривают предложения и оказывают помощь всем Ai-группам. В каждом цехе ведется Ai-*журнал*, в который люди записывают все идеи и предложения, которые приходят им в голову в процессе работы.

Как правило, каждая Ai-группа собирается дважды в неделю. Лидером обычно бывает самый старший сотрудник. Если членам группы требуется техническая консультация, им на помощь приходят заводские инженеры.

Обычно группа из пяти-шести человек в среднем подает в год три предложения, которые внедряются в цехе. В некоторых случаях на завершение одного проекта уходит целый год. Каждое подаваемое предложение должно не только содержать подтверждающие данные и статистику, но также план внедрения, который включает составление сметы и оценку ожидаемого роста производительности и снижения затрат.

Движение Ai, прежде всего, существенно изменило отношение сотрудников к своей работе. Раньше они проявляли безразличие, если не враждебность, и редко пытались выйти за пределы выполняемой инструкции, чтобы улучшить результат. Во время регулярно проводимых встреч с менеджером подразделения они часто предъявляли ему претензии и выставляли длинный перечень требований, что вынуждало руководство занимать оборонительную позицию и постоянно объяснять, почему бюджетные ограничения не позволяют адекватно реагировать на те или иные жалобы. С тех пор как была развернута кампания Ai, групповая деятельность создала почву для совместного стремления к общей цели.

До ее начала рабочие обычно проводили обеденный перерыв, беседуя на личные темы. Теперь большую часть времени они серьезно обсуждали, как можно улучшить свою работу. Инженеры, как правило, не любят вносить в оборудование изменения, поскольку не имеют непосредственного опыта работы на нем и часто не предполагают, что возможны какие-либо модификации. Но производственники, которые эксплуатируют это оборудование изо дня в день, нередко подают весьма дельные предложения. Ряды сторонних наблюдателей и критиканов в цехах с развертыванием кампании Ai заметно поредели.

Говорит Сиро Касиваги, заместитель менеджера по персоналу:

«Рабочие практически переписывают инструкции. Они постоянно выходят с новыми идеями, которые меняют подход к эксплуатации оборудования. Если предложение хорошо зарекомендовало себя на одном заводе, его начинают заимствовать другие предприятия. В результате методы работы и процедуры часто меняются благодаря инициативе рабочих.

Инженеры не всегда представляют, что происходит в цехе. Существующие руководства и процедуры часто устаревают или, с точки зрения рабочих, недостаточно удобны. Даже если руководство по эксплуатации обновлено, люди, которые вынуждены им пользоваться, часто подвергают его критике. Однако после того, как инструкции переписываются по инициативе рабочих и, таким образом, превращаются в их собственные, ими пользуются с удовольствием».

Несколько раз в году проводятся специальные трехдневные учебные сессии для лидеров групп и тех, кто оказывает содействие их работе. Участники собираются вместе и обсуждают, например, чему уделить первостепенное внимание или как привлечь к работе менее активных членов, делятся личным опытом. Главная польза от таких встреч в том, что их участники понимают: рабочих объединяют общие цели и задачи и не только они сталкиваются с проблемами в цехе. Часто в таких сессиях принимают участие и менеджеры.

Повышение цен на энергию и сырье нанесло Nissan Chemical серьезный ущерб. Пар, электричество и мазут превратились в основные статьи расходов. В результате деятельности малых групп рабочие стали сознательно относиться к издержкам. «Серьезно работая над различными программами снижения затрат, — говорит Касиваги, — каждый человек в цехе знает цену мазута, электричества и воды».

Приводя в пример одну из таких программ, можно вспомнить о том, что на заводе работает несколько тысяч высоковольтных электродвигателей, и чтобы сохранить сопротивление изоляции в то время, когда агрегаты не эксплуатируются, в них надо поддерживать постоянный ток малой мощности. Вопросы затрат никого не интересовали, пока одна из Ai-групп не занялась этой проблемой вплотную в поисках путей снижения стремительно растущих расходов на электричество.

Группа собрала данные за год с учетом всех факторов, влияющих на работу двигателей, включая изоляцию, сопротивление, влажность и даже погоду. Проанализировав эти цифры, рабочие пришли к выводу, что требуемый уровень сопротивления изоляции можно поддерживать и переменным током. В результате этого открытия завод смог сэкономить на электричестве ¥3,8 миллиона ($15 200) в год. Хотя новая система требовала дополнительных усилий и более пристального внимания, сотрудники все равно были очень довольны внесенными изменениями, поскольку они были сделаны по их предложению. Как я говорил в главе 1, рассказывая историю о чае, сэкономленном во время обеда, эта деятельность по контролю качества дала менеджменту возможность показать, что он дорожит не только достигнутыми результатами, но и отношением людей к делу.

Предложения подаются на специальном бланке, где нужно кратко изложить суть нововведения, ожидаемый эффект от его применения и ориентировочную стоимость внедрения. Прилагаемый к ним объем отчета иногда достигает 100 страниц. Некоторые предложения носят столь фундаментальный характер, что их должен анализировать инженерно-технический персонал, работающий в главном офисе.

Идеи рассматриваются и оцениваются в соответствии с такими факторами, как эффект от их использования, оригинальность и объем работ для внедрения. Реализованные предложения делятся на три основные категории: 1) позволяющие сэкономить энергию и ресурсы (48 процентов), 2) помогающие совершенствовать методы работы и повышать ее эффективность (25 процентов) и 3) сокращающие расходы на ремонт и прочие (27 процентов).

За первые три года (1978–1980) движение Ai привело к появлению 928 предложений, которые позволили сэкономить ¥600 миллионов ($2,4 миллиона). Затраты на поддержку этой кампании составили ¥125 миллионов ($500 000). В 1981 г. было внедрено 987 предложений, которые позволили сберечь ¥630 миллионов ($2,5 миллиона). Расходы на поддержку движения за тот же год составили ¥160 миллионов ($640 000), включая затраты на внедрение предложений. В 1982 г. руководство планирует сэкономить ¥1 миллиард ($4 миллиона), вложив в движение Ai ¥200 миллионов ($800 000). ■

ДЕЯТЕЛЬНОСТЬ МАЛЫХ ГРУПП: СПЕЦИАЛЬНАЯ КАМПАНИЯ В HITACHI

Hitachi Denshi, одна из ведущих фирм группы Hitachi, производит такую продукцию, как видео- и телекамеры, системы теле- и радиовещания, передающее и трансляционное оборудование. Здесь работают 1580 человек. В 1979 г., чтобы оживить работу и повысить производительность, было положено начало уникальному движению, действующему в масштабах всей компании. Оно названо «Брось вызов вершинам» (Challenge the Top) и опирается на три составляющих: работу малых групп, систему предложений и кампании внутреннего характера. Более 100 малых групп, созданных в Hitachi Denshi, занимаются контролем качества и развитием персонала, а действующая система предложений позволила в 1980 г. получить в среднем 22 идеи от каждого сотрудника.

Кампании внутреннего характера проводятся для того, чтобы понять настроение людей, и призваны способствовать улучшению коммуникации и морали. Менеджмент чувствует, как важно, чтобы такие мероприятия проводились постоянно, поскольку они способствуют позитивному настрою сотрудников и поддерживают их интерес к работе. Сигэцугу Ясумото, главный секретарь движения, проводит ежемесячные встречи с менеджерами основных подразделений, чтобы обсудить проблемы данной кампании.

Она включает в себя четыре широкие категории:

1. Создание приятной обстановки в цехе.
2. Укрепление здоровья.
3. Экономия и снижение затрат.
4. Поиски прорывов в решении существующих проблем.

В отличие от малых групп, работа которых осуществляется исключительно их членами, в мероприятиях в рамках «Брось вызов…» могут участвовать все желающие. Как только секретариат определяет ее направленность, сведения о кампании доводятся до всех сотрудников фирмы на еженедельных собраниях, которые проводятся постоянно. Кроме того, на стенах размещаются информационные листки, а тезисы вручаются сотрудникам у проходной. Иногда менеджеры, встав рядом с профсоюзными активистами, которые раздают листовки, лично вручают распечатки.

С 1979 г. было проведено более 50 таких кампаний, охватывающих широкий круг проблем, и, как правило, каждый месяц организуется не менее двух мероприятий такого рода. Вот несколько типичных примеров.

1. На заводе более 2000 ламп дневного света. Каждый настенный выключатель подсоединен сразу к нескольким лампам, хотя часто требуется включить только одну или две. Чтобы снизить потери электричества, была развернута кампания по оснащению каждой лампы многопозиционным выключателем. После их установки участники движения «Брось вызов…» создали патрули из двух человек, которые обходили цеха в обеденный перерыв. Рабочие удивленными улыбками встречали активистов, на груди которых висели лозунги, призывающие выключать ненужные лампы. После нескольких таких рейдов, во время которых там, где свет не был выключен, оставлялись карточки с напоминаниями, люди стали более серьезно относиться к экономии электроэнергии. В некоторых цехах ее потребление в результате проведения этой кампании снизилось на 30% и более.

2. Было развернуто движение по совершенствованию навыков написания китайских иероглифов. (Они используются в Японии наряду с фонетическими азбуками.) В настенных информационных листках задавались вопросы на эту тему, а ответы скрывались под листочком бумаги, который можно было приподнять. Такие викторины стали для сотрудников любимым развлечением в нерабочее время.

   Позднее многие добровольно выразили желание принять участие в специально устроенном 45-минутном тестировании, в процессе которого нужно было ответить на 250 вопросов о китайских иероглифах. Самые забавные ошибки были отражены на настенном стенде. Например, вместо существующего в японском языке выражения «маленький, как кошачий лоб (*hitai*)» один сотрудник написал «маленький, как дохлая кошка (*shitai*)».

   Завершая эту кампанию, секретариат позаботился о том, чтобы заинтересованные сотрудники могли приобрести со скидкой нужные словари, и выявил 648 желающих сделать это (из 1580 человек, работающих на предприятии).

3. Менеджмент решил снизить затраты, урезав расходы на заказ канцелярских принадлежностей. Была развернута кампания по их сбору, во время которой накопилось около 3000 предметов (карандаши, чистые фирменные бланки, конверты, папки и ластики) общей стоимостью ¥100 000. Некоторые менеджеры были довольны таким результатом, а другие расстроились из-за того, что на предприятии так много неиспользованных канцелярских принадлежностей. И все же всем было приятно, что проведенные мероприятия заставили многих сотрудников вычистить свои столы.

4. Была развернута кампания за привлечение рабочих и служащих к участию в пешем походе на 43 км. Идея имела успех, и секретариат пошел

дальше, организовав в одну из пятниц «любование лунным светом» в полнолуние*. Более 20 человек ушли на всю ночь в близлежащие горы. Прогулка очень помогла сплотить группу и способствовала желанию участников строить совместные планы на будущее.

5. Еще одной успешной кампанией стала распродажа в гараже**, которая устраивается на предприятии каждое лето. Сотрудникам предлагают принести вышедшие из обихода вещи, чтобы устроить распродажу у входа на предприятие во время фестиваля танцев *o-bon****. На мероприятие приглашаются местные жители. Деньги, вырученные во время таких распродаж, передаются местным благотворительным организациям. В награду компания получает многочисленные письма с выражением признательности и благодарности, которые затем вывешиваются в цехах.

6. Самыми эффективными средствами распространения информации во время проведения этих кампаний служат плакаты и стенгазеты. В них освещаются различные актуальные темы, такие, как результаты последних опросов общественного мнения, государственная статистика и вопросы технического развития, изложенные простым, доступным неспециалисту языком. Викторина по китайским иероглифам, которая публикуется в нескольких выпусках, комиксы, карикатуры и прочие иллюстрации позволяют сделать эти средства массовой информации еще более занимательными.

7. В ходе одной из кампаний было предложено сократить объем документов, которые составляют сотрудники, и стремиться, с целью экономии времени и бумаги, уместить их содержание на одном листе. Инициаторы мероприятия разработали специальное руководство, чтобы помочь людям совершенствовать свои навыки письма. В результате у всех укоренилось представление о том, что размер служебной записки не должен превышать одной страницы.

Лидер кампании Сигэцугу Ясумото говорит, что для ее успеха нужно следующее:

- Регулярно распространять информацию при помощи собраний, информационных листков, брошюр и плакатов. Новости должны регулярно освещаться в бюллетене фирмы. Лидерам кампании нужно регулярно извещать сотрудников о своей деятельности в отдельном информационном листке.

- Результаты обследований, как и прочих мероприятий, проводимых в рамках кампании, надо публиковать немедленно. Используйте как можно больше фотографий, чтобы оживить подачу информации.

- Кампания должна проводиться в интересной форме, доставляющей удовольствие. Широко применяйте комиксы, карикатуры и прочие иллюстрации.

- Надо использовать текущие моменты. Это значит, что лидеры кампании обязательно должны быть в курсе новостей, рекламы и знать содержание передовых статей в средствах массовой информации. ■

---

* Это одна из японских национальных традиций, как и любование цветущей сакурой. — *Прим. ред.*

** *Garage sale* в Америке обычно называют распродажу на дому ставших ненужными пожитков. — *Прим. пер.*

*** Фестиваль танцев о-бон устраивается в сельской местности в Японии во время буддийского праздника возвращения душ умерших. — *Прим. ред.*

Индивидуальный кайдзен

Как показано на рис. 4.1, третий уровень — это кайдзен, ориентированный на индивида. Он проявляется в виде системы подачи предложений, позволяющей реализовать возможности человека и применить максиму о том, что работать нужно не больше, а умнее.

Здесь возможности совершенствования практически неисчерпаемы. Так, если в офисе используются спаренные телефоны, сотрудник может предложить, чтобы аппараты с общим номером для удобства были одного цвета. В Canon специалист, который очищал линзы, применяя специальную довольно дорогую бумагу, обнаружил, что при помощи тампонов из хлопчатобумажной ваты, которые продаются в супермаркете, можно сделать это и лучше, и дешевле. По предложениям рабочих устанавливается множество «дуракоустойчивых» устройств, повышающих надежность оборудования. На заводе Hitachi Tochigi на усовершенствованном оборудовании устанавливается металлическая табличка с именем рабочего и датой подачи предложения, чтобы увековечить его вклад.

Отправной точкой для кайдзен в случае личной инициативы служит позитивное отношение сотрудника к изменению и совершенствованию методов своей работы. Например, если рабочий раньше сидел, а теперь стоит за станком, это шаг вперед, поскольку он становится более мобильным и может обслуживать больше одного механизма.

Когда Тайити Óно, руководитель, который инициировал *канбан* и «точно вовремя» на Toyota, пришел в качестве консультанта в Toyota Shokki (производитель тканей для автомобилей), то обнаружил, что женщины-швеи работают сидя. Он тут же разработал программу улучшения, которая позволяла добиться того, чтобы швейная машинка по завершении операции останавливалась автоматически.

После этого был определен цикл, позволяющий каждой работнице обслуживать несколько машин. Это означало, что женщины должны работать стоя и в потоке переходить от одной машинки к другой. Сегодня каждая швея, одетая в спортивный костюм, работает одновременно на дюжине швейных машин, двигаясь от одной к другой. В компаниях группы Toyota один человек может обслуживать до 80 различных единиц оборудования одновременно. Такое разнообразие видов выполняемой работы стало возможным, поскольку менеджмент сумел изменить поведение своих сотрудников.

Кайдзен для индивида часто рассматривается как моральный стимул, и руководство не всегда ждет от поданных предложений немедленной окупаемости. Если менеджер хочет, чтобы его подчиненные стали «думающими рабочими», стремящимися к постоянному совершенствованию методов работы, он должен быть внимательным и чутким.

Система предложений

Система предложений — неотъемлемая часть кайдзен для индивида. Чтобы сделать ее динамичной, высшему менеджменту нужен тщательно продуманный план.

Все знают, что первые представления о статистическом контроле качества и его значении для управления японцы получили в послевоенный период благодаря таким первопроходцам, как Деминг и Джуран. Менее известен тот факт, что система предложений была завезена в Японию примерно в то же время TWI (Training Within Industries) и ВВС (Военно-воздушными силами) США. Кроме того, многие японские менеджеры, которые побывали в США сразу после войны, узнали об этом новшестве и стали применять его в своих компаниях.

Система предложений по-американски вскоре уступила место японской интерпретации. В то время как в американском подходе делался акцент на экономической выгоде от предложения, а в качестве поощрения использовалось денежное вознаграждение, в Японии основное внимание уделялось позитивным изменения в отношении к труду и росту заинтересованности в общем деле. С годами в японской системе сформировались два направления: индивидуальные предложения и групповые предложения, включающие те, которые подают кружки КК, JK-группы (*дзисю канри*, или самоуправление), группы НД (нуль дефектов) и прочие.

Система предложений сегодня действует в большинстве крупных производственных компаний и примерно в половине мелких и средних фирм. По данным Japan Relations Association, основными объектами при подаче предложений в японских компаниях служат (по убыванию):

- улучшения в собственной работе;
- экономия энергии, сырья и иных ресурсов;
- улучшение условий труда;
- совершенствование оборудования и процессов;
- совершенствование инструментов и приспособлений;
- совершенствование работы в офисе;
- повышение качества продукции;
- идеи создания новых видов продукции;
- сервис и построение отношений с клиентами;
- прочие.

По количеству поданных предложений первое место среди японских компаний занимает Matsushita, где их число в 1985 г. превысило 6 миллионов. Рекордное количество предложений, поданных в одной организации в течение года одним человеком, составляло 16 821.

Пять лет подряд компанией номер один по числу предложений оставалась Hitachi, пока в 1985 г. ее не опередила Matsushita, и Hitachi, где было подано 4,6 миллиона предложений, оказалась на втором месте. Без тени смущения ее руководство заявило: это произошло потому, что в компании стали уделять первоочередное внимание не количеству, а качеству предложений.

Кэндзиро Ямада, директор-распорядитель Japan Human Relations Association, говорит, что система предложений обычно проходит три этапа. На первом менеджмент должен помочь сотрудникам подавать идеи, пусть самые простые, по улучшению методов своей работы и цеха. Это поможет людям задуматься над тем, как они выполняют свою работу. На втором этапе менеджмент должен сделать акцент на обучении сотрудников. Чтобы подавать более качественные предложения, они должны уметь анализировать проблемы в их окружении, а это требует специальной подготовки. И лишь на третьем этапе, когда сотрудники не только заинтересованы, но и подготовлены к такой работе, менеджмент может поставить вопрос об экономическом эффекте поданных предложений.

Руководители должны понимать, что для внедрения этой системы потребуется от пяти до десяти лет. Ямада отмечает, что проблемы, с которыми сталкивается большинство западных компаний, обычно связаны с тем, что их лидеры пытаются пропустить один или даже два этапа и одним прыжком перейти к третьему.

По словам Ямада, среднее число предложений, подаваемых одним рабочим в течение года, до середины 1950-х гг. составляло около пяти, а затем резко возросло в частном секторе до 19. Столь существенное увеличение было вызвано двумя обстоятельствами. Во-первых, система предложений стала сочетаться с работой малых групп. Во-вторых, мастеров наделили полномочиями по рассмотрению и внедрению предложений рабочих.

Сегодня большая часть предложений, имеющих экономический эффект, исходит от групп, в то время как идеи отдельных людей служат моральным стимулом и источником поучительного и полезного опыта.

Ямада убежден, что число предложений выше там, где есть четкие инструкции и где рабочий не выкладывается на работе в полную меру своих сил и возможностей. Иными словами, предложения помогают ликвидировать разрыв между способностями человека и выполняемой работой. Следовательно, они свидетельствуют о том, что квалификация сотрудника выше, чем требует его работа.

Система предложений не только помогает сформировать кайдзен-мышление, но и дает людям возможность высказать свои мысли мастеру и обсудить их друг с другом. В то же время она позволяет менеджменту помочь рабочим решать проблемы. Таким образом, система предложений открывает прекрасные перспективы как для обмена информацией с начальством и товарищами по работе в цехе, так и для саморазвития сотрудника.

Вообще говоря, японским менеджерам по сравнению с их коллегами на Западе предоставлена большая свобода действий в отношении внедрения предложений подчиненных. Они готовы поддерживать изменение, если оно поможет решению одной из следующих задач:

- упрощению работы;
- ликвидации тяжелого, нудного, монотонного труда;
- устранению помех в работе;
- повышению безопасности;
- повышению производительности;
- повышению качества продукции;
- экономии времени и снижению затрат.

Такой подход резко отличается от позиции западного менеджера, озабоченного исключительно затратами на внедрение предложения и его экономической окупаемостью.

ПРИМЕР AISIN-WARNER

«Заинтересованное участие в программе подачи предложений, — говорит управляющий директор Aisin-Warner Харуки Сугихара, — заставляет каждого рабочего сознательно относиться к проблемам и помогает ему лучше выполнять свою работу». По словам Сугихара, менеджмент должен поощрять участие рабочих, предлагая им, не смущаясь, вносить любые предложения, внедрение которых не требует больших затрат. Поскольку большинство сотрудников не привыкли излагать свои соображения письменно, следует научить их заполнять специальную форму для подачи предложений и позаботиться о том, чтобы эта процедура стала для них привычной. В компании Aisin-Warner, которая производит автоматические трансмиссии, гидротрансформаторы и повышающие передачи, в 1982 г. среднее число предложений, поданных одним рабочим, составило 127. Это значит, что в компании в целом было подано 223 986 предложений, причем 99% из них внедрены на рабочих местах. Это превышает среднее значение по стране, которое составляет 76%. В 1982 г. предложения, поданные рабочими Aisin-Warner, касались следующих проблем:

снижения трудозатрат в человеко-часах	— 39%;
повышения качества	— 10,6%;
повышения безопасности	— 10,5%;
совершенствования оборудования и его эксплуатации	— 8,4%;
условий труда и гигиены	— 7,6%;
экономии сырья	— 3,9%;
совершенствования работы в офисе	— 1,7%;
прочего	— 18,6%.

Если предложение рабочего нельзя внедрить, руководство сразу объясняет причину отказа. Основные категории «предложений», которые не подлежат рассмотрению, включают: жалобы на начальство или претензии к нему, возвращение к проблемам, которые уже решены, или повторное внесение уже внедренных нововведений, констатация общеизвестных фактов, описание популярных методик, банальности и аксиомы. Менеджмент возлагает на бригадиров ответственность за то, чтобы они поощряли рабочих на подачу предложений в соответствии с программой, разработанной руководством. Эта ответственность, в свою очередь, по вертикали распространяется на мастера, руководителя бригадиров (начальника участка — section chief) и так далее. Менеджмент Aisin-Warner понимает, что такая система не может быть эффективной, если бригадиры не настроены приобщать к ней тех, кто трудится под их началом. Поэтому каждый бригадир учитывает число предложений, поданных в его бригаде. Существует даже соревнование, какой коллектив подаст больше идей, и часто бригадир лично консультирует наименее активных рабочих.

Менеджмент поощряет подачу как индивидуальных, так и групповых предложений, и сегодня в Aisin-Warner первые составляют более половины от общего числа. Если у сотрудника появилось предложение, он заполняет бланк, который всегда имеется на рабочем месте, и опускает в ящик. Ему не надо отдавать его бригадиру лично.

Прежде чем принимается решение о том, подлежит ли данное предложение внедрению, оно обычно проходит две стадии рецензирования. На первой оценку дает группа бригадиров и персонала на рабочем месте, а на второй — группа менеджеров подразделений и начальников участков.

По мере того как число предложений растет, менеджменту становится все труднее анализировать их, принимать связанные с ними решения и сразу сообщать о результатах рассмотрения авторам. Понимая, как важно для поддержания заинтересованности сотрудников не затягивать время изучения предложений, в 1978 г., когда этот процесс стал занимать два-три месяца, Aisin-Warner перешла на их компьютерную обработку.

Поданное предложение немедленно проходит предварительную рецензию. За предложения, доход от которых в соответствии с этой оценкой составляет менее ¥3000 (около $12), рабочий получает награду в течение недели после подачи. Если выгода от предложения составляет сумму, превышающую ¥3000, оно передается на вторую рецензию и рабочий получает вознаграждение в течение месяца после его подачи. Все предложения обрабатываются на компьютере, что позволяет рассчитать размер выплачиваемой премии. На рис. 4.4 представлена форма для подачи предложения, которая используется в Aisin-Warner.

Предложение оценивается сначала по общему числу очков, определяемому по следующей схеме.

Критерий	Очки
Творческий подход или оригинальность	____ (макс. 20)
Работа по опробованию нового метода	____ (макс. 20)
Применимость (возможно ли распространение по горизонтали?)	____ (макс. 10)
Косвенный эффект (способствует ли повышению качества, безопасности, и т.д.)	____ (макс. 10)
Экономический эффект (непосредственное влияние на сокращение рабочего процесса, экономию ресурсов и т.д.)	____ (макс. 40)
Общее число очков	____ (макс. 100)

Заметьте, что при оценке используются как П-критерии, так и Р-критерии, и каждому критерию присвоено численное значение, определяющее его значимость для менеджмента.

Затем общее число очков умножается на коэффициент, определяемый положением, значение которого колеблется в диапазоне от 1,1 до 0,3, как показано в форме для подачи предложения. В итоге присуждается та или иная сумма вознаграждения. Ниже в таблице представлены виды вознаграждения, очки и сумма.

Ранг вознаграждения	Очки	Вознаграждение (¥)	Вознаграждение ($)
Президентская премия	Более 56	30 000–300 000	120–1200
Премия председателя комитета	36–56	7000–20 000	28–80
Премия за идею	Творческий подход + работа по опробованию = более 32	Памятный подарок стоимостью 5000	Памятный подарок стоимостью 20
Премия категории А	19–35	1500–5000	6–20
Премия категории В	7–18	500–1000	2–4
Премия категории С	1–6	200–300	0,80–1,20

Если предложение подано производственным рабочим, сумма очков равна 40 и данное предложение имеет среднюю актуальность для рабочего места этого сотрудника, оценка в баллах умножается на 1,0. Если же точно такое же предложение подано лидером команды, очки будут умножаться на 0,7.

На Aisin-Warner время от времени проводятся кампании, в рамках которых поощряется подача предложений членами семей сотрудников. Они касаются различных домашних усовершенствований. Многие из них представляют собой восхитительные идеи, позволяющие сделать семейную жизнь более веселой и интересной. Во время проведения одной из таких кампаний всеобщее внимание привлекло предложение четырехлетней девочки, записанное ее мамой. Менеджмент награждает победителей, подавших наиболее удачные предложения, символическими призами, и их идеи демонстрируются в зале для собраний вместе с предложениями штатных сотрудников, чтобы остальные могли взять на вооружение эти семейные находки.

Еще одна особенность системы подачи предложений в Aisin-Warner — принятые к внедрению предложения распространяются по горизонтали на другие компании Aisin-группы, поставляющие продукцию Toyota Motor. Регулярно издается журнал *Idea*, в котором рассказывается о предложениях, сделанных в компаниях, входящих в Aisin-группу, и приводятся конкретные примеры улучшений и планы работ по внедрению. Кроме того, проводятся регулярные встречи представителей компаний Aisin-группы, на которых обсуждаются система подачи предложений (что дает возможность обменяться опытом) и субсидируемые группой мероприятия, например сбор идей для плакатов и лозунгов (что позволяет повысить сплоченность сотрудников). ∎

Имя и фамилия сотрудника или название кружка КК:		Занимаемая должность: производственный рабочий, конторский служащий, бригадир, мастер, начальник цеха или выше			Объект, к которому относится предложение:

Эскиз (до):

Эскиз (после):

Метод до усовершенствования:

Проблема:

Метод после усовершенствования:

Положительный эффект:

Оценка	Незначи-тельно	До некоторой степени	Значи-тельно	В высокой степени	Ярко выражено
A. Творческий подход	0 1	2 4 6	8 10 12	14 16	18 20
B. Оригинальность	0 1	2 4 6	8 10 12	14 16	18 20
C. Применимость	0 1	2 3	4 5	6 7	8 10
D. Косвенный эффект	0 1	2 3	4 5	6 7	8 10

Расчет экономического эффекта:

E. Сумма очков_____________

F. Подходящая позиция		Производ-ственный рабочий	Конторский служащий	Бригадир	Мастер или выше
Собственное рабочее место	Высокая	–	0,5	0,5	0,3
Собственное рабочее место	Средняя	1,0	0,8	0,7	0,5
Собственное рабочее место	Низкая	1,0	0,9	0,9	0,7
Другое рабочее место		1,1	1,0	1,0	0,9

Общая сумма очков:

(A + B + C + D + E) × F =

Замечания эксперта по итогам рассмотрения:

Подпись:

Рис. 4.4. Форма для подачи предложения в Aisin-Warner

Дата	Код рабочего места	Код человека или название кружка КК	Общая сумма очков	Вознаграждение	Годовой экономический эффект
				¥	¥

Категория

1. Внедрено, дата
2. Не внедрено (плановый срок)

Цель внесения предложения

1. Снижение трудозатрат в человеко-часах
2. Экономия сырья
3. Повышение качества и производительности
4. Улучшение работы в офисе
5. Условия труда и гигиена
6. Безопасность
7. Эксплуатация оборудования и его улучшение
8. Прочие

Самооценка человека: ¥________________

Итоги рассмотрения:

1. Принято
2. Рассматривается
3. Нет окончательного решения
4. Отклонено

Оценка:

1. Президентская премия
2. Премия председателя комитета
3. Премия за идею
4. Премия А
5. Премия В
6. Премия С

Рис. 4.4 *(окончание)*

СИСТЕМА ПРЕДЛОЖЕНИЙ В КОМПАНИИ CANON

Как показано на структурной схеме производственной системы Canon, представленной в Приложении G, система предложений в комплексе с работой малых групп, мероприятиями под девизом «Наведи порядок в своем цехе», собраниями и отчетными заседаниями служит важным инструментом для решения задач, стоящих перед компанией. Система предложений Canon, помимо менеджеров, охватывает всех сотрудников и временных рабочих. Кроме того, поощряется подача совместных и групповых предложений.

Приветствуются любые предложения по совершенствованию рабочего места, независимо от того, относятся ли они непосредственно к цеху, в котором работает данный сотрудник, или нет. Отклоняются только предложения, перечисленные ниже.

1. Имеющие отношение к новой продукции (для этого у Canon существует отдельная программа подачи предложений).
2. По управлению персоналом и условиям труда.
3. Жалобы и претензии.
4. Касающиеся выполнения распоряжений начальства.
5. Сформулированные недостаточно четко или те, внедрение которых невозможно.
6. Плагиат.

В 1983 году сотрудники Canon подали 390 000 предложений общей стоимостью ¥19,3 миллиарда ($84 миллиона). Общая сумма расходов на систему предложений составила ¥250 миллионов ($1,08 миллиона) и, таким образом, окупилась 77 раз. Ожидаемая экономия на 1983 г. — ¥24 миллиарда ($100 миллионов). Однако следует заметить, что эффект от внедрения предложений отчасти перекрывается суммой намеченной экономии, поскольку две эти системы представляют собой разные подходы к ее достижению.

При подаче предложения сотрудник заполняет соответствующую форму (см. рис. 4.5), в которую можно внести до пяти предложений. Эта несложная анкета была принята в 1978 г. для упрощения процедуры, и после ее введения число поданных на одного человека предложений значительно увеличилось.

Бригадир рассматривает внесенное в форму предложение и, если оценивает его ниже категории Е, сразу принимает меры для внедрения. Часто оно вносится устно, а записывается и представляется уже после реализации. Поскольку нововведение касается работы цеха, бригадир сразу представляет значимость такого предложения. На следующий день или, самое позднее, через три дня бригадир подписывает форму и возвращает ее тому, кто подал предложение.

Если новация относится к категории D или выше, рабочий заполняет еще одну форму, предназначенную для более перспективных предложений (см. рис. 4.6), и вновь подает ее на рассмотрение в комитет подразделения и комитет предприятия. Затем предложение передается в центральный комитет для оценки годового эффекта. Предложениями категории Е и ниже занимается комитет участка (подразделения).

Отдел/участок				Фамилия и код				☐ Рабочий ☐ Мастер или выше	
№		Объект:			Дата:			№ __________	
								Приз за участие в программе подачи предложений Canon	
Заслуживает отнесения к категории перспективных предложений	Вознаграждение категории E (¥2000)	Полезное (¥1000)	Пригодное (¥500)	Принято	Не принято	Находится на рассмотрении	Внедрено	¥150 купон	Подпись рецензента
							Еще не внедрено	Подпись секретаря отдела	

Рис. 4.5. Форма для подачи предложения в Canon (упрощенный вариант)

Время, сэкономленное в течение года (часы) До улучшения (E) — После улучшения (E) = __________ часов	
Графа заполняется лицом, ответственным за программу подачи предложений 1. Данное предложение подлежит внедрению в __________ 2. Ориентировочная стоимость внедрения данного предложения: ¥__________ 3. Замечания	Использован бюджет по сокращению трудозатрат <u>Да</u> <u>Нет</u>
Смета расходов (технический отдел и бухгалтерия)	
Практичность (технический отдел, конструкторское бюро, прочие отделы)	

Если ваше предложение принято, за него будет начислено следующее вознаграждение

Категория A (¥50 000)

Категория B (¥20 000)

Категория C (¥10 000)

Категория D (¥5000)

Категория E (¥2000)

Рис. 4.6. Форма для подачи предложения в Canon — для перспективных предложений (по улучшению работы)

Дата

Подразделение:	☐ Рабочий ☐ Менеджмент	Фамилия и код

Объект:

Причины подачи предложения (Почему возникла потребность во внесении предложения? Какова существующая процедура?)

Предложение:

Ожидаемый эффект от предложения

	Категория	До улучшения	После улучшения
A.	Число рабочих дней в году	дней	дней
B.	Число человеко-дней	человек	человек
C.	Рабочих часов/дней	часов	часов
D.	Общее количество человеко-часов (B×C)	часов	часов
E.	Количество человеко-часов в год (A×D)	часов	часов

* Если эффект от применения предложения выражается не в часах, пожалуйста, определите его иным образом (повышение качества, улучшение техники безопасности, исключение деталей и т.д.)

Рис. 4.6 *(окончание)*

Денежное вознаграждение выплачивается в зависимости от категории предложения в следующем размере:

Очки	Категория	Вознаграждение (¥)	Вознаграждение ($)
5	A	50 000	200
4	B	20 000	80
3	C	10 000	40
2	D	5000	20
1	E	2000	8
0,33	F	1000	4
—	G	500	2

Даже если предложение отклонено, сотрудник получает премиальный купон стоимостью ¥150 (первоначально это соответствовало цене пачки сигарет), который он может отоварить в кооперативном магазине компании. Некоторым сотрудникам удается приобретать целые комплекты электроприборов, подавая ежегодно сотни предложений.

Стремясь к тому, чтобы сотрудники принимали активное участие в программе подачи предложений, менеджеры и мастера в компании Canon руководствуются следующими принципами.

1. Всегда позитивно реагируйте на предложение по совершенствованию.
2. Помогайте рабочим писать ясно, давая им советы, полезные для их работы.
3. Старайтесь выявить даже малейшие неудобства для рабочих. (Для этого начальнику надо суметь найти общий язык с подчиненными.)
4. Делайте цель совершенно ясной. Например: сколько предложений нам нужно в этом месяце? Над чем (качество, безопасность и т. д.) нам следует работать сейчас?
5. Используйте соревнования и игры для повышения интереса, такие, как карты личных достижений.
6. Как можно быстрее внедряйте принятые предложения. Выдавайте награды до дня зарплаты.

Еще одна уникальная особенность системы предложений Canon — кумулятивная система вознаграждений. За каждое предложение человек получает определенное число очков, и ежегодно 20 сотрудников компании, набравших наибольшее их количество с момента введения системы предложений, награждаются Президентской премией в размере ¥300 000 ($1350) и золотой медалью. Поскольку она часто вручается одним и тем же новаторам, существует также Президентская премия по итогам года, и 30 человек, набравших максимум очков за год, получают по ¥100 000 ($450) и серебряные медали.

Каждому сотруднику вручают специальный блокнот Canon, представляющий собой карманное издание на 55 страницах, где рассказывается о производственной системе компании, кратко излагаются цели кайдзен и описывается система вознаграждений. В нем есть специальные страницы, озаглавленные: «Мое саморазвитие: задачи, методы, инструменты и инвестиции», которые заполняет сам рабочий.

Более подробные сведения о производственной системе Canon, способствующей кайдзен, даны в Приложении G. ■

Глава 5

МЕНЕДЖМЕНТ КАЙДЗЕН

Межфункциональный менеджмент и развертывание политики — две важнейшие управленческие концепции, поддерживающие стратегию TQC (всеобщего контроля качества). Как уже говорилось выше, с точки зрения TQC менеджмент имеет два аспекта: 1) *поддержание текущего* уровня функционирования бизнеса, что обеспечивает получение результатов и прибылей, и 2) *менеджмент кайдзен*, направленный на совершенствование процессов и систем. Второй связан одновременно с межфункциональным менеджментом и развертыванием политики.

Межфункциональный менеджмент предполагает координацию деятельности структурных подразделений, направленную на достижение межфункциональных целей кайдзен, а развертывание политики связано с осуществлением программ кайдзен.

Во многих компаниях менеджмент в первую очередь связан с доведением политики руководства до линейных руководителей, как показано в правой части рис. 5.1. Если имеет место конфликт по таким вопросам, как качество или затраты, его часто улаживают внутриполитическими методами. При наличии TQC первоочередными задачами при выполнении линейными подразделениями таких функций, как разработка, производство и маркетинг, становятся межфункциональные цели КЗД (качество, затраты, дисциплина поставки). Это неизбежно влечет за собой иной, системный подход к принятию решений. Именно такую потребность призваны удовлетворить концепция и практика межфункционального менеджмента и развертывания политики. В этом контексте «качество» связано с созданием оптимальной системы его обеспечения; «затраты» одновременно связаны с созданием системы выявления факторов, влияющих на затраты, и со снижением затрат; «дисциплина поставки» означает создание системы, оптимизирующей поставки по срокам и количеству.

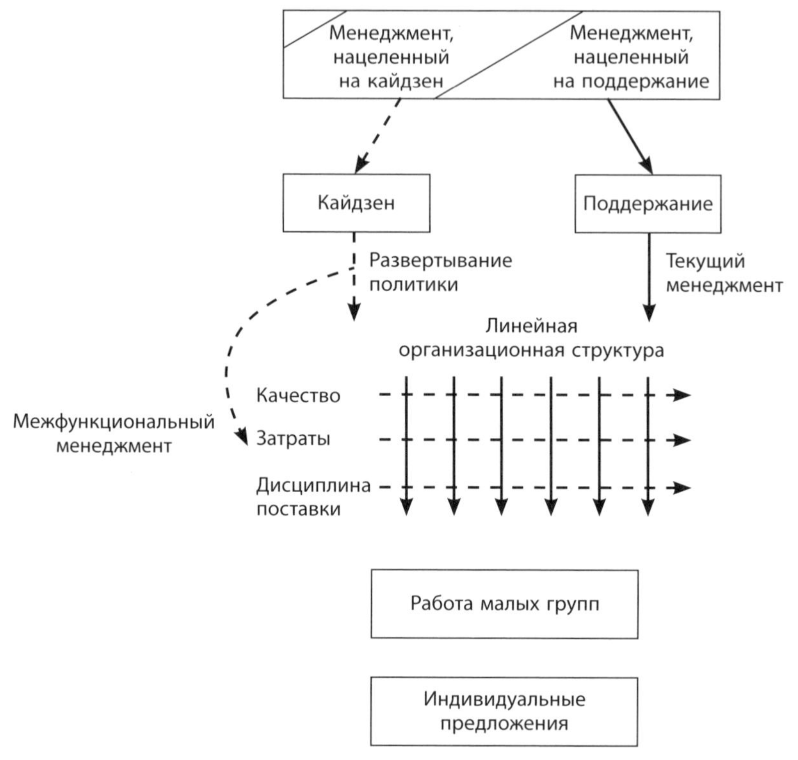

Рис. 5.1. Менеджмент, нацеленный на кайдзен, и менеджмент, нацеленный на поддержание

Как показано слева на рис. 5.1, задачи кайдзен в процессе развертывания политики передаются в линейные (функциональные) организационные структуры двумя путями: непосредственно через линейных менеджеров и косвенно — через межфункциональные структуры.

Как действия малых групп (таких, как кружки КК), так и программы поощрения индивидуальных предложений способствуют кайдзен на рабочих местах, причем цели кайдзен устанавливаются в ходе развертывания политики.

Высший менеджмент задает направления, нацеленные на претворение в жизнь важнейших концепций межфункционального менеджмента и реализацию политики. В начале года высшие руководители, как правило, вырабатывают курс или определяют цели на основе долгосрочных планов и стратегий. При этом обычно определяются два основных вида целей: 1) цели, связанные с такими факторами, как прибыль, доля рынка и продукция, и 2) цели, связанные с общим совершенствованием различных систем компании и взаимодействием различных подразделений (функций).

В Японии термин «политика» используется для обозначения долгосрочной и среднесрочной стратегии управления, а также целей и задач с горизонтом планирования один год. Поэтому в связи с TQC данный термин может применяться как к долгосрочным, так и годовым целям.

Другой важный аспект политики состоит в том, что она включает как цели, так и меры по их реализации, то есть цели и средства одновременно. Цели обычно представляют собой количественные показатели, определяемые высшим менеджментом, такие, как объем продаж, прибыль и доля рынка. Меры, в свою очередь, представляют собой конкретную программу действий для достижения поставленных задач. Цель, для которой программа таких действий не разработана, не более чем лозунг. Крайне важно, чтобы высшие руководители определяли как цели, так и меры для их достижения, а затем занимались их нисходящим развертыванием в организации.

Хотя обычно приоритетная цель менеджмента — достижение конечного результата, цель укрепления и совершенствования организационной структуры и ее составляющих не менее важна. Если первая представляет собой реакцию компании на внешние факторы, такие, как давление со стороны акционеров, которые стремятся получить прибыль, последняя обычно оказывается внутренним движением к совершенствованию корпоративной культуры, атмосферы и общей конкурентоспособности. Эти две основные цели — получение прибыли и кайдзен — в стратегии TQC тесно взаимосвязаны, и применение цикла PDCA нацелено как на развертывание политики, так и на межфункциональный менеджмент. Обе управленческие концепции разрабатываются (планируй), реализуются (делай и проверяй) и корректируются (воздействуй для совершенствования).

Межфункциональный менеджмент

Предприятие организовано на основе вертикальных функций, таких, как исследования и разработки, производство, технология, финансы, продажи и администрирование. При помощи такой функциональной структуры делегируются полномочия и достигается цель получения прибыли.

В задачи TQC входит не только повышение рентабельности, но и общее совершенствование в таких областях, как обучение сотрудников, удовлетворение потребителей, обслуживание клиентов, обеспечение качества, управление затратами, управление поставками и разработка новой продукции. Такие задачи требуют усилий различных подразделений, для чего в организации должны возникнуть своеобразные «горизонтальные» межфункциональные структуры. Сегодня мысль о том, что для достижения высокого уровня продукции недостаточно усилий одного отдела контроля качества, звучит уже банально. В эту работу надо вовлекать все отделы и подразделения, поэтому межфункциональный менеджмент становится основным инструментом реализации целей TQC.

Многие высшие менеджеры говорят, что миссия их компании — производство качественной продукции, удовлетворяющей запросы потребителей. Даже если мы примем это заявление за чистую монету, какое место должно занимать качество в иерархии разных корпоративных целей? А ведь их существует множество — компания должна стремиться к максимальному повышению доходов акционеров, обеспечивать занятость рабочих, производить товары или услуги, удовлетворяющие нужды потребителей, и обслуживать общество, в котором она работает. Что касается внутренних задач, руководители линейных и других подразделений отвечают за их доведение до производственников, технологов, маркетологов и сотрудников администрации.

Какое место должно занять качество среди этих порой конфликтующих друг с другом внешних и внутренних целей? Взаимоотношение различных целей компании в целом и межфункциональных целей в частности было четко описано Сигэру Аоки, главным управляющим директором Toyota Motor. Корпоративную философию Toyota он охарактеризовал следующим образом:

> «Основная цель компании — получение прибыли. Поскольку это совершенно очевидно, следующими по важности должны стать такие межфункциональные цели, как качество, затраты и дисциплина поставки (количество и сроки). Не решив этих проблем, компания не выдержит конкуренции из-за низкого качества, обнаружит, что слишком высокие затраты съедают прибыль, и не сможет вовремя поставлять продукцию потребителю. Если же эти межфункциональные цели достигнуты, прибыль придет сама.
>
> Следовательно, все прочие функции менеджмента мы должны расценивать как обслуживающие три первоочередные цели КЗД (качество, затраты, дисциплина поставки). В число таких вспомогательных функций входят планирование продукции, разработка, производство, снабжение и маркетинг, и их стоит рассматривать как вторичные средства достижения КЗД».

Рис. 5.2 показывает связь межфункциональных и функциональных действий. Как показано на этой схеме, мы имеем дело с колесом PDCA для улучшений, постоянно вращаемым КЗД (QCS)*, расположенным в центре. Корпоративная стратегия и планирование определяют межфункциональные цели, а остальные функциональные действия их обслуживают. Другой аспект колеса КЗД — определение критериев для решения проблем межфункционального менеджмента.

Дзэндзабуро Катаяма из Toyota говорит:

> «Одновременное достижение двух целей — объема и дисциплины поставок — такая же неотъемлемая цель менеджмента, как люди, капитал и производственное оборудование.

---

* В Японии часто вместо QCS используют аббревиатуру QCD. D в данном случае означает delivery, но ценность, доставляемая потребителю, часто включается в поставку, что делает два термина, по сути, взаимозаменяемыми. Хотя эти понятия равноценны, в данной книге во избежание путаницы используется только QCS. — *Прим. авт.*

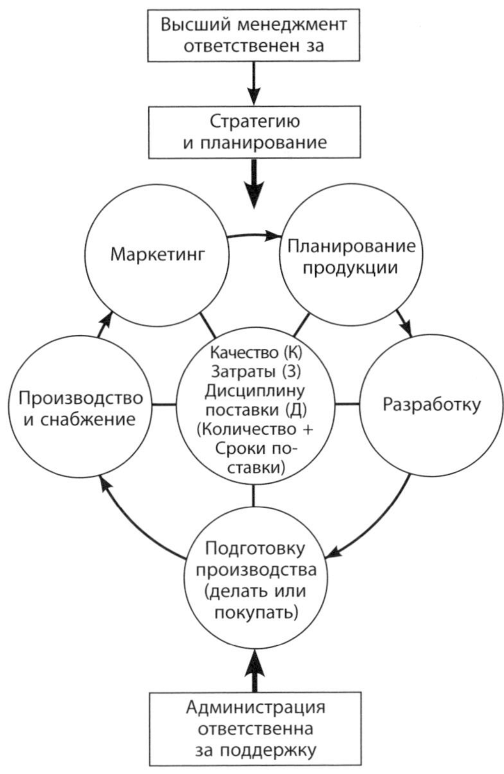

Рис. 5.2. Колесо КЗД

Если потребители не получают продукцию, в которой они нуждаются, в нужном объеме и своевременно, система разрушается. Таково значение понятия «дисциплина поставки», и достижение целей, связанных с дисциплиной, требует огромных межфункциональных усилий. Только после того, как задачи поставок решены, компания может переключиться на факторы, влияющие на ее конкурентоспособность, — качество и затраты.

Так же, как качество надо отслеживать в ходе разработки продукции, подготовки к производству, снабжения, производства, маркетинга и обслуживания, надо обеспечивать и соблюдение поставок в ходе всех процессов внутри компании».

Задача администрации — следить за тем, чтобы были отлажены все функциональные и межфункциональные процессы. Аоки считает, что сначала следует четко определить роль каждого линейного отдела, а затем прояснить виды действий и функций, требуемых для достижения целей КЗД.

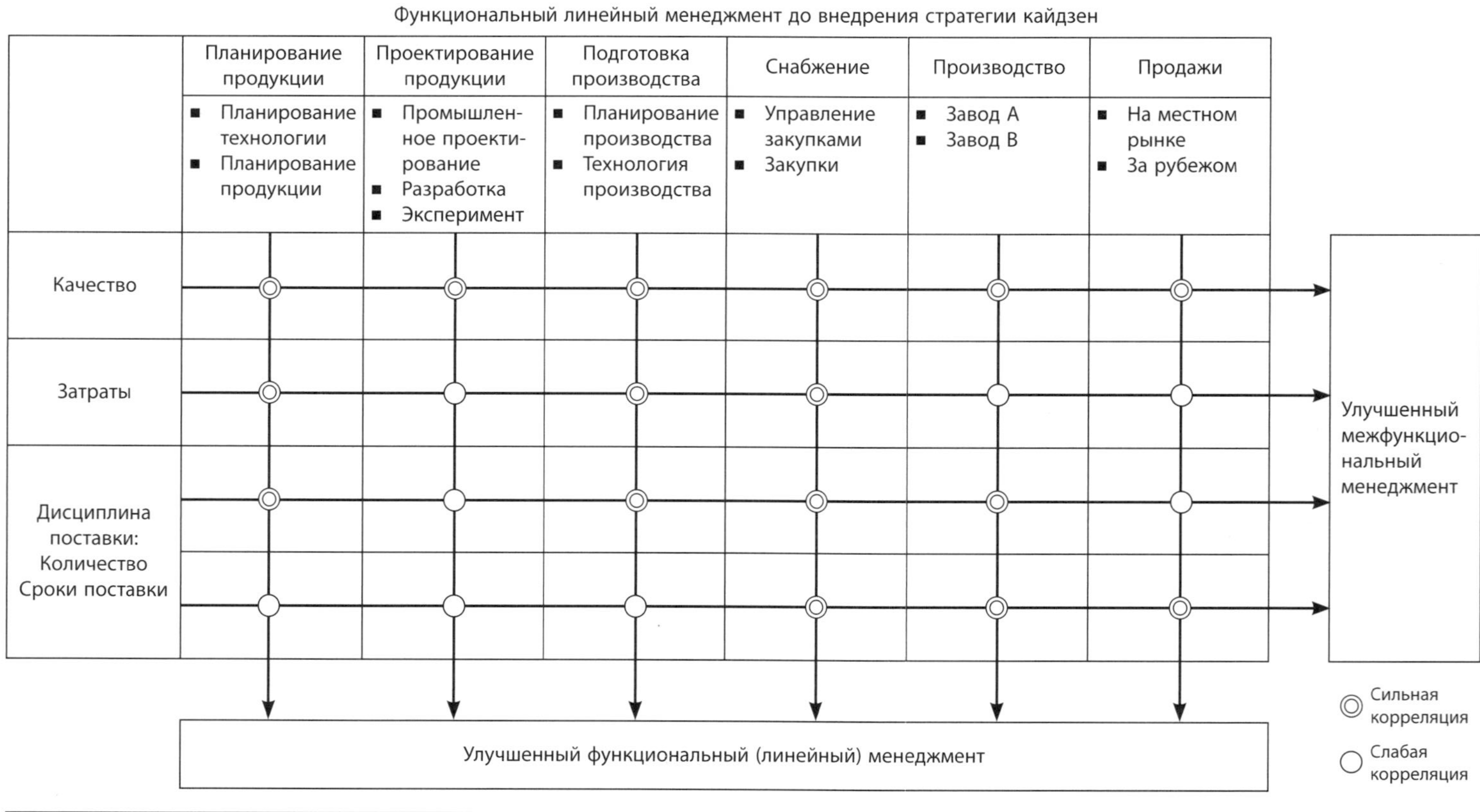

Рис. 5.3. Функционально-межфункциональная матрица

Рис. 5.4. Традиционный подход к разработке продукции

Связь между функциональной и межфункциональной структурами помогает понять матрица из рис. 5.3. Вертикальные линии представляют различные функциональные (линейные) отделы, начиная с планирования продукции и включая проектирование, снабжение, производство и продажи. Горизонтальные линии представляют основные межфункциональные цели: качество, затраты и дисциплину поставки. Действия межфункционального характера в той или иной мере затрагивают все функциональные (линейные) отделы.

Естественно, менеджер линейного отдела считает первоочередной работу в рамках своего подразделения. Если межфункциональных целей не обозначено, каждый отдел будет стремиться всеми силами отстаивать собственные интересы, забыв о корпоративных. Так, при создании новой продукции проектировщики работают над спецификациями и чертежами на основе информации, полученной из отдела маркетинга (а то и на собственное усмотрение). Нередко, увидев результат, производственники удивленно заявляют, что не могут это выполнить. Начинается длительный период междоусобицы и улаживания конфликтов между отделами, в результате которого требования пересматриваются. Рис. 5.4 показывает типичный процесс обмена информацией между производственными подразделениями.

Идеальная ситуация при разработке новой продукции показана на рис. 5.5, где есть перекрытие функций на каждой стадии (подготовлено Тосиро Ивахаси из Kubota, Ltd). Межфункциональный менеджмент вырастает из потребности сломать коммуникационные барьеры между подразделениями. Однако, чтобы этого добиться, нужны система обеспечения качества и определенные правила, нормативы и процедуры.

Таким образом, определение межфункциональных целей помогает менеджерам сбалансировать свою работу, помня о конечной цели — КЗД. Если межфункциональные цели в компании поставлены на самый высокий уровень, остальные цели компании определяются в следующем порядке.

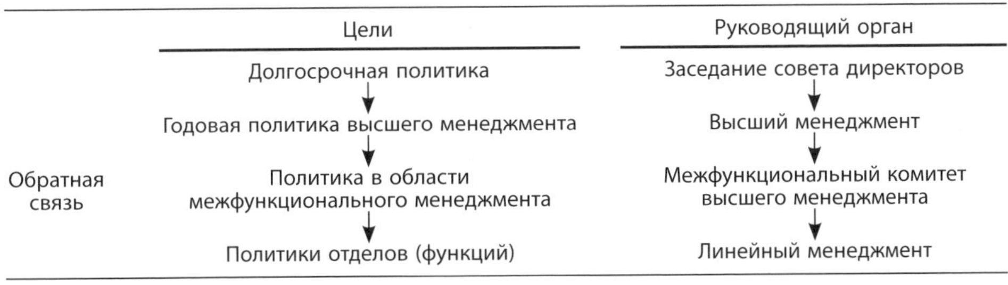

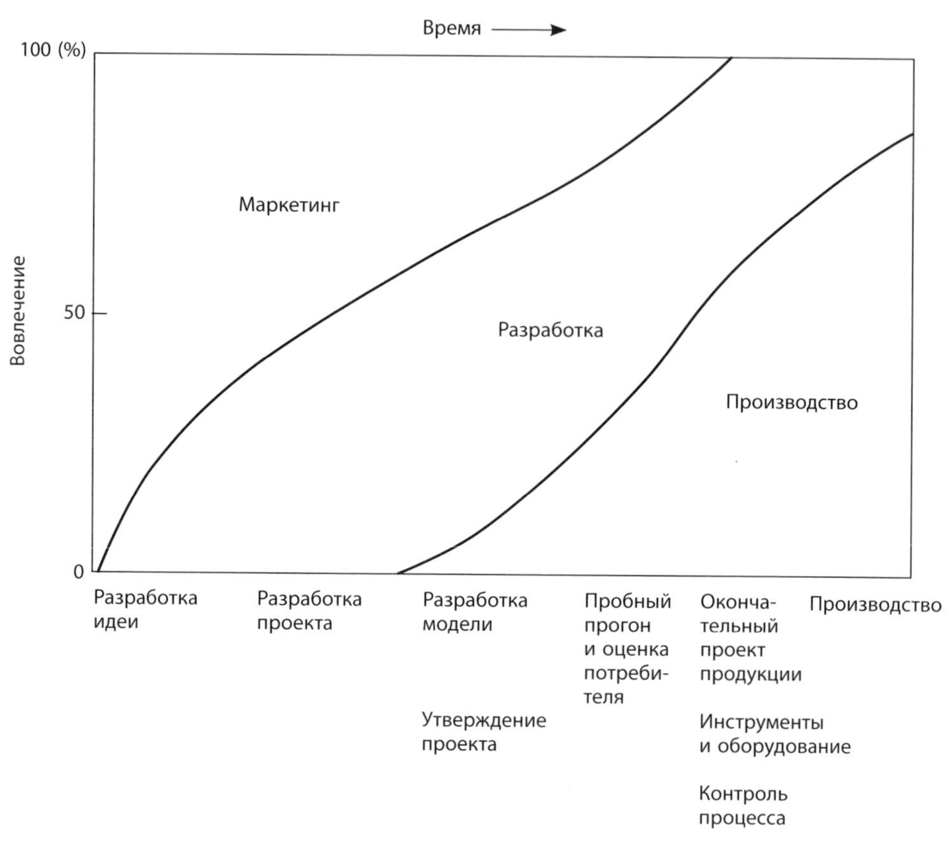

Рис. 5.5. Идеальный подход к созданию продукции

Межфункциональные цели следует определять *до* определения целей отделов. Высшему менеджменту или межфункциональному комитету надо поставить цели по каждой кросс-функции: качеству, затратам и дисциплине поставки. Такой комитет организуется на уровне высшего менеджмента для формулировки межфункциональных целей и мер по их реализации. В сферу его внимания попадают, кроме того, такие вопросы, как разработка новой продукции, оборудование, производство и продажи, которые рассматриваются через призму КЗД.

На Toyota все члены межфункционального комитета — это члены правления, представляющие подразделения, которых затрагивает определенная кросс-функция, например качество. Цели и средства их достижения, которые определяются на заседании межфункционального комитета, почти так же важны, как решения правления, поскольку после него это второй по значимости орган. В каждом комитете около 10 членов, а возглавляет его один из старших по должности сотрудников, назначаемый президентом.

Есть компании, где межфункциональным комитетом руководит сам президент или один из его заместителей. Заседания комитета обычно проводятся ежемесячно. В зависимости от размера компании и числа членов правления в комитет иногда могут входить и менеджеры отделов. Функции секретариата комитета часто выполняет отдел TQC или отдел обеспечения качества.

Межфункциональный менеджмент занимается совершенствованием системы обеспечения качества, оптимизацией затрат и дисциплиной поставки, под которой понимается выполнение задач, связанных с объемами и сроками поставок. Это работа всех отделов в соответствии с целями, поставленными межфункциональным комитетом.

Поскольку политика включает не только цели, но и средства их достижения, межфункциональную политику в отношении КЗД до ее развертывания вниз надо определить как с точки зрения целей, так и средств.

Так же, как деятельность компании ежегодно контролируется аудиторской фирмой, в связи с КЗД ее прогресс нуждается в проверке в ходе так называемого аудита TQC. Это важная часть развертывания политики. Однако между проверкой деятельности компании аудиторами и аудитом межфункциональных целей есть существенная разница. В то время как финансовая ревизия осуществляется независимой третьей стороной, межфункциональный аудит проводит линейный менеджмент.

Межфункциональный аудит начинается с аудита подразделений, осуществляемого высшим руководством. После этого уже менеджеры подразделений инспектируют своих подчиненных. Такая проверка достижения межфункциональных целей должна проходить на всех структурных уровнях компании.

Межфункциональный менеджмент стал неотъемлемой частью TQC в Японии и активно поощряется во всех фирмах страны, использующих эту стратегию. Raison d'être* межфункционального менеджмента — поиск путей совершенствования работы корпорации как по вертикали, так и по горизонтали.

МЕЖФУНКЦИОНАЛЬНЫЙ МЕНЕДЖМЕНТ НА TOYOTA

Toyota первой в Японии стала применять межфункциональный менеджмент. Он возник в 1962 г. в связи с: 1) потребностью высшего менеджмента четко определить цели, связанные с качеством, и развернуть их для всех сотрудников на всех уровнях и 2) необходимостью введения системы, обеспечивающей координацию работы разных подразделений.

Сигэру Аоки из Toyota говорит:

«Концепцию статистического контроля качества можно применять везде, например в отделе контроля или на производстве. Однако TQC представляет собой программу работы компании в целом, в ней участвуют все подразделения и в ее рамках решают свои задачи. Например, отдел продаж уточняет, какой уровень качества удовлетворяет потребителей. Конструкторское бюро

---

* Raison d'être — фр., разумное основание, смысл существования чего-либо. — *Прим. пер.*

учитывает его в процессе разработки и проектирования, и затем работа по обеспечению качества продолжается на этапах подготовки производства, снабжения и собственно производства. Иными словами, все эти функциональные отделы координируют свою работу, решая межфункциональную задачу обеспечения качества. Роль межфункционального менеджмента — способствовать эффективному достижению таких целей».

На Toyota качество и затраты считаются важнейшими целями менеджмента. Инструментом межфункциональной работы в компании служат детальные правила для обеспечения качества и управления затратами.

Toyota делит поток межфункциональной работы — от планирования продукции до продаж — на следующие восемь этапов:

1. Планирование продукции.
2. Проектирование продукции.
3. Подготовка производства.
4. Снабжение.
5. Полномасштабное производство.
6. Контроль.
7. Продажи и обслуживание.
8. Аудит качества.

Для каждой из этих восьми стадий четко определено, какие функциональные (линейные) подразделения участвуют на данной стадии в обеспечении качества и управлении затратами и кто из сотрудников несет ответственность за эту работу.

Ниже рассказывается, как применяются эти правила, и приводятся примеры проводимых мероприятий. Чтобы единообразить работу всех сотрудников компании, в инструкции есть пункт, согласно которому нужно стремиться к обеспечению качества, «при котором продукция удовлетворительна, надежна и экономична для потребителя». В этой связи для каждого функционального отдела Toyota разработала список действий по обеспечению качества (см. рис. 5.6). Рис 5.7, дополняющий эти правила, дает примерный список действий по обеспечению качества на этапе планирования продукции. Заметьте, что в нем перечисляются как сотрудники, ответственные за каждый этап, так и моменты, подлежащие контролю. Основная цель этих действий — никогда не причинять неудобств потребителю.

Руководство Toyota глубоко убеждено, что любые серьезные дефекты системы менеджмента проявляются в качестве. Другие межфункциональные проблемы, такие, как затраты, могут некоторое время оставаться скрытыми. Низкое же качество — результат несовершенного менеджмента — скрыть невозможно.

По словам Аоки, каждый отдел имеет ряд обязательств межфункционального характера, и любая деятельность, охватывающая всю компанию, касается нескольких отделов. Подобным образом, несколько членов правления, как правило, вовлечены в решение одних и тех же межфункциональных проблем, и у каждого из тех, кто отвечает за конкретную функцию управления, есть обязанности, выходящие за пределы его подразделения.

Этап	Лицо, ответственное за обеспечение качества	Основные мероприятия по обеспечению качества	Вклад в качество
Планирование продукции	Генеральный менеджер, отдел продаж	Прогноз спроса и рыночной ниши	*
	Инженер, бюро планирования продукции	Обеспечение уровня качества, соответствующего требованиям рынка ■ Установка и поиск оптимальных целей по качеству и цене ■ Предотвращение рецидивов главных проблем качества	***
Проектирование продукции	Генеральный менеджер, отдел планирования продукции	Опытный образец ■ Оценка адаптируемости к целям качества	***
	Генеральные менеджеры, конструкторско-технологические отделы	■ Испытания и анализ показателей, функций и надежности	**
	Главный инженер, отдел планирования продукции	■ Проектирование производства (подтвердить условия, требуемые для обеспечения качества)	**
Подготовка производства	Главный технолог	Разработка процессов, обеспечивающих качество, заложенное в конструкцию	***
	Главный менеджер по обеспечению качества	Разработка оптимальных испытаний автомобилей	**
	Менеджеры по проверке (заводские)	Оценка опытного образца	**
	Менеджеры производственного отдела	Анализ и разработка начального и оперативного планов контроля процесса	*
		Обеспечение воспроизводимости процесса	***

Рис. 5.6. Перечень межфункциональных мероприятий по обеспечению качества для каждого производственного подразделения

Этап	Лицо, ответственное за обеспечение качества	Основные мероприятия по обеспечению качества	Вклад в качество
Снабжение	Менеджеры по закупкам Главный менеджер по обеспечению качества	Подтверждение качественных и количественных возможностей поставщиков	*
	Главный менеджер отдела проверки (завод)	Проверка качества сырья или комплектующих при поступлении первых партий	*
	Главный менеджер по обеспечению качества	Помощь поставщикам в усилении их систем обеспечения качества	*
Производство	Главный менеджер производственного отдела	Поддержание оптимального уровня качества в производстве для соответствия стандартам качества	**
	Менеджер, общие вопросы производства	Обеспечение оптимального уровня управления процессом	**
		Поддержание воспроизводимости процесса и оборудования	**
Проверка	Главный менеджер по обеспечению качества	Проверка качества производства по испытаниям первых изделий	**
	Заводские менеджеры по проверке качества	Принятие решения о том, отгружать автомобиль или нет	***
Продажи и обслуживание	Главный менеджер, отдел продаж	Упаковка, хранение, предотвращение повреждений при транспортировке	**
	Главный менеджер, отдел обслуживания	Обучение и широкая информация об использовании и эксплуатации	*
		Испытания новых автомашин	*
		Анализ информации о качестве и обратная связь	***

*** Чрезвычайной важности, исправить на последующих этапах уже невозможно.
** Существенной важности, однако возможна корректировка на последующих этапах.
* Последствия невелики.

Рис. 5.6 *(окончание)*

Этап: планирование продукции	Вопросы обеспечения качества	Операции по обеспечению качества	Лицо, ответственное за обеспечение качества
1-1 Генеральное планирование	Общая эффективность планирования новой продукции	1. Перспективная оценка спроса и рыночной ниши	Главный менеджер, отдел продаж
		1. Прогноз стратегий конкурентов 2. Планирование и оценка долгосрочных корпоративных планов	Главный менеджер, отдел общей координации
1-2 Генеральное долгосрочное планирование новой продукции	Общая эффективность планирования продуктовой линии	1. Анализ соответствия продуктовой линии прогнозируемому спросу и потребности в новой продукции	Главный менеджер, отдел продаж
		1. Координация между технологическим прогнозом и вопросами исследований и разработок 2. Изучение влияния смены модели на текущую долю рынка 3. Анализ общего баланса для возможностей разработки новой продукции	Главный менеджер, отдел планирования разработок Главный инженер, отдел планирования продукции
1-3 Планирование отдельных новых продуктов	Учет колебаний спроса при постановке задач	1. Подтверждение адаптивности к колебаниям спроса 2. Подтверждение конкурентоспособной цены	Главный менеджер, отдел продаж Главный менеджер, отдел планирования разработок
		1. Анализ технологической конкурентоспособности 2. Подтверждение результатов исследований и разработок 3. Подтверждение возможностей разработки нового продукта 4. Подтверждение обоснованности планового срока службы 5. Установление целей по затратам	Главный менеджер, отдел планирования разработок Главный инженер, отдел планирования продукции
1-4 Основной план для отдельных новых продуктов	Обеспечение качества, отвечающего требованиям рынка	1. Установление оптимальных целей в области качества 2. Подтверждение возможностей исследований и разработок 3. Планирование графика разработки 4. Распределение целевых затрат 5. Предотвращение рецидивов серьезных проблем с качеством (возникших на аналогичных или похожих моделях)	Главный инженер, отдел планирования продукции

Рис. 5.7. Перечень действий по обеспечению качества на этапе планирования продукции

Комитеты директоров, которые входят в правление, — это ядро межфункционального управления на Toyota. Фактически они представляют собой единственную официальную структуру, которая занимается общим менеджментом, и их прерогатива — исключительно планирование (обеспечение остальных стадий процесса ложится на плечи соответствующих линейных отделов).

В каждом комитете около 10 человек. Его возглавляет один из членов правления, непосредственно занимающийся соответствующим межфункциональным направлением. Например, комитет по качеству возглавляет директор, отвечающий за его обеспечение.

Обычно целевые показатели в межфункциональной области ставятся после определения годовых целевых показателей компании в целом по таким параметрам, как планируемое к выпуску число автомашин и коэффициент рентабельности.

В число основных вопросов, обсуждаемых комитетом, входят:

1. Определение целей.
2. Планирование системы мер для достижения поставленных целей.
3. Планирование новой продукции, оборудования, производства и продаж.
4. Прочие важные вопросы, касающиеся деятельности комитета.

Аоки отмечает, что члены правления должны пройти серьезную подготовку, прежде чем смогут принимать активное участие в обсуждении межфункциональных проблем, но это дает им прекрасную возможность понять значение качества, затрат и дисциплины поставок для компании. Часто член правления, представляющий одно из производственных подразделений, смотрит на проблему слишком узко, и обсуждение межфункциональных вопросов нередко открывает ему глаза.

Профессор Масао Когурэ, представляющий технологический отдел Tamagawa University, говорит, что в компании, которая только что начала развертывать TQC, следует назначить главой межфункционального комитета влиятельного представителя руководства, который еще не в полной мере проникся идеями нового движения. По мнению профессора, это будет для него прекрасной подготовкой в области всеобщего контроля качества. Этот человек, скорее всего, станет горячим сторонником TQC, когда начнет применять концепцию на практике. ◼

МЕЖФУНКЦИОНАЛЬНЫЙ МЕНЕДЖМЕНТ В KOMATSU

В Komatsu межфункциональные комитеты подчиняются комитету TQC и работают в трех направлениях: управление прибылями (затратами), обеспечение качества и управление объемом производства. Роль межфункционального комитета по обеспечению качества в Komatsu состоит в следующем.

1. Комитет стремится улучшить систему *обеспечения* качества, начиная с планирования продукции до продаж и обслуживания, и за счет этого повысить уровень обеспечения качества.
2. Для достижения вышеназванной цели комитет изучает поступающие в комитет TQC материалы и отчеты следующей тематики:

   а) планирование обеспечения качества в масштабах компании;
   б) определение следующих вопросов:

      1) планы улучшения систем;
      2) вопросы улучшения систем и отделы, за это ответственные.

Комитет по обеспечению качества возглавляет ответственный за этот участок работы член правления, а члены комитета назначаются президентом. В комитет входят не только члены правления, выполняющие различные связанные с качеством функции, но также один или два человека, не занимающиеся непосредственно этой проблемой. В зависимости от рассматриваемого вопроса для содействия комитету формируются рабочие группы более низкого уровня, например заводские.

Поскольку любой межфункциональный комитет занимается совершенствованием системы, он стремится выявить любые неполадки в ее функционировании и выработать рекомендации по их устранению. Если, например, комитет обнаружит, что причина сбоя — несоответствующие правила, он может дать отделам рекомендацию их пересмотреть и исправить.

Обнаружив, что компания не получила планируемой суммы доходов, комитет управления прибылями анализирует причины, по которым заданные параметры не были достигнуты, и выявляет пути улучшения работы. Хотя решать задачу получения намеченной прибыли должны линейные подразделения, межфункциональный комитет содействует им, определяя направление совершенствования системы.

Одним из последних проектов комитета по обеспечению качества в Komatsu был анализ точек контроля при обеспечении качества и пересмотр их списка. Комитет определил критерии, которым должны отвечать точки контроля: 1) они должны давать измеримый результат в терминах удовлетворенности потребителя и в терминах качества и 2) предоставлять возможность управлять действиями по обеспечению качества на любом этапе.

В результате такого анализа при первом приближении комитет выделил 119 точек управления. Затем из них были отобраны самые важные, где выявление проблем и сбор данных максимально упрощается, и их число сократилось до 41. По решению комитета в дальнейшем каждые полгода в каждой бизнес-единице должны проводиться выборочные проверки выполнения задач, обнаружения проблем и реализации контрмер. Сведения о результатах таких проверок должны передаваться в комитет, а отчет о результатах выборочных проверок в 16 основных подразделениях — представляться на заседание правления.

Эти мероприятия помогли менеджменту глубже понять текущие проблемы и принять меры по обеспечению качества. Но, что еще более важно, все сотрудники компании, от высшего менеджмента до производственных рабочих, пришли к общему пониманию обеспечения качества.

На каждом заводе, принадлежащем Komatsu, существует отдел планирования и координации, который занимается согласованием в масштабе всей компании, и глава этого отдела — второй человек на предприятии. Ему отчитываются три руководителя, отвечающие за обеспечение качества, затраты и дисциплину поставок.

Если комитет по обеспечению качества поднимает важный вопрос, менеджер из главного офиса, ответственный за обеспечение качества, сообщает о нем менеджеру отдела планирования и координации завода, и тот имеет полномочия немедленно начать действовать через подотчетного ему менеджера, ответственного за обеспечение качества. Таким образом, заводской менеджер, ответственный за обеспечение качества, не сталкивается с проблемами субординации, общаясь с другими менеджерами на своем предприятии.

Ежемесячно под председательством директора завода проводятся однодневные совещания по обеспечению качества, затратам и поставкам. Чтобы оценить прогресс в решении межфункциональных проблем, в каждом таком совещании должны принимать участие все менеджеры.

На рис. 5.8 представлена организационная структура TQC в Komatsu. Президент компании является председателем комитета TQC, а остальные члены исполнительного комитета автоматически становятся его членами. Как правило, заседания проводятся ежемесячно. На них на основе прошлогодней политики разрабатывается план мероприятий на будущий год, проверяется, как идет работа в каждом подразделении, и составляется график аудитов. Кроме того, комитет TQC контролирует работу других комитетов.

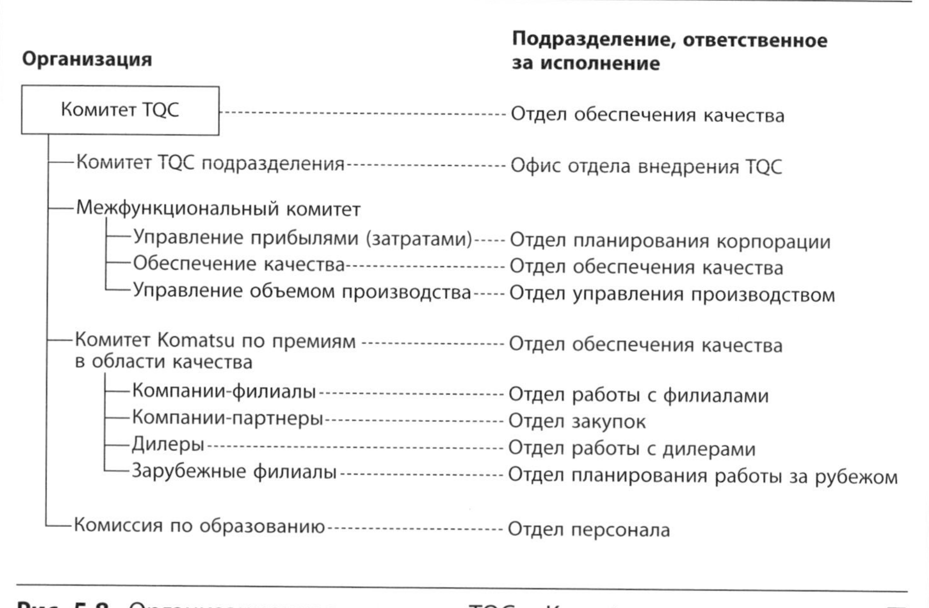

Рис. 5.8. Организационная структура TQC в Komatsu

Развертывание политики

Развертыванием политики называется процесс внедрения принятой программы кайдзен на всех уровнях компании, сверху донизу*. Как уже говорилось выше, в Японии термин «политика» используется для обозначения долгосрочной и среднесрочной стратегии управления, а также годовых целей и направлений развития.

---

* В последнее время для развертывания политики все чаще используется исходный японский термин «хосин канри». Смотри, например: Хондо Ё. — *Прим. ред.*

Годовые цели в отношении прибылей и кайдзен определяются на основе долгосрочных и среднесрочных корпоративных целей. За несколько месяцев до того, как высший менеджмент собирается, чтобы сформулировать годовые цели, он проводит предварительные консультации с менеджерами подразделений, которые, в свою очередь, совещаются с начальниками отделов. Взаимный обмен информацией между заинтересованными сторонами ведется до тех пор, пока не определятся все детали. Нет нужды говорить, что при постановке новых целей учитываются прошлогодние достижения и критерии оценки результатов.

Другим важным моментом, который следует учитывать, прежде чем будут определены цели и меры на следующий год, служит список текущих проблем в каждой бизнес-единице. Прошлогодние успехи в достижении поставленной цели оцениваются с учетом существующих задач, и лишь после этого определяются цели на будущее.

После того как высший менеджмент определит годовые цели, они «развертываются» вниз по управленческой иерархии. Цели, сформулированные руководством в абстрактной форме, по мере развертывания на более низких уровнях организационной структуры обретают все более конкретное выражение. Если цели (политика), определенные высшим менеджментом, не будут реализованы на практике менеджерами нижнего звена, в них не будет никакого смысла. Как ни прекрасны проекты высокого начальства, они часто остаются всего лишь воздушными замками.

Важный аспект развертывания политики — установление приоритетов, а это задача диаграммы Парето, которая часто используется в работе кружков КК и также вполне применима в данной ситуации.

Важность назначения приоритетов вызвана тем, что доступные ресурсы всегда ограничены. После того, как это сделано, на нижних управленческих уровнях развертывается все более детальный и четкий по мере движения вниз план действий, представляющий собой перечень конкретных мер и действий.

Формулировки политики на разных уровнях управления отличаются, например:

Высший менеджмент	Общие высказывания о направлении изменений (качественного характера)
Менеджеры подразделений	Конкретизация заявления высшего менеджмента (количественные показатели)
Менеджеры среднего звена	Конкретные цели (количественные показатели)
Мастера	Конкретные действия (количественные показатели)

По мере того как цели спускаются вниз, заявления высшего менеджмента, носящие общий характер, становятся все более четкими и требуют конкретных действий, что, в конечном счете, выражается в точных количественных показателях. Таким образом, развертывание политики представляет собой ретрансляцию программы, намеченной высшим менеджментом, на низовые уровни организационной иерархии.

Для развертывания политики нужен ряд условий:

1. Четкое понимание роли каждого менеджера в достижении поставленных перед компанией целей и в совершенствовании ее деятельности (кайдзен).
2. Менеджеры разных уровней должны иметь четкое представление о точках управления и точках контроля, установленных для достижения целей.
3. В компании должна существовать стабильная система текущего управления, направленного на поддержание существующего статус-кво.

В отличие от большинства японских компаний, где существуют два направления — политика кайдзен (межфункциональное управление) и политика, определяющая деятельность функциональных подразделений (управление по функциям), в Japan Steel Works управленческая политика имеет три направления:

1. Продуктовая политика: ее цель — выработка стратегии — связана с кайдзен в таких вопросах, как качество, затраты и поставка основных видов продукции, а также при создании новых продуктов.
2. Кайдзен (межфункциональная) политика: ее цель — кайдзен в корпоративной культуре, связанной с достижением таких межфункциональных целей, как обеспечение качества, снижение затрат, выполнение плана поставок и работа с поставщиками.
3. Политика в области функциональных структур: ее цель — определить направления деятельности и задачи каждого отдела с учетом продуктовой политики и кайдзен-политики. Это направление тесно связано с финансовыми целями.

Чтобы проиллюстрировать потребность в развертывании политики, давайте рассмотрим следующую ситуацию: президент авиакомпании заявляет, что убежден в важности такого понятия, как безопасность, и цель его компании — заботиться о том, чтобы вся ее деятельность не представляла угрозы для пассажиров. Это заявление присутствует как в квартальном отчете компании, так и в ее рекламе. Представьте себе, что менеджеры отделов тоже клянутся, что фирма верит в безопасность. Вслед за ними о ее чрезвычайной важности объявляют пилоты. Все сотрудники заботятся о безопасности. Так ли это? Может быть, все они беспокоятся о ней лишь на словах?

С другой стороны, если президент утверждает, что безопасность — это политика компании, и вместе с менеджерами отделов разрабатывает план, в котором определена ответственность любого из них, тогда каждый сможет обсуждать совершенно конкретный предмет. И безопасность действительно будет в центре внимания. Для менеджера службы общественного питания она может означать обеспечение высокого качества пищи, исключающее недовольство клиентов или их недомогание. Как его достичь? Как определить точки управления и контрольные точки? Как исключить порчу еды на борту самолета? Кто будет проверять температуру в холодильниках и состояние печи во время полета?

Только когда безопасность претворяется в конкретные действия с конкретными точками управления и точками контроля, установленными для работы любого сотрудника, можно сказать, что она действительно развертывается как политика. Такой процесс требует, чтобы каждый интерпретировал политику в свете собственной ответственности и выработал критерии оценки ее успешной реализации.

Эту мысль можно объяснить при помощи схемы целей/средств, представленной на рис. 5.9. Для высшего менеджмента политика представляет цель. В то же время любая цель требует конкретных средств для ее достижения. Эти средства становятся целями для менеджмента следующего уровня управления, который, в свою очередь, должен разрабатывать средства достижения своих целей. Как цели, так и средства на каждом уровне управления различны, и то, что для одного — средство, для другого — цель.

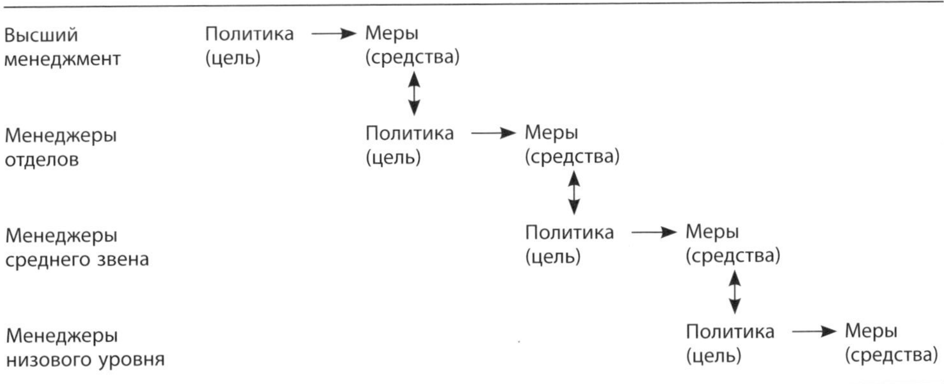

Рис. 5.9. Схема целей/средств при развертывании политики

Точки управления и точки контроля

Концепция развертывания политики имеет свои параллели в статистическом контроле качества. Поскольку в его основе лежит использование контрольных карт, здесь было бы полезно попытаться определить роль менеджмента в этом контексте.

Отправная точка — концепция предела *управляемости*. В работе *Guide to Quality Control** Исикава Каору пишет:

«Цель составления контрольной карты — по движению точек определить, какого рода перемены имеют место в производственном процессе. Следовательно, чтобы сделать контрольную карту эффективной, надо задать критерии оценки анормальностей. Когда производственный процесс управляем, это значит, что:

1. Все точки лежат в контрольных пределах и
2. Группы точек не образуют особых структур.

Следовательно, теперь мы знаем, что анормальность обнаруживается, если а) некоторые точки выходят за контрольные пределы или б) точки образуют определенные особые структуры, оставаясь при этом в контрольных пределах»*.

Когда мы обнаруживаем точки за установленными пределами, то должны выявить факторы, которые привели к анормальности, и откорректировать их таким образом, чтобы данная проблема не возникла вновь (см. рис. 5.10). Иными словами, контрольная карта полезна для того, чтобы свериться *с* результатами, выявить причины анормальности и затем найти пути их устранения. При использовании контрольных карт в статистическом контроле качества мы идем от результата к причине и корректируем или устраняем факторы, которые привели к возникновению проблемы.

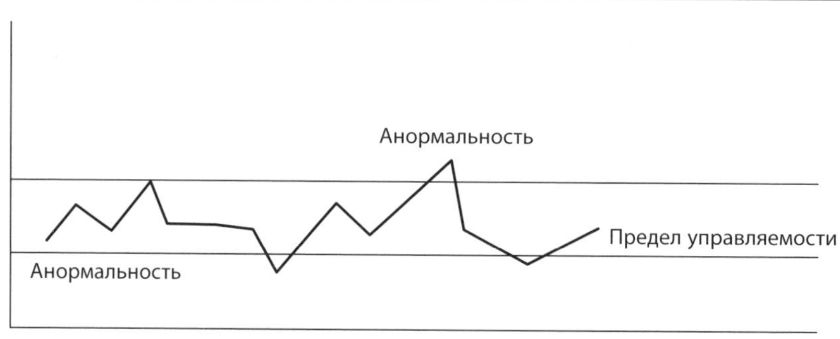

Рис. 5.10. Использование контрольных карт для выявления анормальностей

Аналогичным образом можно использовать точки управления и точки контроля. Профессор Ёдзи Акао, работающий в технологическом отделении Tamagawa University, чтобы проиллюстрировать применение точек управления

* Asian Productivity Organization, Tokyo, 1976, p. 76. Воспроизводится с разрешения издателя. — *Прим. авт.*

и точек контроля в менеджменте, приводит следующий пример. При закалке металла в масле важно обеспечить нужный диапазон температур, чтобы добиться определенных свойств металла после термообработки. Это значит, что следует контролировать температуру масла, чтобы удостовериться, что она остается в пределах заданного диапазона. На нее может влиять ряд факторов, включая объем масла и расход газа в горелке. Если контроль температуры масла — задача бригадира цеха термообработки, а объем масла и расход газа — два основных фактора, влияющих на температуру, — задача рабочих, то ему надо лишь проверять объем масла и расход газа, чтобы знать, что все идет нормально.

Для него уровень температуры — это точка управления, то есть то, что он сверяет с результатом. Бригадир смотрит на контрольную карту, которая показывает флуктуации уровня температуры, и проверяет результат, чтобы понять, соблюдаются ли в ходе производственного процесса требуемые условия. Чтобы сделать это, он должен управлять работой своих подчиненных. С другой стороны, объем масла и расход газа служат для него точками контроля. Бригадир следит за этими факторами, поскольку они оказывают влияние на результат. Иными словами, точкой управления он руководит при помощи данных, а точкой контроля — через своих подчиненных. Уровень температуры отражен на контрольной карте. Обнаружив отклонение, бригадир может внести поправку, воздействуя на точку управления, например, распорядившись, чтобы его подчиненный уменьшил расход газа. Бригадир должен время от времени проверять точки контроля, чтобы поддерживать процесс на уровне точек управления.

Теперь читателю уже, наверное, понятно, что точка управления представляет собой Р-критерий, а точка контроля — П-критерий (см. рис. 5.11).

Та же концепция распространяется и на менеджеров. В работе каждого из них есть как точки управления (Р-критерии), так и точки контроля (П-критерии). На уровне высшего менеджмента точками управления служат цели политики, а точками контроля — средства их реализации. Чтобы установить конкретные точки управления и точки контроля, определяющие взаимоотношения управляющих и подчиненных, нужно сформулировать последовательность целей и средств, лежащих в основе взаимоотношений менеджеров разных уровней.

Именно эти точки управления и точки контроля используются при развертывании политики TQC. Чтобы такая система эффективно работала, каждый менеджер должен точно знать свои Р-критерии (точки управления) и П-критерии (точки контроля). Также важно, чтобы точки контроля менеджера воспринимались его подчиненными в качестве точек управления.

Любая цель должна сопровождаться средствами ее достижения. Все, на что без них способен менеджер, это сказать своим подчиненным: «Надеюсь, вы сделаете все возможное» или «Вы должны упорно трудиться!» Когда менеджер и его подчиненные разрабатывают конкретные средства достижения цели, он в состоянии давать им четкие указания взамен призывов «сделать все возможное» или «упорно трудиться».

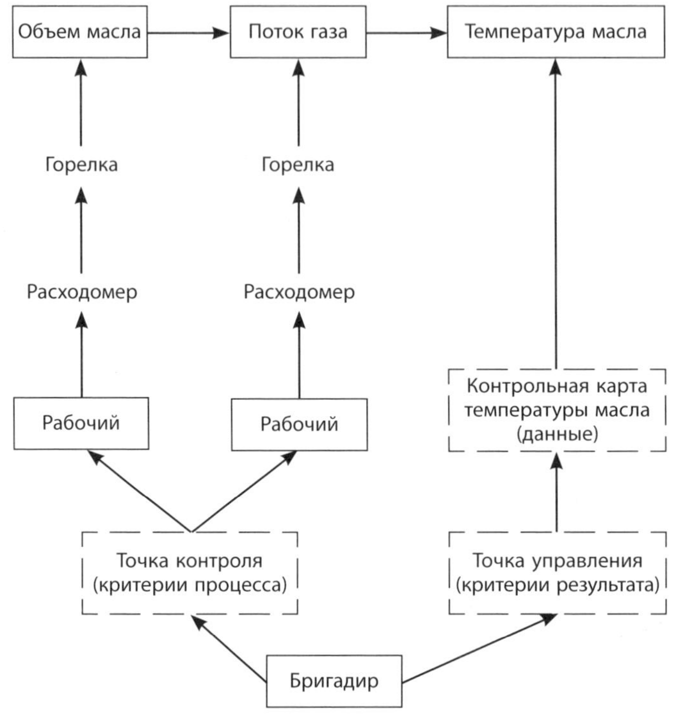

Рис. 5.11. Точки управления и точки контроля

Под «целью» здесь понимается точка управления, а под «средствами» — точки контроля. Цель ориентирована на результат, а средства — на процесс. По ходу развертывания политики каждый менеджер работает с разработанной на предприятии формой, в которой формулируются конкретные цели и средства. Он обсуждает ее как на вышестоящих, так и на нижестоящих уровнях. Обычно такая форма включает следующие позиции:

- Долгосрочная политика и стратегия высшего менеджмента.
- Годовая политика высшего менеджмента.
- Политика отдела в прошлом году.
- Успешность развертывания политики в прошлом году.
- Политика данного года (цели).
- Средства достижения целей в этом году.
- Основные действия.
- Основные точки управления и точки контроля в численном выражении.
- График.

На Западе планирование часто рассматривается как неотъемлемая часть работы менеджера. Если у него нет плана, значит, он не выполняет свою работу надлежащим образом. В то же время, если на этапе планирования к менеджеру присоединяется подчиненный, скорее всего, будет считаться, что он «лезет не в свое дело».

Развертывание политики — революционный прорыв в том смысле, что оно предполагает привлечение менеджеров низового уровня к постановке целей и их реализации. Основа этого — убеждение, что совместная работа в значительной мере способствует стремлению к достижению поставленной цели.

Иногда руководство хранит в главном офисе полный перечень форм по развертыванию политики, представленных всеми менеджерами, а на столе руководителя подразделения часто лежит матрица, отражающая различные действия, которые надлежит выполнить его подчиненным, как договаривались при развертывании. В некоторых случаях направлениям политики высшего менеджмента присваивается определенный порядковый номер, и менеджеры более низкого уровня могут определить, с каким из них они могут соотносить свою деятельность.

Поскольку политика высшего менеджмента столь непосредственно влияет на то, что следует делать каждому менеджеру, руководство прилагает огромные усилия, чтобы донести свои идеи до всех с помощью процесса развертывания политики на следующем уровне менеджмента.

Аудит политики

Как мы видели, развертывание политики идет от целей (точек управления, или Р-критериев) к средствам (точкам контроля, или П-критериям), начиная с высшего менеджмента и заканчивая мастерами и рабочими в цехе. Будучи сетью, объединяющей менеджмент, ориентированный на процесс, и менеджмент, ориентированный на результат, развертывание политики открывает перспективу для содержательных дискуссий между специалистами разных уровней и позволяет добиться того, чтобы каждый из них четко понимал стоящие перед ним цели и считал их достижение своим долгом. Всякий раз, когда возникает анормальность (в форме отклонения от согласованной цели), в ходе *аудита политики* выявляются причины и проводятся корректирующие действия.

Поскольку одно из значений термина «аудит» — «ревизия», некоторые предпочитают термин «диагностика политики». Хотя широко известен аудит TQC, связанный с премией Деминга, аудит всеобщего контроля качества проводится в Японии на всех уровнях, начиная с аудита, проводимого руководством, и заканчивая аудитом, осуществляемым менеджерами подразделений. Цель такого аудита — проверить, происходит ли развертывание политики (или целей) должным образом при переходе с одного уровня управления на другой*.

---

* С точки зрения развитых на Западе и у нас систем аудита, то, что описывает автор, укладывается в оценку системы высшим руководством и самооценку на уровне структурных подразделений. Дальнейшие подробности смотри, например, в работах: Робертсон Б. Лекции об аудите качества. — Перевод с английского / Под ред. Ю.П. Адлера. — М.: Редакция журнала «Стандарты и качество», 1999. — 260 с.; Конти Т. Самооценка в организациях. — Перевод с английского / Под научн. ред. В.А. Лапидуса и М.Е. Серова. — М.: РИА «Стандарты и качество», 2002. — 328 с. — *Прим. ред.*

Аудит, или диагностика, проводится не для того, чтобы критиковать исполнителей за результат, но чтобы определить, какие процессы привели к этому итогу, решить, как помочь людям разобраться в своих ошибках. Иными словами, аудит проводится для того, чтобы выяснить, *что* неправильно, а не *кто* виноват.

Президент компании, которая применяет TQC, один или два раза в год проводит аудит во всех основных подразделениях. При посещении завода он обычно проводит утро с менеджерами, проверяя, что сделано в сфере реализации развернутой межфункциональной политики. Днем прогуливается по цехам, обычно прокладывая свой маршрут наугад, и беседует с бригадирами, мастерами и рабочими, чтобы проверить, как они понимают TQC применительно к их работе. Часто президент просит показать ему отчеты и карты, которые так важны для всеобщего контроля качества.

Ко всем отклонениям, как позитивным, так и негативным, в процессе аудита относятся с одинаковым вниманием, а обстоятельства их появления изучаются. Понятно, что в случае обнаружения негативных ситуаций, таких, как несоблюдение производственных норм или изготовление большего, чем ожидалось, числа дефектных деталей, менеджмент будет делать все, чтобы понять их причины. Но даже когда производительность превышает намеченный уровень или показатели сбыта гораздо лучше ожидаемых, менеджмент старается установить источник таких приятных сюрпризов, поскольку в понимании TQC они представляют собой отклонения. Однако в данном случае причины выявляются не для внесения поправок, а для того, чтобы использовать это знание в будущем.

РАЗВЕРТЫВАНИЕ ПОЛИТИКИ И АУДИТ В KOMATSU

В компании Komatsu — производителе строительной техники и промышленных автокаров, все сотрудники в начале года получают небольшие карманные блокноты, на первой странице которых изложена политика президента на предстоящий год. Президентская политика на 1983 г., например, содержала, помимо всего прочего, заявление о том, что Komatsu должна всемерно совершенствовать свои возможности для производства конкурентоспособной по цене продукции, изготовленной с использованием новейших технологий производства и ноу-хау и обладающей уникальными характеристиками.

Затем подчеркивалось, что, если Komatsu предстоит совершенствовать планирование и разработку новой продукции, отдел продаж должен выявлять нужды потребителя, а отдел исследований и разработок — вынашивать и разрабатывать свежие идеи. Такие подразделения, как отдел сбыта, отдел исследований и разработок (R&D), конструкторское бюро и производственный отдел, должны повышать свою квалификацию, чтобы совершенствовать уровень производимой строительной техники, готовиться к выпуску на рынок новой продукции и формировать квалифицированные кадры для поддержки устойчивой системы ее разработки.

Вторая страница блокнота предназначена для политики менеджера подразделения. На заводе, например, сотрудникам раздаются клейкие листочки с описанием политики его директора, которые можно приклеить на эту свободную страницу. В блокноте политика президента разбивается на дюжину конкретных целей, стоящих перед предприятием. Требование создания системы разработки новой продукции, которое присутствует в политике президента, трансформируется в конкретные подцели, такие, как более продуманное распределение статей расходов, освоение новой технологии производства для разработки чертежей и пристальное внимание к требованиям потребителя при разработке новой продукции.

Третья страница блокнота тоже пуста и имеет заголовок «Политика менеджера отдела». Здесь должно быть представлено развертывание политики уже на уровне отдела и определены более конкретные задачи. Они формулируются для каждого отдела в соответствии с оглашенной директором завода целью — более четкого распределения статей затрат при разработке новой продукции.

Так, в отделе закупок меры по ее реализации включают следующие пункты: 1) определить целевую стоимость VT (value target), которая будет ориентиром при разработке концепции новой продукции, и ознакомить с ней фирмы-субподрядчики; 2) получить информацию о технологиях, разработанных субподрядчиками, и использовать их и 3) совместно с субподрядчиками проанализировать вопросы целевой стоимости и производительности. Каждый отдел разрабатывает свои конкретные меры для достижения целей политики директора завода.

Четвертая страница блокнота отведена для того, чтобы сотрудник мог делать заметки о политике его непосредственного руководителя, которая определяется в ходе личных консультаций рабочего и мастера.

Таким образом, политика высшего руководства сначала передается менеджеру подразделения, а затем — менеджерам среднего и низшего звена. Постепенно спускаясь вниз, она трансформируется во все более конкретные меры и планомерно разъясняется на всех уровнях организационной иерархии. Такая система позволяет каждому менеджеру оперативно определить, что ему нужно сделать для достижения каждой цели запланированной политики. ■

РАЗВЕРТЫВАНИЕ ПОЛИТИКИ И АУДИТ В KOBAYASHI KOSE

В компании Kobayashi Kose, производителе косметики, политика директора завода охватывает четыре основных направления: 1) обеспечение качества, 2) объемы и поставки, 3) снижение затрат и 4) обучение и образование. Каждое из этих направлений затем разбивается на более конкретные позиции, например обеспечение качества включает: a) улучшение производственных процессов, b) повышение качества поставок, c) повышение надежности и d) совершенствование методов контроля для обеспечения качества.

В сентябре каждый отдел начинает разрабатывать план на следующий год. К ноябрю менеджеры завода согласовывают планы отделов, чтобы выработать общую политику, которая передается высшему руководству. В окончательном варианте политика президента компании, которая к этому моменту уже определена, приводится в соответствие с политикой заводского менеджмента. Конкретные меры, разработанные на уровне отдела, используются в качестве руководства при достижении запланированных результатов.

Для аудита реализации целей в Kobayashi Kose политика, развертываемая на каждом уровне, наносится на вертикальную ось матрицы, а на горизонтальной перечисляются такие критерии оценки, как число претензий потребителей, недопоставки и производительность в расчете на одного человека.

Каждый менеджер и мастер в Kobayashi Kose носит в кармане контрольный листок, который называется «Мои критерии». Так, сотрудница, которая работает в должности мастера и имеет в подчинении дюжину рабочих на поточной линии, не расстается с контрольным листком, где перечислены такие критерии, как процент дефектных деталей, число прогулов, индекс объема производства на поточной линии и число поданных рабочим предложений.

Хотя аудит, предшествующий присуждению знаменитой премии Деминга, весьма популярен, каждая японская компания, которая энергично взялась за TQC, применяет развертывание политики и внутренние проверки как неотъемлемые составляющие мероприятий всеобщего контроля качества.

Как правило, сначала аудит проводит высшее руководство. Президент и члены совета директоров посещают каждое подразделение и посвящают целый день совещанию с руководством завода, обсуждая выполнение политики на уровне этого предприятия. К участию в проверке могут быть привлечены специалисты из ведущих университетов. Президент также посещает презентации различных кайдзен-мероприятий на данном заводе. За аудитом высшего менеджмента, который проводится дважды в год, следует аудит руководства завода. Для объективной оценки эффективности работы в рамках намеченной политики, точек контроля и точек управления, аудит проходит на всех организационных уровнях. Один директор завода сказал мне: «На совещаниях по аудиту разговор всегда очень резкий, и многие менеджеры их терпеть не могут, но, в конце концов, оказывается, что они весьма эффективны». Опыт, который приобретается во время таких собраний, учитывается менеджером при составлении планов на следующий год, и по мере того, как он привыкает к развертыванию политики и аудиту, качество планирования возрастает, то есть год от года его планы становятся все более реалистичными. Таким образом, и развертывание политики, и аудит зарекомендовали себя в качестве прекрасной возможности научить людей планированию и повысить профессионализм менеджмента. ■

Структурирование (развертывание) качества

Одна из проблем менеджмента на сегодняшний день заключается в том, что сотрудники готовы смириться с низкими стандартами выпускаемой ими продукции. Это происходит потому, что рабочие, которые производят детали и комплектующие, очень далеки от конечного продукта и потребителя. Знаменитая фраза Марка Бейсича, рабочего с завода Quasar Plant, Matsushita, находящегося в США: «Гордишься ли ты делом своих рук настолько, чтобы купить его?» — показательна для этой тенденции. Злоупотребление запланированным производством морально устаревшей продукции часто доходит до того, что рабочие начинают смотреть на снижение уровня качества сквозь пальцы, называя его приемлемым уровнем качества (AQL — Acceptable Quality Level)*. Хуже того, продавцы в некоторых компаниях опускаются до того, что продают заведомо дефектную продукцию, а если им не удается сбыть ее, начальство обвиняет их в том, что они недостаточно усердно трудятся.

Недавно мне пришлось общаться с менеджером по обеспечению качества, работающим в европейской фирме, которая производит телекоммуникационное оборудование. Он сказал мне, что ему приходится решать проблемы даже не 1980-х, а 1970-х гг. Объясняя, что под этим подразумевается, сотрудник сказал, что основная часть времени его подчиненных уходит на работу с жалобами потребителей. Поскольку оборудование данной фирмы предназначено для многолетней эксплуатации, большая часть претензий касается проблем производства, с которыми приходилось сталкиваться еще в 1970-е гг.

Одна из наиболее распространенных — несоответствие допускам, и персонал, занимающийся обеспечением качества, теперь пытается выяснить, как такое могло произойти. Менеджеры обнаружили, что порой в цехах использовали дешевые материалы или произвольно меняли допуски чертежа. Что еще хуже, стандарты и допуски, которые использовались для производства данного оборудования, часто отсутствовали, и сегодня в компании нет никого, кто знает, как обстояло дело раньше. Поиск решения часто напоминает кропотливое складывание картины из кусочков мозаики.

Такой подход резко отличается от позиции большинства японских компаний. Сегодня TQC делает основной акцент на встраивание качества в конструкцию и технологию, когда продукция находится еще в стадии разработки. Процесс начинается с получения информации о рынке и выявления нужд потребителя, после чего эти сведения преобразуются в технические и конструктивные требования, в подготовку производства, закупки и т.д. Поскольку разработка новой продукции занимает много лет, можно с уверенностью сказать, что многие японские компании сейчас пытаются решить проблемы не 1970-х, но конца 1980-х и 1990-х гг.

По словам профессоров Tamagawa University Масао Когурэ и Ёдзи Акао, в контроле качества есть два подхода к удовлетворению требований потребителя:

> «Традиционный метод состоит в поиске причин возникновения проблем и попытках предотвратить их повторное появление.
>
> Такой способ называется аналитическим. В TQC этот подход прочно укоренился, о чем свидетельствует широко распространенное

---

* Это термин международных стандартов на выборочный контроль партий продукции. — *Прим. ред.*

использование таких инструментов, как диаграмма Парето и диаграммы причин и результатов.

Однако подобные методы могут оказаться неэффективными при разработке новой продукции, поскольку в этом случае процесс требует иного, проектного подхода, позволяющего найти средства для достижения конкретных целей для конкретной продукции.

Такой проектный подход требует от компании работать в обратном порядке — от целей к средствам их достижения»*.

При создании новой продукции проблема заключается в том, что инженеры-разработчики не представляют требований рынка, поскольку инженер и потребитель часто говорят на разных языках. Например, когда домашняя хозяйка заявляет: «Не хочу, чтобы мой крем для лица плавился, когда я выхожу из дома в жаркий летний день», — она выражает свое желание доступными ей средствами. Но для изготовления новой продукции слов потребителя недостаточно, их нужно перевести на язык технических терминов, понятный инженеру-разработчику. Так, определение «крем для лица, который не плавится жарким летом» следует трансформировать в конкретную температуру плавления, что может потребовать определенного качества материала, который служит основой для этого косметического средства.

В своей статье профессора Когурэ и Акао приводят в пример Dynic Corporation, где структурирование требований к качеству применили к механизмам соединения вагонов сверхскоростных пассажирских экспрессов *shinkansen* («поезд-пуля») на Japanese National Railways. Одним из требований потребителей было обеспечение безопасности пассажиров. Его можно развернуть (структурировать, декомпозировать) в такие вторичные требования, как: а) устранить течи, b) добиться отсутствия перепадов давления в тоннелях, с) исключить разрушение деталей под давлением и т.д. Если надо, данные вторичные требования можно развернуть далее, в требования третьего уровня. Затем все эти требования трансформируются в инженерные характеристики, такие, как прочность на растяжение, прочность на разрыв, кратность растяжения и сопротивление изгибу (см. рис. 5.12). Таким образом, потребительские требования к качеству товара в форме матрицы развертываются в соответствующие инженерные характеристики и характеристики производства.

Таким образом, появляется возможность выявить различные «узкие места», возникающие при создании новой продукции. Их преодоление называется технологией расшивки узких мест. Если таковые выявляются еще на стадии разработки новых продуктов и их устранение требует выработки корпоративной стратегии на высоком уровне, менеджмент решает, вкладывать ли средства в решение этих проблем или искать альтернативы, например, идя на компромисс в отношении качества данной продукции.

---

* *Quality Progress Magazine*, October 1983, published by ASQC (American Society for Quality Control). — *Прим. авт.*

Этап	№	Первичные	№	Вторичные	№	Третичные	Важ-ность	Толщина	Вес	Проч-ность на растяже-ние	Проч-ность на разрыв	Уста-лость	Проч-ность на изгиб	Сопро-тивление давле-нию воды
Сшивка	1	Легкая сшиваемость	11	Легко соединять и разъединять	111	Легкий	C		O					
					112	Не залипает	B							
			12		121	Легко соединять на швейной машинке	B							
					122	Защитное покрытие не отваливается	B							
			13	Допускает использование клеев	131	Устойчив к органическим растворителям	C							
Эксплуатация	2	Защищает пассажиров	21	Не пропускает влагу во время дождя	211	Не имеет дыр и разрывов	A							O
			22	Не меняется под атмосферным давлением в туннеле	221	Герметичен (нет микроотверстий)	A							
			23	Не разрушается под давлением	231	Не разрушается под давлением воздуха	A			O	O		O	
					232	Не разрушается от внутренних проколов	A			O	O	O		
					233	Не разрушается от ударов при отправлении и остановках	A			O	O	O		

Рис. 5.12. Схема структурирования требований к качеству в Japanese National Railways

Одно из преимуществ структурирования функции качества — улучшение коммуникации между сотрудниками, занимающимися продажами и маркетингом, и сотрудниками, занятыми разработкой и производством. Обычно продавцы и аналитики рынка, несмотря на полученные из первых рук сведения о требованиях потребителя, не знают технического языка. С другой стороны, инженеры, которые решают сложные задачи прикладного характера, далеки от нужд потребителя. Поэтому после того, как продукт произведен и начинают сыпаться претензии, инженер-разработчик говорит: «Мне и в голову не приходило, что это изделие будут использовать подобным образом».

Как уже говорилось, может случиться и так, что инженеры-разработчики не задумываются, может ли компания произвести продукцию, которую они спроектировали. После того как они потратили годы на разработку нового изделия, им могут сказать, что производственники не в состоянии его изготовить. Однако, имея на руках таблицы структурирования качества, инженеру проще найти общий язык с теми, кто занимается маркетингом и продажами, а также с непосредственными исполнителями. Инженеры-разработчики могут даже посетить потребителей и обсудить их требования. Таким образом, тем, кто отвечает за закупки, становится проще найти общий язык с поставщиками. Сегодня японские компании при помощи таблиц структурирования качества стараются развернуть соответствующие характеристики наряду со стоимостью и факторами, связанными с комплектующими. Используя эти новейшие инструменты, японские компании создают новые виды конкурентоспособной продукции в гораздо более сжатые сроки, чем их соперники.

Когурэ и Акао утверждают, что система структурирования качества работает лишь тогда, когда она применяется как часть TQC. При этом она считается одной из наиболее значительных разработок, вышедших из концепции всеобщего контроля качества, за последние тридцать лет. По словам Хисаси Такасу из отдела планирования и координации TQC компании Kobayashi Kose, метод структурирования качества дает следующие преимущества:

- облегчает выявление причин претензий потребителя и упрощает их устранение;
- является полезным инструментом для повышения качества продукции;
- служит полезным инструментом анализа конкурентоспособности и качества продукции;
- стабилизирует качество;
- сокращает количество брака и доработок на производстве;
- значительно снижает количество претензий.

Еще одно преимущество структурирования качества — сокращение времени, требуемого для создания новой продукции, причем иногда в полтора-два раза*.

---

* Когда писалась эта книга, СФК делал только первые шаги. Сейчас это один из самых популярных японских методов в мире. А автомобильные стандарты рассматривают его как обязательный для поставщиков компонентов. — *Прим. ред.*

Всеобщий уход за оборудованием (TPM)

Хотя термин TPM (Total Productive Maintenance — всеобщий уход за оборудованием) не так хорошо известен за пределами Японии, как TQC, в настоящее время он практикуется в значительной части японских производственных компаний при всемерной поддержке со стороны Japan Institute of Plant Maintenance. В то время как TQC делает основной акцент на общее совершенствование качества управления, TPM направлен на улучшение работы оборудования. Таким образом, первый больше ориентирован на «бумагу», а второй — на «железо». Как определил Japan Institute of Plant Maintenance, «TPM направлен на максимальное повышение эффективности оборудования при помощи всеобщей системы профилактического обслуживания на протяжении всего срока его эксплуатации. TPM предполагает, что сотрудники на всех уровнях, как индивидуально, так и в составе малых групп, будут на постоянной основе заниматься обслуживанием оборудования. Важная часть как TPM, так и TQC — обучение, в первую очередь, основам того, как работают машины и как обслуживать и эксплуатировать их в цехе».

Компании, успешно применяющие TQC, награждаются премией Деминга и Японской премией по контролю качества. Фирмам, успешно внедряющим TPM, Japan Institute of Plant Maintenance присуждает премию за достижения в обслуживании оборудования и другие награды.

До сих пор большинство компаний, использующих TPM, были производителями автомобилей или комплектующих для них. Поскольку TQC и TPM в поисках путей общего совершенствования делают акцент на разные аспекты, многие из этих компаний периодически применяли и то и другое, стремясь повысить корпоративные показатели.

Tory Industries' Ayase Works, предприятие среднего размера по производству автомобильных колес, на котором работает 660 человек и эксплуатируется около 800 единиц оборудования, в 1980 г. приняло решение о применении TPM. До этого момента усилия менеджмента были направлены на повышение эффективности труда рабочих, оптимизацию распределения ресурсов и совершенствование систем. Однако руководство понимало, что дальнейшее движение вперед затруднительно, если не заняться производительностью оборудования. В нынешний период медленного экономического роста оптимальное использование оборудования становится не менее важным, чем людские ресурсы или совершенствование систем.

Высший менеджмент Tory Industries' Ayase Works заявил, что компания должна приложить усилия для того, чтобы остаться рентабельной, даже если ей придется работать при загрузке менее 80%. TPM применялся как средство достижения этой цели.

На этом предприятии TPM состоял из трех основных составляющих: 1) создание системы, при которой каждый лично и добровольно участвует в уходе за оборудованием и работает над устранением четырех основных причин его неэффективности (поломки, проблемы с литьем, время замены инструментов и дефекты); 2) улучшение навыков решения проблем бригадами техобслуживания и участие в стратегии кайдзен, нацеленной на нуль поломок; и 3) улучшение возможностей разработок в таких областях, как инструменты и пресс-формы, время смены инструментов, проектирование инструментов, дефекты и ремонт.

Внедрять TPM компании Ayase Works помогал Japan Institute of Plant Maintenance. На заводе прошли обучение 70 бригадиров и других лидеров, которым преподали основные навыки обслуживания и эксплуатации оборудования, включая правила его смазки, затягивания болтов и гаек, основы электрики, гидравлики, пневматики и работы механизмов приводов. Чтобы добиться надлежащего качества, на каждую тему отводилось четыре часа. Те, кто проходил обучение, узнали, например, что избыток смазки может привести к перегреву станка. Затем бригадиры и другие лидеры начали обучать рабочих на местах.

TPM на Ayase Works проходил в семь этапов, при этом в каждом из них принимали участие рабочие, добровольно вошедшие в состав малых групп.

Этап 1: наведение порядка на предприятии (с участием всех в поддержании чистоты на рабочем месте).

Этап 2: выявление причин проблем и мест, где трудно осуществлять уборку, принятие соответствующих мер.

Этап 3: разработка стандартов по чистке и смазке.

Этап 4: проверка системы в целом.

Этап 5: установка стандартов для процедур добровольного контроля.

Этап 6: проверка, все ли в порядке и на месте.

Этап 7: развертывание политики.

Микиро Кикути, директор Ayase Works, убежден, что именно с уборки, очистки оборудования и других работ по приведению предприятия в порядок надо начинать любые действия по совершенствованию. Хотя уборка может показаться делом несложным, именно она позволяет преодолеть одно из самых трудных препятствий, поскольку после удаления грязи на оборудовании гораздо легче выявить слабые места. Например, на чистой поверхности сразу видны трещины. Действительно, уборка стала весьма популярным методом выявления недостатков.

Если уборка рабочего места и чистка оборудования вошла у рабочих в привычку, они приучаются к дисциплине. В течение первых месяцев после внедрения TPM каждый сотрудник Ayase Works, будь то менеджер или рабочий, подметал вокруг станка или стола и приводил в порядок свое рабочее место каждую вторую пятницу после обеда. В это время завод работал не на полную мощность, и у сотрудников было достаточно времени для уборки. Люди выработали огромное уважение к своему оборудованию, и чтобы цех оставался чистым, опрятным и безопасным, они даже во время летних отпусков приходили, чтобы сделать уборку. Когда на предприятии стало больше работы и приходилось наводить порядок в сверхурочное время, руководство оплачивало переработку.

На этапе 2 рабочие активно искали слабые места и определяли, могут ли они решить проблему сами или требуется привлечение специалиста. В прошлом бытовала практика оставлять устранение недочетов бригаде наладчиков, но теперь люди были обучены и готовы ликвидировать небольшие неисправности самостоятельно. На этом этапе рабочие выявили множество станков и механизмов, которые требовали смазки, но до этого просто не доходили руки.

Всего на Ayase Works было проверено 240 000 болтов и гаек, которые затянули и пометили полосой белой краски, которая проходила по болту и гайке одновременно. Сегодня рабочему, который в конце дня посвящает несколько минут приведению в порядок своего рабочего места, достаточно взглянуть на эту линию, чтобы увидеть, хорошо ли затянута гайка (если белая черта не образует единой линии, значит, надо подтянуть).

За три года в этой компании было выявлено 9000 неисправностей оборудования и установлено 130 механизмов «защиты от дурака». Хотя концевые выключатели использовались на предприятии и раньше, стандартов по их установке и эксплуатации не было. Сегодня на Ayase Works установлено 1467 усовершенствованных концевых выключателей. Число поломок оборудования (любая неполадка, в результате которой линия останавливается на три или более минуты) было снижено с 1000 в месяц до применения ТРМ до всего лишь 200 в настоящее время. Утечки масла за тот же период уменьшились с 16 000 до 3000 литров.

Не остались в стороне и бригады наладчиков, хотя характер их труда изменился. Теперь они занимаются диагностикой оборудования, выполняют сложные работы, связанные с эксплуатацией и обслуживанием, и обучают операторов-станочников самостоятельно выполнять простые операции.

Рабочие гордятся своими чистыми и опрятными цехами, что положительно влияет на их моральное состояние и отношение к оборудованию. Одним из неожиданных дополнительных позитивных результатов внедрения ТРМ стало то, что персонал Ayase Works, занимающийся продажами, теперь стремится привести на завод потребителей, используя осмотр предприятия как средство маркетинга.

TPM явно пошел Ayase Works на пользу. К тому моменту, когда спустя три года в 1983 г. компания была награждена премией за достижения в обслуживании оборудования, улучшение практически по всем показателям было налицо*.

Производительность труда:	возросла на 32%
Число поломок оборудования:	снизилось на 81%
Время смены инструментов:	снизилось на 50–70%
Коэффициент использования оборудования:	повысился на 11%
Потери от дефектов:	снизились на 55%
Коэффициент оборачиваемости запасов:	возрос на 50%

---

* Постепенно этот метод начинает проникать и в нашу страну. В последние пару лет его активно пропагандирует журнал «Методы менеджмента качества». — *Прим. ред.*

Глава 6

ПОДХОД КАЙДЗЕН К РЕШЕНИЮ ПРОБЛЕМ

Проблема — в менеджменте

Кайдзен начинает с проблемы, или, точнее, с признания, что она существует. Там, где ее нет, отсутствует потенциал для совершенствования. В бизнесе проблема — это все, что причиняет неудобства тем, кто находится ниже в цепочке бизнес-процессов, будь то человек, выполняющий следующую операцию, или конечный потребитель.

Дело в том, что люди, которые создают сложности, сами не испытывают от этого никаких затруднений. Поэтому, как правило, мы всегда страдаем от проблем (или неудобств, вызванных ими), которые, порой сами того не замечая, создают другие. Лучший способ разорвать порочный круг перекладывания ответственности друг на друга — твердо усвоить, что нельзя передавать нерешенную проблему на следующий этап.

В повседневной деятельности первый импульс, возникающий при столкновении со сложностями, — желание скрыть или проигнорировать, вместо того чтобы открыто признать их существование. Это происходит потому, что «само наличие проблемы — проблема» и никому не хочется, чтобы его обвиняли в том, что он ее создал. Однако, перейдя на точку зрения позитивного мышления, мы можем превратить каждый вопрос, требующий разрешения, в ценную возможность для совершенствования. Там, где есть проблема, есть и потенциал для улучшения ситуации. Отправной точкой любого совершенствования, в таком случае, станет ее выявление. Те, кто практикуют TQC в Японии, говорят, что проблема — это ключ к спрятанному сокровищу. И все же, многим ли хватит смелости признать ее существование?

До сих пор хорошо помню мой первый визит к клиенту двадцать с лишним лет тому назад. Я только что вернулся из США, где проработал пять лет в Японском центре производительности (Japan Productivity Center), и занялся частной практикой в качестве консультанта по менеджменту, с воодушевлением подыскивая потенциальных клиентов.

Мой первый деловой визит был в компанию Revlon Japan. Я получил информацию от одного из руководителей главного офиса в Нью-Йорке, который сказал мне, что их человеку в Токио нужна помощь. Будучи новичком в консультационном бизнесе, я стремительно ворвался в кабинет генерального директора и, едва успев представиться, начал: «Что касается ваших проблем в Японии...» «У нас нет проблем в Японии», — сухо оборвал меня американский генеральный директор. Разговор был окончен. С тех пор я стал мудрее и теперь никогда не предлагаю обсудить «проблему» клиента. Для него это всегда «возможность совершенствования».

Такова уж человеческая натура, что никто не хочет согласиться с тем, что у него есть проблема, поскольку это равносильно признанию собственных промахов или слабостей. Типичный американский менеджер боится, что люди будут ассоциировать его с этой проблемой. Однако если человек понимает, что у него есть определенные сложности (как понимает это большинство людей), он должен сделать первый шаг, признав сей факт, а затем «поделиться» своей проблемой. Чрезвычайно важно, чтобы о ней узнало вышестоящее руководство, поскольку обычно сотрудник не располагает достаточными ресурсами для ее самостоятельного решения и нуждается в поддержке компании.

Самое худшее, что может сделать человек, — это игнорировать или скрывать проблему. Если рабочий боится, что босс будет злиться, если обнаружит, что его станок неисправен, он будет продолжать делать дефектные детали, надеясь, что никто этого не заметит. Однако если он достаточно смел, чтобы признать проблему, и руководство готово его в этом поддержать, возможно, им вместе удастся выявить причину неполадки и устранить ее.

В японском TQC весьма популярен термин *варуса-каген*, обознающий такое положение вещей, когда проблемы вроде бы еще нет, но уже нельзя сказать, что все идет нормально. Если оставить *варуса-каген* без внимания, это может стать источником серьезных неприятностей и нанести значительный ущерб. На рабочем месте его обычно первым замечает рядовой сотрудник, а не мастер.

В соответствии с философией TQC следует поощрять выявление рабочим *варуса-каген,* о котором он обязательно должен доложить начальнику. Тот, со своей стороны, должен приветствовать сообщения такого рода. Менеджменту следует не винить рабочего, доложившего о неблагополучной ситуации, а радоваться, что проблема замечена, пока она еще незначительна и есть возможность изменить ситуацию. Однако на деле масса возможностей упускается просто потому, что ни рабочий, ни менеджеры не любят неприятностей.

Другая особенность *варуса-каген состоит* в том, что проблему надо выразить в количественных, а не качественных терминах. Многим людям трудно оперировать цифрами, однако только такой объективный анализ дает возможность подойти к ее решению реалистически.

Когда рабочие обучены обращать внимание на *варуса-каген*, они начинают чутко реагировать на малейшие отклонения, возникающие в цехе. На одном из заводов Tokai Rika сотрудники доложили о 534 таких аномалиях в течение года. Некоторые могли привести к серьезным срывам, если бы о них своевременно не проинформировали руководство.

Еще один важный аспект такого подхода состоит в том, что большая часть управленческих проблем возникает в межфункциональных областях. У хороших японских специалистов, которые годами преданы одной компании и не собираются оставлять работу, вырабатывается особая восприимчивость к межфункциональным ситуациям. (Продвижение по службе и получение менеджерской позиции отчасти должно зависеть от того, насколько чувствителен сотрудник к требованиям других подразделений и служб.) Обратная связь и координация с другими подразделениями — часть его повседневной работы.

Во многих западных компаниях, однако, межфункциональные проблемы воспринимаются и улаживаются как конфликты. Отсутствие заранее установленных критериев их решения и ревнивая охрана профессиональной «территории» значительно усложняют возможность их устранения.

Кайдзен и отношения между руководством и сотрудниками

Возможно, здесь уместно оценить роль, которую традиционно играли западные профсоюзы по отношению к улучшениям.

Если мы непредвзято взглянем на то, что делали эти организации под лозунгами защиты прав своих членов, то обнаружим, что, упорно противясь переменам, они часто преуспевали лишь в том, что отнимали у людей шанс на самосовершенствование.

Препятствуя переменам на рабочем месте, профсоюзы лишают людей возможности работать лучше и эффективнее, улучшая процессы или оборудование. Рабочие должны радоваться приобретению новых навыков и новым перспективам, поскольку они открывают широкие жизненные горизонты и возможности. Однако когда руководство предлагает перемены, ведущие к тому, что обязанности сотрудников становятся более разнообразными, профсоюзы препятствуют им, утверждая, что это ведет к эксплуатации и посягательству на трудовые права рабочих.

Упорно придерживаясь традиции, по которой членство в профсоюзе связано с определенной профессиональной квалификацией, человек был обречен выполнять свои фрагментарные рабочие операции, лишая себя прекрасной возможности учиться и приобретать новые навыки, что позволяло бы ему быть готовым к решению трудных задач и развиваться как личности. Такая позиция часто связана с тем, что профсоюзы опасаются, как бы усовершенствования не привели к сокращению рабочих мест или безработице среди его членов.

В мае 1982 г. Хадзимэ Карацу, впоследствии управляющий директор Matsushita Communication Industrial, выступал перед аудиторией в Вашингтоне и рассказывал об успешной практике TQC. После окончания его выступления кто-то спросил, считает ли он, что между Японией и США существуют культурные различия, которые делают всеобщий контроль качества возможным в Японии, но не в Соединенных Штатах. Карацу ответил следующее:

> «До приезда в Вашингтон я сделал остановку в Чикаго, чтобы посетить выставку бытовой электроники. Там была широко представлена продукция Matsushita. Изделия прибыли упакованными в деревянные ящики, и за то, чтобы вытащить из досок гвозди, отвечал профсоюз плотников. Но помимо гвоздей оставался дополнительный крепеж в виде болтов и гаек. Представитель профсоюза плотников заявил, что гайки и болты — это не его работа и он не станет этим заниматься. В конце концов остов упаковки сняли, но дело вновь застопорилось, поскольку остальное должен был сделать рабочий из другого профсоюза. Затем нам сообщили, что из Японии прибыли заказанные проспекты. Я пошел выяснять, что с ними происходит, но оказалось, что нет никого из нужного профсоюза, чтобы выгрузить упаковки. Мы ждали два часа, но никто так и не пришел. Дело кончилось тем, что водитель грузовика, который привез проспекты, махнул рукой и уехал, так и не выгрузив журналы.
>
> Может показаться, что мы имеем дело с культурной моделью, которая делает невозможным сотрудничество при выполнении работы. Но ведь бейсбол — самая что ни на есть американская игра, и я никогда не видел, чтобы профсоюз первой базы спорил с профсоюзом второй базы, кто должен ловить мяч после того, как по нему ударил бьющий. Это делает тот, кто имеет такую возможность, отчего выигрывает вся команда. В японских компаниях люди стараются работать так же слаженно, как бейсбольная команда».

В 1965 г. Isetan Department Store, один из крупнейших универсальных магазинов в Японии (6000 служащих), перевел всех сотрудников на пятидневную рабочую неделю. Одновременно с этим менеджмент и профсоюзы пришли к соглашению, что один из выходных дней должен использоваться для отдыха, а другой — для самосовершенствования. Президенты компании и профсоюза обнародовали совместное заявление о политике Isetan по развитию трудовых ресурсов. Оно гласило:

«Настоящим менеджмент и профсоюз Isetan заявляют, что, работая под одной крышей, мы объединим свои усилия, чтобы изо дня в день в полной мере развивать присущие нам личностные качества и способности и создать для этого все условия».

Философия, которая лежит в основе этого совместного заявления, состоит в том, что 1) развитие индивида и его профессиональных навыков приносит пользу как конкретной личности, так и компании, и 2) люди постоянно стремятся к самосовершенствованию, и подлинное значение равных возможностей состоит в обеспечении условий, способствующих их реализации.

Украсть чужую работу

Люди, которые заинтересованы в совершенствовании своей работы, должны проявлять позитивный интерес к предшествующим процессам, которые поставляют сырье или полуфабрикаты. Их должны интересовать и последующие процессы. Тех, кто ими занимается, они должны считать своими потребителями и прилагать все силы для того, чтобы передавать им только качественное сырье или продукцию.

Старая пословица гласит: «Нельзя приготовить хороший омлет из тухлых яиц». Подобная связь существует между деятельностью одного человека и трудом его товарищей: если он хочет сделать кайдзен частью своей работы, коллеги не могут остаться в стороне.

Любая работа, которую выполняет несколько человек, имеет промежуточные зоны, не входящие в круг обязанностей ни одного из них. Такими зонами должен заниматься тот, кто окажется рядом. Если каждый человек ни на шаг не отступает от своих обязанностей и не желает делать ничего, что выходит за пределы формальных требований, вряд ли у кайдзен есть большие перспективы.

Японский рабочий славится своей готовностью позаботиться о таких промежуточных зонах. Благодаря системе пожизненного найма человек не боится, что к нему присоединится кто-то еще и выполнит часть работы, поскольку он знает, что это не отразится на его доходах и не угрожает потерей места. По той же причине рабочий готов обучать товарищей по цеху навыкам, которые приобрел сам. Стабильность передачи мастерства от одного поколения к другому — фундамент для формирования в японской промышленности квалифицированной рабочей силы.

В обстановке, в которой руководства и должностные инструкции определяют каждое действие, люди не проявляют достаточной гибкости в отношении таких промежуточных зон, даже если, выполняя свою работу, они строго соблюдают установленные стандарты. Ситуация еще больше осложняется, если на одном и том же рабочем месте сталкиваются представители нескольких цеховых профсоюзов. В таком случае, если кто-то зайдет слишком далеко, занимаясь промежуточной зоной, его действия будут истолкованы как «попытка украсть чужую работу». В Японии это считается не кражей, а позитивным и гуманным вкладом в стратегию кайдзен, которая воспринимается как благо для всех.

Есть что-то бесчеловечное в логике, согласно которой занятость гарантирована тебе лишь в том случае, если ты отказываешься обучать других тому, что умеешь сам. Мы должны создать обстановку, в которой совершенствование — дело всех и каждого.

ИСТОРИЯ ФИРМЫ NUMMI: КАЙДЗЕН — ДЕЛО ОБЩЕЕ

Для приложения кайдзен на заводе есть несколько путей. Первый и наиболее распространенный из них — изменить способ выполнения работы, чтобы она стала более производительной, эффективной или безопасной. Это обычно ведет к повышению темпов ее выполнения.

Второй путь — совершенствование оборудования, например, оснащение его устройствами «защиты от дурака» и изменение компоновки. Третий путь — улучшение систем и процедур, а четвертый представляет сочетание трех предыдущих. Прежде чем руководство начнет думать об инновациях, стоит исчерпать все эти возможности.

Одним из множества мероприятий, которые следует провести на первом этапе, будет анализ действующих рабочих стандартов. Его цель — определить, можно ли, следуя им, улучшить результаты, а затем приступить к их совершенствованию. С этого начинается кайдзен для рабочего.

Вообще говоря, профсоюзы на Западе весьма болезненно реагируют на изменение способа выполнения рабочим своей работы, поскольку они боятся, что любые нововведения могут привести к более напряженному труду и эксплуатации. Вследствие этого организованные в профсоюзы западные рабочие относятся к изменению действующих стандартов очень настороженно.

В этой связи заслуживает особого упоминания NUMMI (New United Motor Manufacturing, Inc.), совместное предприятие, созданное Toyota и General Motors во Фримонте, Калифорния. На заводе NUMMI профсоюз Объединенных рабочих автомобильной промышленности UAW (United Auto Workers) заключил договор, где отражено, в частности, согласие рабочих на участие в стратегии усовершенствований. (Менеджмент и профсоюз не только достигли понимания в отношении этого явления, но даже включили в контракт японское слово «кайдзен» вместо «improvement», которое недостаточно точно отражало данную концепцию!)

Стандартизация работы — одна из основ производственной системы компании Toyota. Под ней понимается оптимальное сочетание рабочих, оборудования и материалов. Raison d'être стандартной работы в том, что это наилучший путь достижения качества, затрат и объема. Кроме того, она считается самым безопасным способом действий.

Стандартная работа на Toyota включает три основных составляющих: время цикла, последовательность работ и незавершенное производство. Если сотрудник не в состоянии справиться с таким способом работы, бригадир обязан помочь ему лучше выполнять свои обязанности. Когда эта задача решена, следующий этап — установление более высоких стандартов. Кайдзен постоянно ведет к появлению новых целей.

На Toyota бригадир выполняет стоящие перед ним задачи, вовлекая рабочих в процесс кайдзен. Это означает, прежде всего, повышение эффективности их труда, что позволит соблюдать стандарт, а затем устанавливать более высокие стандарты с участием самих рабочих.

Опыт NUMMI показывает, что профсоюз признал, что свой вклад во внедрение кайдзен вносит как руководство, так и рабочие, и это привело к повышению стандартов. Практически каждый сотрудник предприятия сегодня говорит о кайдзен. На Западе это первый пример, когда менеджмент и профсоюзы пришли к согласию по вопросу о сотрудничестве в рамках кайдзен на рабочем месте. Следует также добавить, что руководство NUM-MI обещало профсоюзу, что сделает все возможное, чтобы это не привело к сокращениям.

Многие рабочие NUMMI раньше работали во Фримонте на заводе GM, который закрылся, не выдержав конкуренции. Они хорошо понимают, что для того, чтобы сохранить жизнеспособность, предприятию нужно делать качественные автомашины. Если для решения этой задачи требуются стандартная работа и кайдзен, значит, они с удовольствием будут в этом участвовать.

Другим нововведением на этом заводе стало выполнение одним сотрудником заданий, требующих совмещения профессий. Вместо того чтобы разбивать работу на множество разных категорий, профсоюзы и менеджмент решили уменьшить их число и поощрять выполнение рабочими заданий, для которых требуются дополнительные навыки. ■

Один из уроков, который можно извлечь из истории NUMMI, состоит в том, что для успеха кайдзен весьма важна поддержка организованных в профсоюзы рабочих. В этом контексте будет полезно взглянуть на кайдзен с точки зрения производственных отношений.

Большая часть разных видов деятельности в компании лежит между двумя крайностями — сотрудничеством и конфронтацией. Под первым понимаются совместные усилия, направленные на то, чтобы испечь пирог побольше, а под вторым — борьба за то, как его разделить. Поскольку стопроцентной конфронтации между профсоюзами и менеджментом не бывает, осмысление производственных отношений как континуума сотрудничество/конфронтация дает более позитивную и реалистичную картину, чем традиционный стереотип «мы — они».

Повышение конкурентоспособности и рентабельности отвечает интересам рабочего, поскольку повышает его шансы на рост оплаты и сохранение места. А сущность кайдзен состоит в совершенствовании таких межфункциональных аспектов, как качество, затраты и дисциплина поставки, и прогресс в этих областях ведет к тому, что пирог становится больше, вполне естественно, что рабочие кровно заинтересованы во внедрении этой стратегии.

	Потенциал дохода	Потенциал занятости	Распределение работы
Реакция профсоюза	Позитивная	Позитивная при гибкой позиции руководства	Позитивная при гибкой позиции профсоюза
		Негативная при отсутствии гибкости руководства	Негативная при отсутствии гибкости профсоюза

Рис. 6.1. Реакция профсоюза на внедрение кайдзен

Но что если система усовершенствований неблагоприятно отразится на заработке и обеспеченности работой и, например, приведет к тому, что люди окажутся за воротами предприятия? Рис. 6.1 рассматривает кайдзен с точки зрения дохода и гарантии занятости, показывая соответствующую реакцию объединенных в профсоюз рабочих, которая может быть негативной или позитивной.

Лозунг «Мы хотим больше» долго служил объединяющим призывом для рабочих, входящих в профсоюзы, но важно, чтобы профсоюзы и руководство понимали, что это может означать не только больший кусок имеющегося, но и большой кусок еще большего пирога; 55% от 120 больше, чем 60% от 100, хотя фактически доля уменьшилась.

Вопрос об оплате труда тесно связан с гарантией занятости, поэтому в сферу интересов профсоюза входит как потенциальная обеспеченность работой, так и ее распределение, где первое означает воздействие будущих улучшений на общее число мест на предприятии, а второе — какие задания фактически выполняют рабочие.

Рис. 6.1 показывает, что, хотя профсоюзы имеют достаточные основания для позитивного восприятия кайдзен с точки зрения роста заработной платы своих членов, они не примут его безоговорочно, если совершенствование приведет к снижению потенциальной обеспеченности работой. Профсоюзы нужно подготовить также к тому, что для изменений в ее распределении в результате кайдзен потребуется обучение.

Крупномасштабная инновация внешне менее сложна, поскольку решение о введении новшества обычно принимается руководством, а вклад или участие рабочих незначительны. Но, несмотря на это обстоятельство, инновации могут вызвать глубокую озабоченность профсоюза, если неблагоприятно скажутся на заработке или занятости. Здесь уместно вспомнить ситуацию в области микроэлектроники — отрасли, где обеспокоенность профсоюзов очевидна.

Поэтому чрезвычайно важно добиться объединения усилий профсоюзов и менеджмента до внедрения кайдзен, как было сделано в NUMMI. Это требует от обеих сторон реалистичного и гибкого подхода. Не менее важно, чтобы менеджмент взял на себя инициативу соответствующим образом отреагировать на озабоченность профсоюза в отношении гарантий занятости, а профсоюз позитивно воспринял новое распределение обязанностей, которое потребует переобучения. Гарантия занятости возможна лишь в том случае, если она сопровождается взаимопониманием в таких вопросах, как разграничение разных видов работ и отношение к статусу сотрудников, которые в результате мероприятий по совершенствованию стали выполнять более широкие и ответственные обязанности. Там, где существует несколько профсоюзов, на благо рабочих они должны сплотиться, не сосредотачиваясь на интересах только собственных членов. Ирония судьбы в том, что профсоюзы, призванные защищать права рабочих, вполне могут действовать им в ущерб, увлекшись мелочными стычками и деля сферы влияния.

Действительно ли кайдзен автоматически ведет к сокращению рабочих мест? Вообще говоря, это не так. Даже если в результате кайдзен возникает избыток рабочей силы, одновременно может появиться возможность дать попавшим под сокращение другую работу, предложив им приобрести новую квалификацию. В главе 4, посвященной системе предложений в Японии, рассказывалось, что основными объектами совершенствования служат: собственная работа сотрудника; экономия энергии и других ресурсов; приспособления и инструменты; офисные процедуры; качество продукции; идеи, связанные с новой продукцией; обслуживание потребителей и отношения с клиентами. Совсем немногие из этих видов деятельности могут привести к сокращению штатов.

Если руководство сохраняет прежнее число людей, несмотря на рост производительности, оно может расширить производство. Кроме того, чем шире квалификация рабочих, тем более вероятно, что они смогут изыскать дальнейшие возможности для кайдзен.

Только добившись успеха в формировании у людей кайдзен-мышления, менеджмент может взяться за создание производственной системы «точно вовремя» и сборку различных моделей продукции на одной производственной линии. В Японии успешное применение кайдзен на рабочих местах опирается на постоянную работу менеджмента с профсоюзами, которая дает возможность заручиться их поддержкой и обеспечить позитивную и конструктивную реакцию. Об этом свидетельствуют движение за производительность и деятельность малых групп, которые призывают к добровольному участию в кайдзен.

Менеджмент и сотрудники: враги или союзники?

Недавно мне представилась возможность поговорить с японским бизнесменом, который только что вернулся из Европы, где он работал управляющим директором филиала японской компании, в которой трудились около 50 служащих из числа местного населения. Как типичный японский руководитель, он часто подходил к столам своих сотрудников и беседовал с ними об их семьях и увлечениях. Его кабинет был открыт для подчиненных, они могли зайти к нему в любое время в течение рабочего дня. Японский менеджер всегда находил время рассказать сотрудникам об общей экономической обстановке и конъюнктуре рынка, чтобы помочь им с пониманием отнестись к изменению уровня своей зарплаты.

Одним из первых шагов, предпринятых его европейским преемником, было требование, чтобы подчиненные, которые хотят переговорить с ним, назначали встречу через секретаря. Когда принималось решение о повышении зарплаты, новый директор просто вывешивал уведомление на доске объявлений. Кроме того, он немедленно уволил несколько лишних сотрудников.

Мир становится все более тесным, и все чаще людям разных национальностей, имеющим разное культурное наследие и воспитание, приходится работать вместе, поэтому гораздо актуальнее становится потребность в «межкультурном обмене и коммуникации». Однако при ближайшем рассмотрении оказывается, что в данной ситуации коммуникационных навыков недостает, прежде всего, руководству. Большинство менеджеров теряется, когда им приходится общаться с рабочими. То, что они говорят на одном языке, еще не гарантирует эффективного контакта. На самом деле, возможно, было бы лучше, если бы руководители рассматривали своих сотрудников как людей иного культурного слоя, поскольку ценности и устремления рабочего класса и высшего менеджмента все же различаются в значительной мере. Тот факт, что они говорят на одном языке, не должен вводить в заблуждение.

На Западе может случиться, что между менеджерами и рабочими возникает психологический барьер, мешающий им понять друг друга. Эта проблема еще больше усугубляется, когда они, в буквальном смысле слова, говорят на разных языках. В такой ситуации руководитель действительно испытывает острую потребность в развитии навыков межкультурной коммуникации наряду с желанием совершенствовать общение со своими соотечественниками.

Что мы обычно делаем при первой встрече с представителем незнакомой нам культуры, о которой почти ничего не знаем? В такой ситуации принято продемонстрировать свое дружелюбие (чтобы убедить другую сторону в том, что ваши намерения не враждебны), а затем внимательно следить за поведенческими сигналами и терпеливо ждать, пока поступки другого человека не станут нам понятными.

Однако то, как ведут себя современные западные менеджеры, может показаться специалисту по культурной антропологии страшным сном. Их поведение — прямая противоположность тому, что должен делать тот, кто стремится к взаимопониманию с иностранцем. На рабочем месте такой менеджер чувствует себя как во враждебных джунглях, поэтому его кабинет представляет собой надежно укрепленный, роскошный аванпост, где он, окопавшись, прячется от общения. Если коммуникация все же имеет место, он предпочитает, чтобы она представляла собой одностороннюю связь. Менеджер защищает себя стенами, которые он возводит между собой и рабочими, частенько щеголяя своим положением и властью перед наименее привилегированными сотрудниками.

Недавно мне рассказывали об одном заводе в Европе, где производственные рабочие носят синие рубашки, технический персонал — желтые, а служащие и менеджеры — белые. На Западе для производственных рабочих и служащих обычно существуют разные столовые. Мне говорили, что в советском министерстве внешней торговли существует четыре разных столовых, чтобы обслуживать бюрократов четырех разных уровней. По-видимому, пристрастие делить людей на сорта — не монополия западного капитализма.

Все — от цвета рубашек до отдельной столовой — постоянно напоминает рабочим, что они принадлежат к иной породе. При этом менеджеры сегодня обожают рассуждать о таких вещах, как самореализация и качество условий труда! В Японии никто не видит ничего необычного в том, что *все* носят единую униформу и едят вместе в общей столовой.

Есть предприятия, где эффективность работы бригадира измеряется числом репрессивных мер по отношению к рабочим. Чем больше, тем лучше. Такие взаимоотношения очень далеки от целей установления межкультурной коммуникации и взаимопонимания.

Одно из преимуществ Японии — однородность ее общества и наличие рабочих с высокой мотивацией. Но это не значит, что японские менеджеры не нуждаются в совершенствовании коммуникационных навыков. Один из примеров того, как японскому менеджменту не удалось добиться конструктивных отношений с профсоюзами, — ситуация в Japanese National Railways (JNR), результатом которой была затаенная вражда. Показатели прогулов в некоторые кварталы доходили до 40%. Однако в большинстве японских компаний менеджменту удается взять на себя поддерживающую роль и наладить двустороннюю коммуникацию.

Чтобы изменить отношения между менеджментом и профсоюзами, внести поправки в свое поведение должны обе стороны. Менеджменту, в частности, следует выработать более открытый и поддерживающий стиль общения. Хотя добиться изменений непросто, можно принять программу, в соответствии с которой они будут вынуждены *работать* вместе и учиться друг у друга.

Наряду с кружками КК и другими видами работы малых групп, которые поощряют участие рабочих, в японских компаниях существуют разнообразные программы, позволяющие улучшить коммуникацию с сотрудниками и их семьями. Ниже перечислено несколько примеров:

- экскурсии по предприятию для членов семей;
- доведение до сведения членов семей информации о деятельности компании;
- фирменные значки для рабочих;
- объявление благодарностей за высокую производительность, долгую службу, обеспечение безопасности и т.д.;
- соревнование внутри отделов;
- организация специальных вечеринок в честь новых сотрудников;
- посещение других предприятий компании;
- радиопередачи, посвященные последним новостям;
- издание бюллетеней компании и заводских газет;
- письмо от президента, вложенное в конверт с зарплатой;
- дни совместного отдыха и развлечений;
- «Книга рекордов Гиннесса» предприятия;
- регулярные встречи с высшим менеджментом.

Если компания не ведет сознательную, планомерную работу по нейтрализации различий в статусе, антагонистические отношения между классами будут отравлять атмосферу и самые разумные планы окажутся обреченными на провал. Первейшая забота менеджера — научиться общению с подчиненными, и тогда рабочие вместе с компанией смогут достичь общей цели.

Деятельность малых групп: наведение мостов между менеджментом и сотрудниками

Каждый год 500 «молодых лидеров» из японских компаний участвуют в 16-дневном семинаре-круизе на *Coral Princess* с заходом на Филиппины и в Гонконг. Днем они слушают лекции специалистов по таким вопросам, как формирование лидерских качеств, стимулирование работы подразделения, саморазвитие и воздействие малых групп на повышение производительности, а вечера посвящают неформальному общению, обсуждая опыт своей работы. Все эти лидеры, которых отбирают в компаниях по всей Японии, проявили организаторские способности в составе малых групп. Их средний возраст 27–28 лет, и все они — члены профсоюзов.

Такие учебные занятия на борту круизного судна, которые проводятся с 1972 г., организует Junior Executive Council of Japan, организация, созданная для выявления молодых лидеров, из которых в итоге формируется основа японского корпоративного менеджмента.

Говорит Фумио Имамура, управляющий директор Council:

«Подобно тому, что любая ткань образуется вследствие переплетения двух нитей, продольной и поперечной, основы и утка́, жизнеспособная организация образуется из формальной и неформальной составляющих. Продольная нить — это административная иерархия, формальные линии коммуникации, по которым передается политика компании. Неформальная, или горизонтальная, составляющая — это добровольное участие людей в многочисленных малых группах, образующих компанию. Именно на этом уровне обсуждается и внедряется корпоративная политика и именно поэтому нам надо выявлять молодых лидеров, которые способны побудить других членов коллектива к активному и заинтересованному участию в работе».

С конца 1950-х гг. японские компании поощряют создание своими сотрудниками малых групп, которые играют важную роль в подъеме производительности, создании более комфортных условий труда и осмысленного отношения к работе, а также оптимизации производственных отношений. Кружки КК — хороший пример феномена неформальных малых групп. Существует много других «кружков», работающих в таких направлениях, как движение «нуль дефектов», система подачи предложений, группы безопасности и организация отдыха.

По данным исследования, проведенного недавно японским Министерством труда, примерно в половине компаний с численностью персонала, превышающей 1000 человек, работают малые группы. Большая их часть создана по инициативе сотрудников и с одобрения менеджмента.

Junior Executive Council of Japan организует, кроме того, двух-трехдневные программы обучения неформальных лидеров. Ежегодно на таких семинарах проходят подготовку 10 000 человек. За прошедшие годы Council обучил более 100 000 лидеров, которые теперь возглавляют группы рабочих в производственных цехах. В качестве дополнительного стимула компания ежегодно присуждает награды тем, кто внес особый вклад, и молодые лидеры состязаются за различные призы и премии.

Малые группы играют важную роль и в разрешении конфликтов, закладывая фундамент добрых производственных отношений. Профсоюзные лидеры часто занимают непримиримую позицию по отношению к менеджменту, отказываясь уступить его требованиям. Однако рабочие в цехах обычно смотрят на вещи более прагматично, и им не безразличны повседневные дела, касающиеся их как наемных работников, а не только как членов профсоюза. Именно здесь пересекаются продольные и поперечные нити.

Таким образом, создание здоровых отношений менеджмента и профсоюзов в Японии часто зависит от небольшой группы рабочих в цехе, которым удается совместить свою роль лояльных наемных работников с ролью лояльных членов профсоюза. Лояльный наемный работник желает трудиться рука об руку с руководством, стремясь к выпуску более качественной продукции и получению более высоких прибылей. Здесь конфликта с руководством нет. Однако разногласия возникают, когда лояльный член профсоюза ставит под сомнение решения менеджмента, касающиеся распределения прибыли.

Когда руководство принимает решение о новой политике, оно передается цеховым рабочим через обычную управленческую иерархию. Но этот процесс представляет собой коммуникацию, в которой задействована лишь половина «нитей». В то же время, чтобы заручиться поддержкой рабочих, надо добиться с их стороны полного понимания задач, поставленных менеджментом. Именно в этом raison d'être деятельности малых групп, возглавляемых неформальными лидерами.

Широкая «демократизация» процесса в компаниях в послевоенной Японии нашла выражение в участии рабочих в делах цеха. Поощряя деятельность малых групп, менеджмент добился заинтересованности и поддержки со стороны своих сотрудников. Лидеры профсоюзов тоже поняли, что каналы связи с менеджментом порой функционируют недостаточно эффективно, если не подкреплены такого рода массовой деятельностью рабочих. Японская модель резко контрастирует с той, что принята в Западной Германии, где так называемое *Mitbestimmung** обсуждается лишь на высших уровнях менеджмента и профсоюза, без привлечения его рядовых членов. Цеховая «демократизация» — это результат неустанных усилий как профсоюзов, так и менеджмента по созданию небольших неформальных кружков.

Еще одна организация, принимающая участие в создании малых групп, — Японский центр производительности (Japan Productivity Center — JPC), который несколько раз в году проводит четырехдневные семинары для молодых цеховых лидеров. Их участники отбираются из представителей как менеджмента, так и профсоюзов.

Семинары по производительности включают ежегодные программы обучения в крупных компаниях, таких, как Nippon Steel Corporation, и некоторые профсоюзы используют их как часть программы подготовки своих лидеров. На занятиях рабочим говорят, что цель повышения производительности — обеспечение лучшего будущего и повышение благосостояния людей. Кроме того, их учат, что нет таких вещей, которые они получат на блюдечке, поскольку все дается только упорной работой каждого. Сотрудничество менеджмента и профсоюзов рассматривается как важный фактор, а взаимное доверие — как насущная потребность.

Вполне естественно, что, когда дело доходит до распределения результатов общей работы, между профсоюзами и менеджментом начинаются разногласия. Здесь в качестве средств примирения используются переговоры о заключении коллективных договоров и забастовки. При этом не считается, что предшествующая совместная работа с менеджментом идет вразрез с общей направленностью деятельности профсоюзов.

Такова квинтэссенция философии, которой обучают молодых лидеров на семинарах. Однако помимо этого они обсуждают, как сделать условия труда более комфортными, а работу — приносящей удовлетворение, и изучают методы организации неформальных кружков. С 1965 г., когда Японский центр производительности начал проводить такие семинары, в них приняли участие около 10 000 лидеров.

---

* *Mitbestimmung* — нем., право (решающего) голоса. — *Прим. пер.*

JPC предлагает еще один комплекс программ — для руководителей профсоюзов, который называется «Университет труда». Его организаторы убеждены в том, что профсоюзным лидерам нужно разумное и широкое понимание менеджмента бизнеса, в том числе такой сферы, как анализ финансов, что позволит им общаться с менеджерами на равных. Профсоюзный деятель, который не разбирается в финансовых отчетах и не может проанализировать показатели компании, не в состоянии обсуждать с руководством такие вопросы, как технологические инновации, ротация персонала и утилизация оборудования. «Выпускниками» этого университета уже стали тысячи профсоюзных лидеров*.

Культура производительности

Проводящая двустороннее исследование группа по японско-американским экономическим отношениям, в состав которой входят по четыре «мудреца» из Японии и США, недавно представила доклад о факторах, влияющих на экономические взаимоотношения двух стран, и о возможностях их укрепления.

В докладе говорится об озабоченности, которую вызывает в США снижение темпов ежегодного роста производительности, и о специальных наблюдениях за тем, как это сказывается на конкурентоспособности в торговле между Америкой и Японией.

Был отмечен также рост осведомленности в США о широкой программе повышения производительности, существующей у нас в стране. На основе этой дополнительной информации группа будет изыскивать такие направления сотрудничества, которые позволят воспользоваться последними японскими достижениями.

Читая этот предварительный доклад, я с чувством ностальгии вспоминал годы, проведенные в США, когда помогал японским делегациям, занимающимся изучением производительности, ознакомиться с тем, как здесь решают эту проблему профсоюзы и менеджмент, поучиться у американцев и открыть для себя «секрет» высокой производительности в этой стране. Среди тех, с кем я имел удовольствие работать, были Масуми Мурамацу, ныне президент Simul International; Т. Арай, ныне президент Tokyu Hotels International; Томас Т. Ямакава из Price Waterhouse; Масааки Мацусита, президент Shaklee Japan K.K.; Сёити Осакатани из Mitsubishi Motors Corporation и Масао Кунихиро, ныне ведущий телевизионных новостей. С японской стороны эти делегации курировал Японский центр производи-

---

* В 1985 году, когда писалась эта книга, еще было не вполне ясно, какова дальнейшая судьба профсоюзов. Теперь стало очевидно, что в классическом виде они уже не смогут существовать. Отношения между трудом и капиталом радикально изменились, причем не в последнюю очередь благодаря кайдзен. Но и тогда автор уже вполне отчетливо понимал проблему. — *Прим. ред.*

тельности, созданный в 1955 г., который исповедовал следующие основные принципы:

> «Мы убеждены, что повышение производительности, в конечном счете, ведет к расширению возможностей занятости. Проблему временного излишка рабочей силы следует по возможности решать путем ее перераспределения, чтобы свести риск безработицы к минимуму.
> Мы убеждены, что конкретные шаги должны рассматриваться совместно в ходе переговоров между профсоюзами и менеджментом.
> Мы убеждены, что плоды повышения производительности должны справедливо распределяться между менеджментом, профсоюзами и потребителями».

Ёсисаки Ота, бывший управляющий директор Japan Industrial Vehicle Association, вспоминает, что в то время различия в уровне промышленного развития двух стран были столь велики, что кое-кто даже говорил, что Японии бессмысленно учиться у США, поскольку она не сможет найти применения полученным знаниям. В 1959 г., когда он впервые побывал в США в составе учебной делегации, общее число вилочных погрузчиков, производимых в Японии, составляло 1600, а в США — 30 000. С 1958 по 1980 г. производство вилочных погрузчиков выросло в Японии в 60 раз, в то время как в США за те же 22 года оно увеличилось всего лишь в 3 раза. В 1959 г. на международном рынке среди пяти ведущих компаний в этой отрасли не было ни одной японской. В 1980 г. три фирмы из первой «пятерки» уже представляли нашу страну.

В 1980 г. Японский центр производительности отпраздновал 25-ю годовщину со дня основания. За эти годы JPC организовал поездки за рубеж 1468 учебных делегаций, в состав которых входило 22 800 руководителей. Однако сегодня эта организация чаще принимает учебные делегации из-за рубежа, чем отправляет за границу. Деятельность JPC теперь охватывает самые разные сферы: повышение квалификации руководящих работников, отношения менеджмента и профсоюзов, международный обмен специалистами и технологиями и консультации по вопросам менеджмента и техническим проблемам. Помимо этого центр издает газеты, учебники и книги по вопросам, связанным с производительностью. В 20 региональных отделениях JPC работают 600 человек, и, кроме того, он имеет зарубежные офисы в Вашингтоне, Франкфурте, Лондоне, Париже и Риме. JPC явно рос вместе с производительностью в Японии.

Кохэй Госи, который сыграл чрезвычайно важную роль в организации Японского центра производительности в 1955 г. и с тех пор возглавляет его, в 1980 г. сказал:

> «Двадцать пять лет назад мы начали движение за производительность, убежденные в том, что его конечной целью должно стать повышение благосостояния рабочих и служащих. Что бы ни предпринимал ме-

неджмент, производительность не повысится, пока люди, работающие в компании, не захотят работать и не почувствуют важность своего труда. В то время Япония страстно желала внедрить научное управление по западному образцу. Но мы чувствовали, что менеджмент — это не только технологии, но еще и человеческое сердце.

В то время как на Западе усилия по повышению производительности направлены главным образом на технический аспект, мы уделяли основное внимание повышению уровня удовлетворенности, которое рабочий испытывает на своем рабочем месте. Иными словами, мало просто пытаться манипулировать производительностью. Мы должны найти ключ к сердцу человека. Поэтому я убежден, что вопрос производительности должен решаться в рамках культурного подхода.

Опираясь на такую философию, движение за производительность в Японии достигло небывалых успехов, извлекая максимум пользы из технологий управления, ставящих в центр внимания человека и включающих сотрудничество менеджмента и профсоюзов, коллективизм, деятельность малых групп, кружки КК и т.д. «Культура производительности» стала одним из самых значительных достижений послевоенной Японии, тем интеллектуальным продуктом, который мы можем с гордостью экспортировать в другие страны».

Несколько лет назад Госи был награжден Орденом Благодатного Сокровища первой степени. На торжестве по случаю вручения награды присутствовали два бывших премьер-министра, Такэо Фукуда и Такэо Мики. Фукуда сказал: «Теперь, чтобы сидеть на императорских приемах позади Госи, я должен тоже получить высокую награду, которой он был удостоен. Она — показатель высокой оценки японским правительством того вклада, который Госи внес в повышение производительности. Вне сомнений, теперь его ранг выше моего».

ВСЕСТОРОННЕ ОБРАЗОВАННЫЙ РАБОЧИЙ: ОПЫТ NIPPON STEEL И NISSAN MOTOR

На заводе Kimutsu Works в составе Nippon Steel Corporation шесть человек, работающих на нагревательной печи листового стана горячей прокатки, сформировали группу JK (*дзисю канри* — самоуправление) для изучения вопроса о том, как можно повысить тепловой кпд. В ходе анализа они обнаружили, что для решения проблемы нужно предотвратить проникновение воздуха в печь. Это привело их к мысли использовать сжатый воздух. Однако, чтобы внести соответствующие изменения в конструкцию оборудования, требовалась помощь инженеров из отдела технического обслуживания в проведении электросварки и прокладке труб.

Когда они обратились в отдел технического обслуживания, им сказали: «Поскольку эта проблема касается оборудования, с которым работаете вы сами, почему бы вам не попробовать решить ее самостоятельно? Мы же, со своей стороны, с удовольствием поможем вам овладеть всеми требуемыми навыками».

Под руководством инженеров из отдела технического обслуживания операторы печи по выходным дням и вечерам и начали усердно изучать сварку и прокладку труб. Хотя эти навыки не были непосредственно связаны с выполняемой ими работой, они не жалели сил на их освоение. После 20 часов занятий члены группы были достаточно подготовлены к тому, чтобы самостоятельно модифицировать нагревательную печь. После внесения конструктивных изменений тепловой кпд повысился настолько, что позволял сэкономить 5000 ккал на тонну.

Как уже говорилось ранее, JK означает «*дзисю канри*», что можно перевести как «самоуправление» или «добровольное участие». В условиях гарантированной занятости японские рабочие психологически подготовлены к выполнению разнообразных заданий. Впервые придя в компанию, они не знают, на какой участок их поставят. Определяя людей на конкретное рабочее место, например, к токарному станку, менеджмент следит за тем, чтобы сотрудники имели надлежащую подготовку. Если компания решает перевести их, например, на фрезерный станок, руководство вновь проявляет заботу о том, чтобы они прошли обучение, и рабочие с готовностью идут на это. Японцам обеспечена пожизненная гарантия работы в данной компании, и они с радостью приобретают разнообразные навыки, что становится частью непрерывного процесса саморазвития. Они видят в себе продавцов разнообразных навыков, которые приобретают, работая на данную компанию. Менеджмент, в свою очередь, нуждается в такой восприимчивости, которая позволяет компании реагировать на научные достижения и изменения внешних условий, которые ведут к появлению новых видов деятельности.

Такое положение дел помогает менеджменту, к примеру, перемещать рабочую силу из одной области промышленности в другую. Когда в 1960 г. закрылись угольные шахты Kyushu, оставшиеся без работы шахтеры были переведены в сталелитейную промышленность. Подобным образом, с началом спада в судостроительной промышленности многие рабочие были переброшены в автомобильный сектор тех же самых корпоративных групп. Такая гибкость и умение адаптироваться наряду с готовностью людей взяться за любую работу — одна из сильных сторон японской экономики. Ее усиливает тот факт, что большинство рабочих объединены в профсоюзы по предприятиям, а не по отраслям.

По иронии судьбы современная наука, благоприятствуя появлению специалистов и профессионалов, усиливает классовое сознание людей и укрепляет ту самую «кастовую систему», от которой так стремится уйти нынешнее общество. Значительно расширились сферы деятельности различных специалистов, которые не тратят время на объединение в организации и союзы. Иногда в определенной области их оказывается больше, чем рабочих мест, и, тем не менее, они часто не желают менять работу из «профессиональной гордости».

Нечто подобное имеет место и в бизнесе. Шахтеры хотят оставаться шахтерами, независимо от того, хватит ли для всех рабочих мест и нужен ли уголь, который они добывают. Если сотрудники компании требуют предоставить им работу по желаемой специальности, стремясь во что бы то ни стало заниматься одним и тем же видом деятельности и отказываясь от освоения новых навыков или выполнения иных видов работы, осуществление преобразований требует от руководства огромных усилий. Однако в Японии люди чрезвычайно охотно осваивают новые операции и берутся за новую работу, и в последнее время японский менеджмент сознательно занимается подготовкой сотрудников, готовых к совмещению профессий.

На Nissan Motor рабочих, которые занимаются ручной точечной сваркой корпусов автомобилей, обучают самостоятельно менять электроды после их израсходования. Обычно это делает инженер из отдела технического обслуживания. Однако, как говорит управляющий директор Nissan Сёити Накадзима, поскольку никто не знает оборудования лучше, чем рабочие, они рады возможности освоить дополнительные навыки.

Воодушевившись задачей самостоятельно заботиться о собственных станках, люди с удовольствием раз в два месяца посещают отдел технического обслуживания для получения практических знаний и умений по эксплуатации. Это расширяет круг выполняемых ими технологических операций и делает работу более насыщенной.

По словам Накадзима, операции, выполняемые в процессе массового производства, часто очень просты и требуют весьма однообразных навыков — что, в первую очередь, касается сборочной линии, — и это делает работу утомительно однообразной. Помочь освоить смежную специальность — хороший способ избавить людей от монотонного труда. Nissan начала поощрять приобретение рабочими разнообразных навыков примерно в то же время, когда менеджмент приступил к автоматизации и роботизации. Операции по сборке корпусов сейчас на заводе автоматизированы на 50%, а это значит, что число рабочих за последние десять лет уменьшилось наполовину. Однако вместо того чтобы увольнять лишних людей, их направили на другие участки, например на сборочные линии, прессы и покраску.

На Nissan есть три основных критерия для подготовки сотрудника, готового к совмещению профессий. Во-первых, если это возможно, он должен уметь выполнять все виды работ в пределах данного участка. Например, если речь идет о сборке автомобильных корпусов, ему нужно освоить точечную сварку, пайку и т.п. Во-вторых, чтобы соответствовать все более сложным требованиям, предъявляемым современным оборудованием и системами, сотрудник должен иметь понятие о таких вещах, как станочная обработка, гидравлика, пневматика, электричество и электроника, и со знанием дела выполнять работу в таких связанных с производством областях, как мониторинг оборудования, техническое обслуживание и принятие экстренных мер в случае аварии. В-третьих, с внедрением автоматизации и трудосберегающих приспособлений повышается вероятность перевода людей с одного участка на другие, где им, возможно, придется заниматься совершенно иной работой. Поэтому они должны иметь такую подготовку, чтобы их квалификация распространялась и на новые области, не связанные с прежним видом деятельности. Например, рабочие из отдела корпусов переводились на такие участки, как покраска и штамповка.

По мере того как Nissan повышала производительность, занимаясь автоматизацией и внедряя промышленных роботов, появлялась потребность в перераспределении персонала. Это значило, что руководство должно было заниматься переподготовкой высвободившихся людей, обучая их новым навыкам и готовя к новой работе. Nissan ничего не оставалось, как заниматься подготовкой сотрудников, готовых к совмещению профессий. Безусловно, перевод на новую работу давался нелегко, но обычно они с энтузиазмом осваивали новую специальность.

Nissan имеет комплекс программ подготовки рабочих, готовых к совмещению профессий. Во-первых, только что нанятые сотрудники проходят начальную программу ориентации, во время которой их знакомят с использованием устройств и оборудования. В некоторых случаях этот процесс может продолжаться несколько недель.

Во-вторых, компания организует ежегодное соревнование в области технических навыков, как в масштабах завода, так и на корпоративном уровне. Участники таких «технических олимпиад» интенсивно обучаются по выходным и после работы, чтобы достойно представить свои цеха. В 1978 г. проводились соревнования по 42 видам навыков.

В-третьих, Nissan оценивает уровень технической подготовки и выдает сертификаты по разработанной в компании форме. Навыки подразделяются на основные и прикладные, а в пределах каждого уровня выделяются три степени. Перед получением более сложной работы рабочий должен пройти испытание, сдав сертификационный тест.

В-четвертых, для приобретения нужных навыков производственники иногда переводятся в отдел обслуживания или контроля на срок от 3 до 6 месяцев.

В-пятых, сотрудников переводят на другую работу, как в пределах данного, так и в другие подразделения, если надо обеспечить дополнительную техническую подготовку. Каждый рабочий имеет карту, содержащую сведения об истории его обучения.

В целом такая широкая программа полностью окупается, создавая рабочую силу, которая одновременно и более гибка технически, и более восприимчива к автоматизации психологически. Если руководствоваться опытом Nissan, можно сказать, что подготовка рабочих, готовых к совмещению профессий, представляется одним из наиболее значительных шагов нынешнего менеджмента к тому, чтобы быть готовым к постоянно меняющимся требованиям завтрашнего дня. ■

Неразбериха с производительностью: мягкость и жесткость

Несколько лет назад в новогодних открытках от председателя и основателя Японского центра производительности Кохэй Госи было написано: «Производительность — это концепция непрерывного прогресса, как материального, так и духовного».

Эта простая, но глубокая фраза служит емким определением сущности производительности, поскольку обращает внимание не только на материальные, но и на духовные аспекты развития. Становится все более очевидным, что самые современные методы управления и технологии эффективны лишь в том случае, если они используются в условиях, в которых рабочие могут принять эти методы и технологии как свои собственные и работать рука об руку с руководством, повышая производительность в цехе.

Понятно, что для того чтобы поднять производительность, нужно в первую очередь заручиться поддержкой рабочих, осуществлять взаимодействие на основе сотрудничества. Это непростая задача как для менеджмента, так и для профсоюзов. Перед тем как разворачивать широкую кампанию за повышение производительности, важно добиться со стороны профсоюзов полного понимания того, что это выгодно всем.

По словам Госи, взаимоотношения «профсоюзы — менеджмент» на Западе обычно регулируются контрактами и законами, тогда как в Японии те же проблемы решаются на основе взаимного доверия, участия и понимания. Такая практика формировалась годами и стала результатом сознательных, согласованных усилий обеих сторон, которые стремились решать накопившиеся вопросы поочередно, а не все сразу. И профсоюзы, и менеджмент предпочитают прийти к соглашению путем обсуждения разногласий, а не через конфронтацию.

Долгие годы мой парикмахер задавал мне вопрос, не чешется ли у меня кожа на голове. Я интерпретировал его слова следующим образом: «У тебя перхоть, поэтому кожа на голове должна чесаться», — и всегда отвечал ему категорическим «нет», отрицая тем самым наличие перхоти. Лишь несколько лет спустя я понял, что он хочет сказать совсем другое: «Если твоя кожа чешется, я с удовольствием сделаю тебе небольшой массаж во время мытья головы». Поняв это, я успокоился и смог насладиться дополнительной приятной процедурой.

Я подозреваю, что непонимание подобного рода часто встречается в отношениях менеджмента и профсоюзов. Руководство предприятия делает профсоюзу предложение, которое может принести пользу обеим сторонам, но не берет на себя труд растолковать его таким образом, чтобы оно было понято правильно. Чтобы выстроить более человечные взаимоотношения, обе стороны должны стремиться оптимизировать коммуникацию. В этом случае менеджменту стоит принять на себя бо́льшую ответственность, чем раньше.

Я должен отметить, что хотя часто считают, что во всех японских компаниях существует высокий уровень производительности, есть случаи, когда движение за его повышение оканчивается полным провалом. Например, в государственном секторе Японии конфликты с профсоюзами возникают довольно часто. Нет нужды говорить, что рабочие в государственном секторе не чувствуют, что их действия ставят под угрозу само существование организации, а руководство не испытывает потребности построить эффективные отношения с профсоюзом. В результате обе стороны обычно уходят от вопросов производительности.

В 1970 г. Japanese National Railways (JNR) решила развернуть кампанию за производительность, чтобы справиться с постоянным дефицитом и улучшить мораль рабочих. Она была направлена в первую очередь на создание учебных программ для менеджеров и рабочих по таким темам, как концепция производительности, «современные» отношения между профсоюзами и менеджментом, и для мастеров по повышению эффективности их работы.

Хотя в первые месяцы на отдельных участках кампания была достаточно эффективной в отношении подъема производительности и улучшения морали рабочих, вскоре она натолкнулась на сопротивление со стороны профсоюза, который заявил, что подлинная цель проводимых мероприятий — развал этой организации и эксплуатация людей, которых заставят работать гораздо напряженнее.

На следующий год профсоюз начал кампанию «Покончим с движением за производительность», которая в значительной мере опиралась на поддержку средств массовой информации. Помимо этого он представил свое дело в Комитет по трудовым отношениям в государственных корпорациях и правительственных организациях, заявив, что движение за производительность — это «неподобающая практика труда». Профсоюз заявил, что прекратит дело, если руководство откажется от проводимых мероприятий. После ряда трагических событий, включая самоубийства нескольких руководителей, менеджмент был вынужден полностью отречься от своей идеи.

Учитывая тот факт, что большинство кампаний за производительность в частном секторе были успешными, случай JNR дает нам несколько уроков. Первое: менеджмент был настроен недостаточно решительно, чтобы не отступать от выбранного курса. Второе: он развернул кампанию слишком быстро. Судя по всему, менеджмент не пришел к консенсусу о насущной потребности подъема производительности, и кампания была инициирована несколькими руководителями, которые чувствовали, что нужно немедленно что-то делать. Третье: до начала проведения мероприятий менеджмент не уделил достаточно времени и сил разъяснению последствий движения. Поэтому провал кампании за производительность на JNR лишь испортил отношения между руководством и профсоюзами.

На тех рабочих местах, где кампания сначала была успешной, люди заявили, что сделали для себя открытие: с менеджментом можно сотрудничать. Они начали понимать, что их основные интересы, которые выходят за пределы разногласий менеджмента и профсоюзов, совпадают и что взаимодействие с руководством совсем не обязательно будет классовым предательством. Хотя вопрос о том, как делить доходы, по-прежнему оставался нерешенным, рабочие в целом были согласны, что для того, чтобы общая сумма прибылей стала выше, нужно сотрудничество. В результате этой первой кампании некоторые рабочие поверили в возможность взаимопонимания между профсоюзами и менеджментом.

Как вспоминал позднее один руководитель, который был активным участником этого движения на JNR, кампания за производительность, прежде всего, должна быть направлена на то, чтобы заручиться доверием и поддержкой рабочих. Не сумев добиться понимания людей, менеджмент неминуемо потерпит неудачу, не достигнув намеченных целей в сфере производительности.

СОВМЕСТНОЕ РЕШЕНИЕ ПРОБЛЕМ: ВНЕДРЕНИЕ TQC НА KAYABA

Отправной точкой для TQC на Kayaba, производителе амортизаторов, гидравлического и судового оборудования, транспортных средств специального назначения и деталей самолетов, стало выявление проблем.

По словам исполнительного управляющего директора предприятия Кайсаки Асано, принятое в 1976 г. решение о внедрении TQC было вызвано рядом последовавших за нефтяным кризисом чрезвычайных обстоятельств внешнего характера, включая все более жесткие требования к качеству и острую ценовую конкуренцию.

Kayaba начала работу по TQC с выявления всех основных проблем, связанных с обеспечением качества, как в прошлом, так и в настоящем (см. рис. 6.2). Были составлены списки требующих решения вопросов по подразделениям, после чего сами проблемы проанализированы в следующих аспектах:

1. Имели ли они место из-за недостатков системы?
2. Имели ли они место из-за неудовлетворительной подготовки и обучения?
3. Имели ли они место из-за отсутствия соответствующих правил?
4. Имели ли они место потому, что никто не следует соответствующим правилам?

После выявления причин каждой проблемы Kayaba разработала план реализации для каждого этапа, начиная с планирования продукции до мониторинга потребителей. В этом документе представлены проблема, контрмеры, которые надлежит принять, график, ответственное подразделение и поддерживающая документация.

Кроме того, в 1976 г. Kayaba развернула широкую работу по пропаганде концепции TQC. Асано говорит, что абсолютно необходимо, чтобы президент или второе лицо в компании были преисполнены решимости внедрить TQC. Поскольку главы подразделений и директора заводов тоже должны стать убежденными сторонниками TQC, их посылают на семинары по всеобщему контролю качества для высшего менеджмента, а кроме того, оказывают содействие в посещении других компаний, которые уже применяют данную стратегию. Помимо этого ведется работа по активизации массового участия в TQC рабочих, включая предложения от кружков КК. На рис. 6.3 представлена программа Kayaba по подготовке в области контроля качества.

Поскольку одной из основных задач руководства было создание системы обеспечения качества (QA), Kayaba разработала ряд инструментов для обеспечения соответствия технологии и качества на каждом этапе, начиная с разработки продукта и далее в ходе производства, продаж и обслуживания потребителей. На рис. 6.4 и 6.5 представлены некоторые из этих инструментов и показано, как они используются в компании.

Рис. 6.6 показывает структурную схему обеспечения качества на Kayaba. Разрабатывая эту диаграмму, на предприятии сначала пытались взять за основу схемы других компаний, но вскоре обнаружили, что модели бизнеса и процедуры отчетности в разных организациях так сильно отличаются, что трудно говорить о преимуществах той или иной системы. Эта схема показывает, какое участие принимает каждое подразделение на той или иной стадии, начиная с планирования продукции и до продаж, обслуживания и мониторинга.

Этап	Проблемы, предшествовавшие внедрению CWQC (контролю качества в масштабах всей компании)	Действия	График					Ответственный	Документы (руководства и стандарты)
			1976	1977	1978	1979	1980		
Планирование продукции	1. Неудовлетворительное понимание требований рынка	■ Укрепить систему сбора технических данных для точного понимания требований рынка в отношении качества						Конструкторско-технологический отдел	■ Руководство по разработке новой продукции ■ Руководство по сбору данных ■ Руководство по таблицам качества ■ Руководство по технологии производства
	2. Неадекватные цели в отношении качества и технологии	■ Ставить цели, предвосхищающие требования рынка ■ Разобраться с зависимостью между качеством и технологией							
	3. Неадекватное соотношение затрат на качество и технологию	■ Создать систему управления затратами, скоординированную с системой обеспечения качества (QA), и использовать ее при внедрении планирования затрат						Отдел управления затратами	■ Руководство по управлению затратами
Проектирование продукции	1. Неадекватная модель базовой разработки	■ Усилить теоретический анализ разработки ■ Упрочить связь теоретических и экспериментальных работ						Конструкторско-технологический отдел	■ Руководство по таблицам качества ■ Руководство по технологии производства
	2. Неудовлетворительное структурирование качества и оценивание	■ Использовать методы структурирования качества ■ Усовершенствовать FMEA и DR* ■ Разработать методы оценки опытных образцов в условиях, аналогичных для используемой продукции						Конструкторско-технологический отдел	■ Внедрение DR

Рис. 6.2. План внедрения обеспечения качества

---

* FMEA — анализ характера и последствий отказов — один из весьма популярных методов обеспечения качества, а DR — анализ разработки. — *Прим. ред.*

Этап	Проблемы, предшествовавшие внедрению CWQC (контролю качества в масштабах всей компании)	Действия	График 1976	1977	1978	1979	1980	Ответственный	Документы (руководства и стандарты)
Подготовка производства	1. Проблемы при введении новой продукции	■ Улучшить планирование процесса ■ Освоить и использовать FMEA процесса						Технологический отдел	■ Руководство по технологии производства ■ Руководство по FMEA процесса ■ Руководство по управлению первой партией продукции ■ Руководство по планированию проверок
	2. Неудовлетворительная оценка качества первой партии продукции	■ Улучшить контроль и оценку первых партий продукции						Производственный отдел Отдел обеспечения качества (QA)	
Производство	1. Отсутствие систематического контроля процесса (качество приносится в жертву количеству)	■ Пересмотреть управление процессом ■ Улучшить управление основными процессами ■ Улучшить записи о качестве						Производственный отдел	■ Руководство по управлению ключевыми процессами ■ Диаграмма системы предотвращения проблем ■ Руководство по управлению нерегулярными процессами ■ Основы обеспечения качества для потребителя
	2. Частые повторные претензии (слабая реакция на претензии и дефекты процесса)	■ Принимать меры профилактики проблем ■ Улучшить управление нерегулярными процессами ■ Предоставить основным заводам-поставщикам руководство по качеству (QC)						Производственный отдел Отдел закупок	
	3. Незаинтересованный подход к исследованию и анализу воспроизводимости процесса	■ Интенсифицировать работу по совершенствованию оборудования ■ Исследовать воспроизводимость процесса ■ Уделять больше внимания анализу процесса						Производственный отдел	■ Руководство по исследованию воспроизводимости процесса
	4. Неадекватная система проверки (ведущая к проблемам у потребителя)	■ Четко определить полномочия по приостановке отгрузки продукции ■ Проводить приоритетные проверки ■ Совершенствовать опытное производство для подтверждения процессов						Отдел обеспечения качества	■ Правила приостановки отгрузки ■ Основы стандартизации проверок

Рис. 6.2 *(продолжение)*

Этап	Проблемы, предшествовавшие внедрению CWQC (контролю качества в масштабах всей компании)	Действия	График					Ответственный	Документы (руководства и стандарты)
			1976	1977	1978	1979	1980		
Продажи и послепродажное обслуживание	1. Неудовлетворительные меры предотвращения повторных претензий потребителей	■ Улучшить обследование продукции, вызывающей нарекания ■ Улучшить анализ претензий и обратную связь ■ Вести учет основных проблем качества, который облегчит их решение						Отдел обеспечения качества (QA) Отдел маркетинга	■ Руководство по решению основных проблем качества ■ Стандарты регистрации проблем качества
	2. Неудовлетворительный анализ потенциальных отказов и отсутствие связи с усилиями по профилактике претензий	■ Активизировать анализ отказов от продукции							
Всесторонний мониторинг	1. Неудовлетворительная оценка показателей и обратная связь с целями в области качества	■ Определить ответственность и полномочия по оценке и контролю качества						Отдел обеспечения качества (QA)	■ Системная диаграмма оценки качества и проверок продукции ■ Основы работы объединенной экспертной комиссии ■ Основы мониторинга качества
	2. Неудовлетворительный мониторинг и отсутствие связи с совершенствованием системы	■ Горизонтальное развертывание аспектов успешной работы по КК (QC) (под надзором объединенной экспертной комиссии) ■ Вести мониторинг качества							

Рис. 6.2 (окончание)

Уровень участника	Курс	Место проведения	До CWQC	1976	1977	1978	1979	Целевая группа	Участие	Процент участия
Высший менеджмент	Специальный курс для директоров	Государственные курсы		1	2			3	3	100
	Специальный курс для менеджмента	Государственные курсы	5		8	5	5	27	23	85
	Подготовка директоров	На работе				16		18	16	89
Средний менеджмент	Курс для руководителей отделов и участков	Государственные курсы	45	30	65	64	23	289	227	89
	Подготовка менеджеров	На работе	59			307		311	307	99
Мастера	Курс по основам КК	Государственные курсы	30	10	16	9	3	128	97	76
	Вводный курс КК	Государственные курсы	60	21	44	22	4	152	121	80
	Курсы для бригадиров (включая заочные курсы)	Государственные курсы	14	11	33	147	9	271	260	96
	Курс по основам надежности	Государственные курсы	14	5	8	20	5	54	52	96
	Семинары по SQC (вводный курс по статистическому контролю качества — SQC)	На работе				114	125	290	239	82
	Семинары по SQC (вводный курс по планированию эксперимента)	На работе				(114)	80	245	194	79
	Семинары по SQC (курс по основам надежности)	На работе				(114)	102	245	216	88
Члены кружков КК	Курс для лидеров кружков КК	Государственные курсы	11	9	7	6	1	36	34	94
	Круизный университет кружков КК	Государственные курсы				7	5	12	12	100
Менеджмент смежного предприятия (cooperation plant)	Семинары для менеджеров смежных предприятий	На работе				76		76	76	100

Рис. 6.3. Подготовка в области КК (QC)

Инструмент	Использование
Основная таблица качества	Определение и анализ рыночных требований к качеству, стоимости конкурирующей продукции, имеющихся технологических возможностей и узких мест для каждой группы продукции
Основные таблицы технологии производства	Определение и анализ существующей технологии, узких технических мест и технологических потребностей, соответствующих требованиям к качеству, представленным в основной таблице качества
Индивидуальные таблицы качества	Оценка требований к качеству, качества конкурирующей продукции и патентных прав, а также определение и анализ имеющихся технологических возможностей достижения намеченных в отношении качества целей (все требуемые сведения для установки целей применительно к данной продукции)
Индивидуальные таблицы технологии производства	Определение и анализ имеющейся промышленной технологии, ее потребностей и узких технических мест, выявленных в индивидуальных таблицах качества
Таблица обеспечения качества (QA)	Список важных характеристик и деталей вместе с заметками о воспроизводимости процесса, сборке и обработке, а также о функциях
Таблица планирования проверок	Планирование и осуществление проверок и испытаний, а также оценка качества в соответствии с таблицами обеспечения качества (QA)
Таблица планирования процесса	Всесторонняя разработка процесса, требуемая для учета показателей качества, представленных в таблице обеспечения качества (QA)
Таблица процесса КК	Определение контрольных характеристик, объектов и методов для каждого процесса, как того требует обеспечение качества (QA)
Листок стандартизации работ	Стандартизация показателей процесса и установление соответствующих рабочих процедур для встраивания качества в процессы
Таблица обследования качества	Оценка характеристик качества на основе таблиц качества и таблиц обеспечения качества (QA) с точки зрения данных рынка, претензий и т.д., а также использование этих данных при планировании продукции в будущем

Рис. 6.4. Общая характеристика инструментов

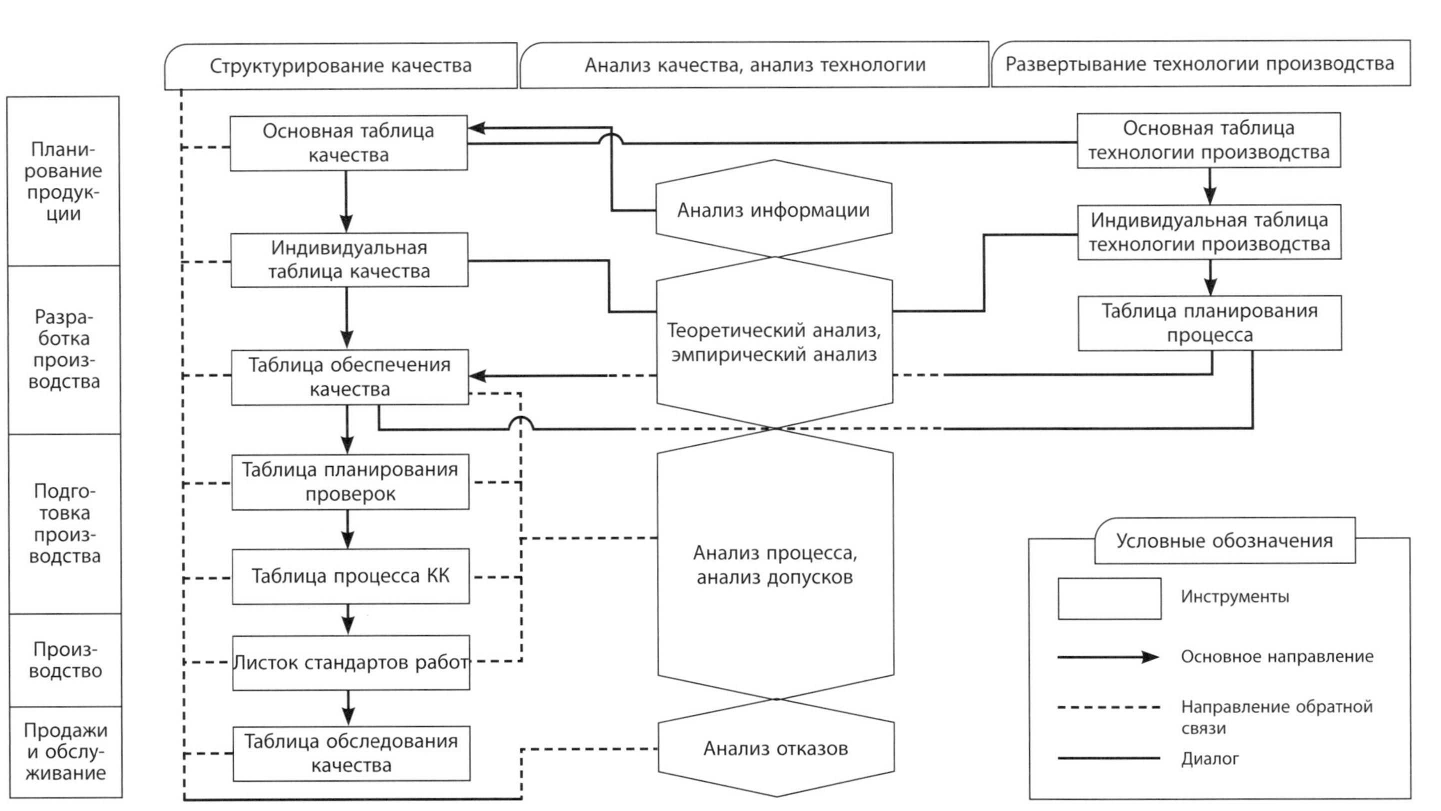

Рис. 6.5. Использование инструментов

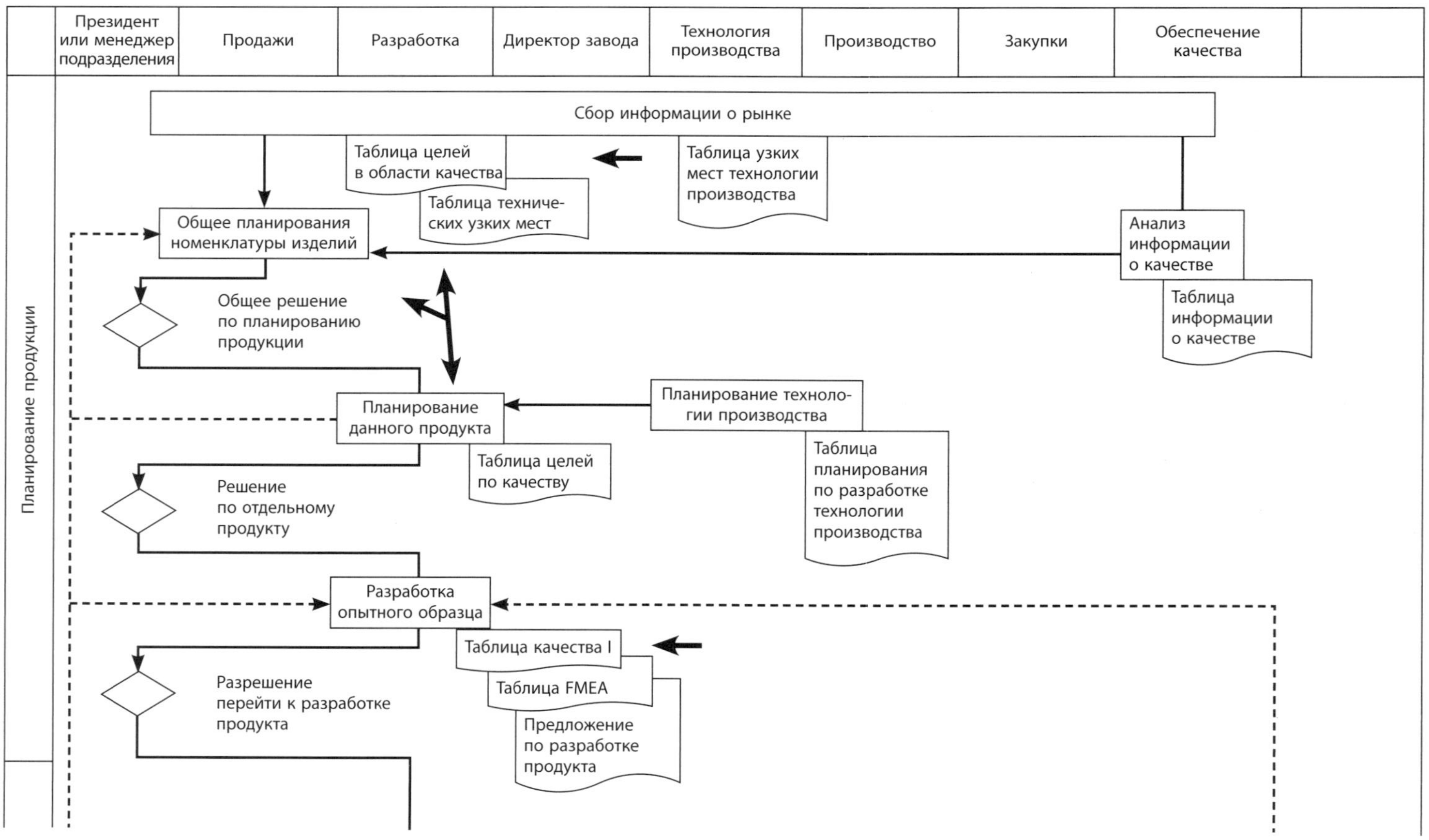

Рис. 6.6. Схема системы обеспечения качества

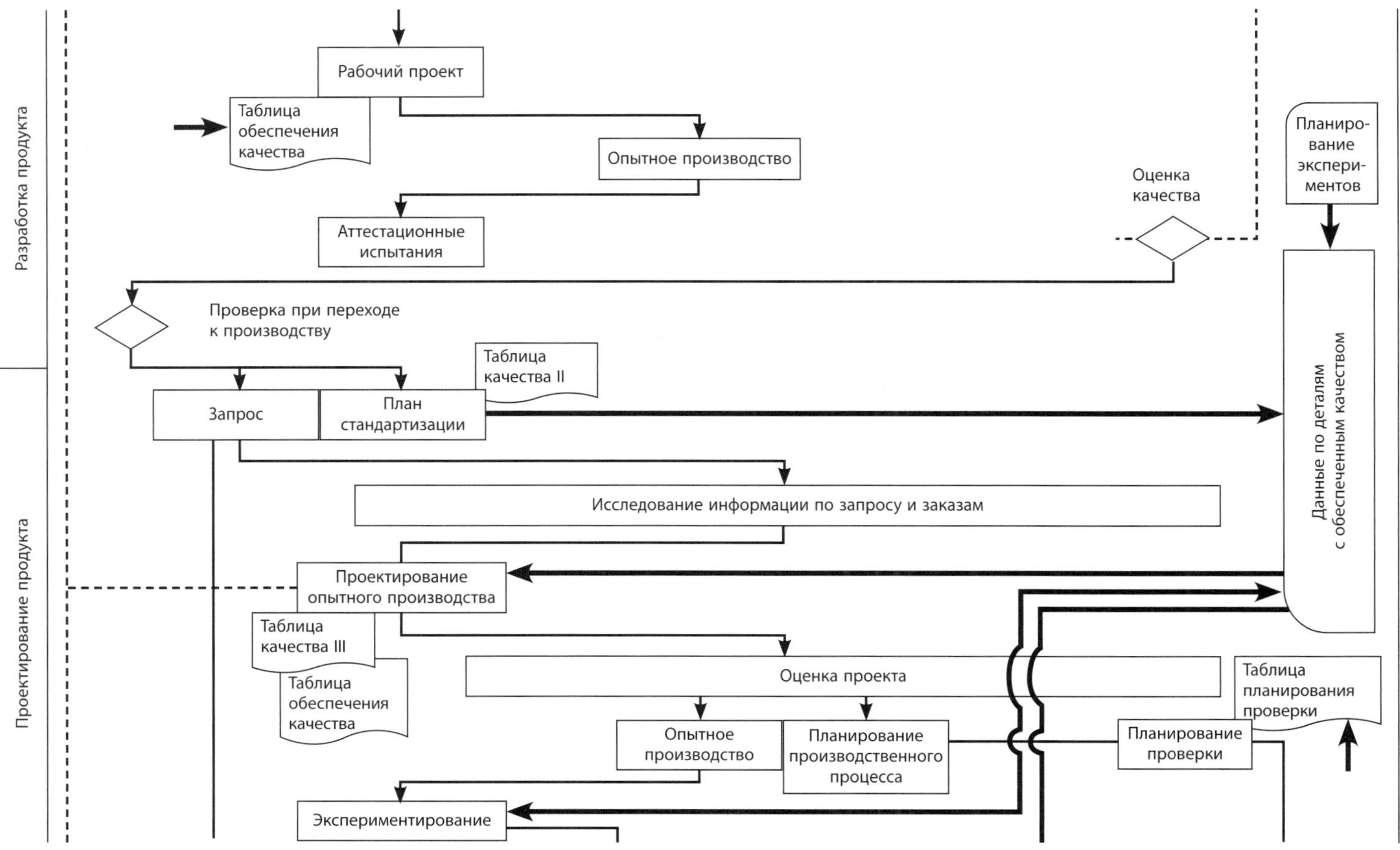

Рис. 6.6 *(продолжение)*

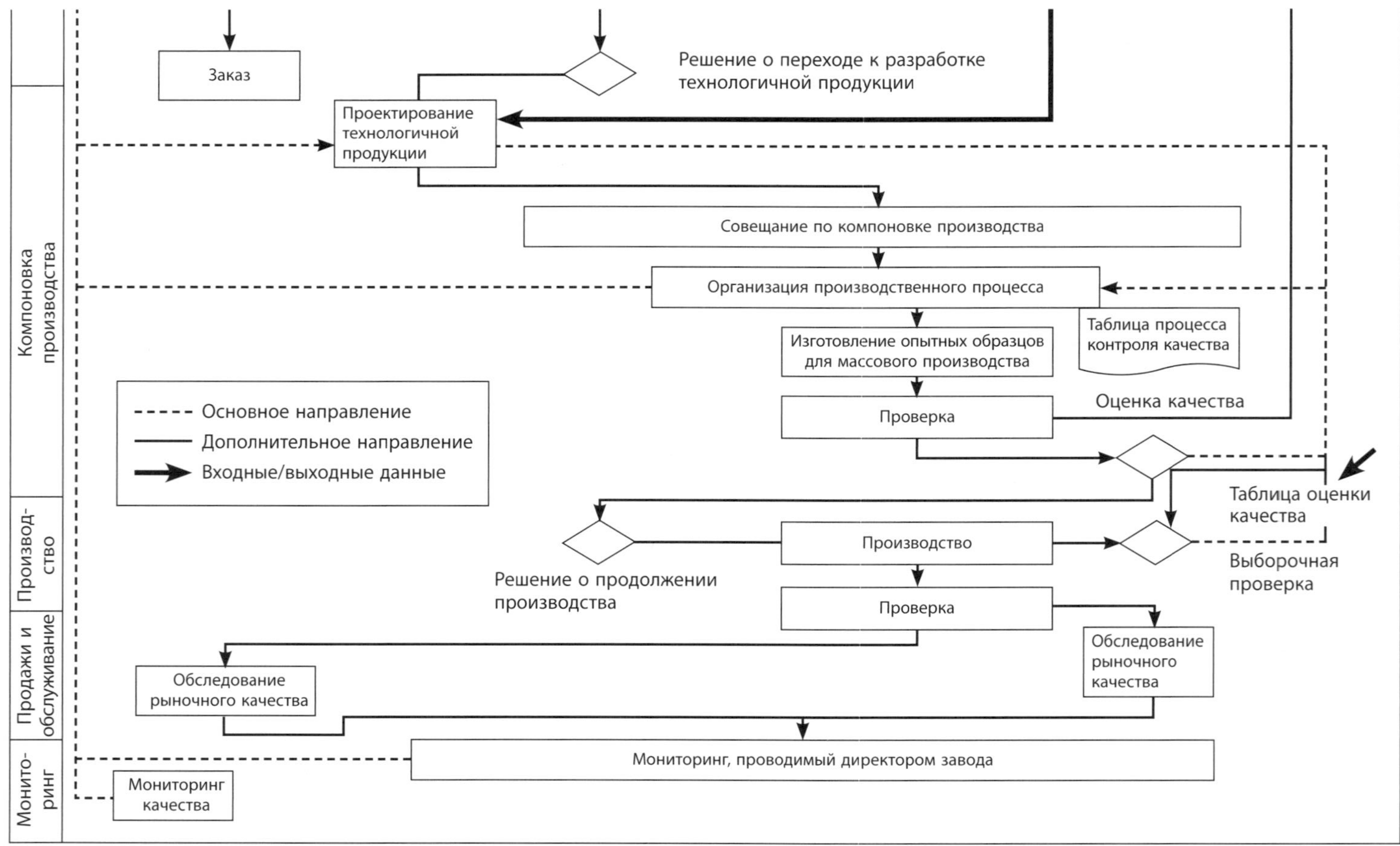

Рис. 6.6 (*окончание*)

Классификация
Новая продукция ABC
Улучшенная продукция BC
Прочая C

Символ	
◉	Ответственный отдел
○	Отдел, принимающий участие
△	Отдел, получающий информацию

		Вопрос обеспечения качества	Действия по обеспечению качества	Классификация	Президент или глава подразделения	Отдел продаж	Конструкторское подразделение								Документы по контролю качества	Законы или стандарты
							Секция проектирования	Секция разработки	Экспериментальная секция	Отдел обеспечения качества	Секция проверки	Секция обеспечения качества	Секция стимулирования обеспечения качества	Производственный отдел		
Планирование продукции	Сбор информации	Обоснованность информации о рынке	1. Сбор, анализ и исследование информации о рынке	A		◉	○	◉				○	○		Таблица информации о разработке продукции	Правила выполнения разработки продукции
			2.	A		△		◉							Таблица информации о качестве	
															Таблица качества (список целей по качеству)	
			3.	A		◉		△							Таблица узких технических мест	

Рис. 6.7. Таблица мероприятий по обеспечению качества (пример)

Общее планирование продукции	Обоснованность общего планирования продукции	1. Общее планирование продукции	A		●			○			
		2. Утверждение общего плана продукции		●							
Планирование определенного продукта	Обоснованность планирования отдельного продукта		A					●	Сводный план продукции	Правила выполнения разработок продукции
			A	●	○			○	Подробная смета расходов на разработку	
									Эскиз	
		3. Утверждение плана по отдельному продукту	A	●						
		1. Базовая конструкция	B					●	Таблица качества 1	Руководство к таблице качества
Адаптируемость к нуждам пользователя			C		○	○		●	●	

Рис. 6.7 *(продолжение)*

Продажи и обслуживание	Порядок рассмотрения претензий и предотвращение рецидивов	1. Срочный отчет о претензии	С		○	○				○	○	○	○	Отчет о рассмотрении претензии	Внутренний дефект
		2. Расследование	С			○				◉	○	◉	○	Инструкции по регистрации критических проблем качества	Правила работы с важными проблемами качества
		3. Регистрация критических проблем качества	С						◉						
		4. Инструкция по предотвращению повторных претензий	С			○				◉	○	◉	○	Контрольная таблица критических проблем качества	
		5. Накопление данных по претензиям и их анализ	С								◉	◉		Профилактические меры по предотвращению повторных претензий	
		6. Оценка критических проблем качества	С								◉	◉			
														Отчет по оценке претензии	
Оценка	Оценка качества продукции	Регистрация критических проблем качества	С						◉					Контрольная таблица критических проблем качества	Правила работы с важными проблемами качества
		Проверка системы обеспечения качества	С						◉	○	○	○		Ежемесячный отчет о качестве	
		Периодический контроль/ оценка качества	С			○			◉	○	○	○	○	Таблица контроля и проверки	

Рис. 6.7 (окончание)

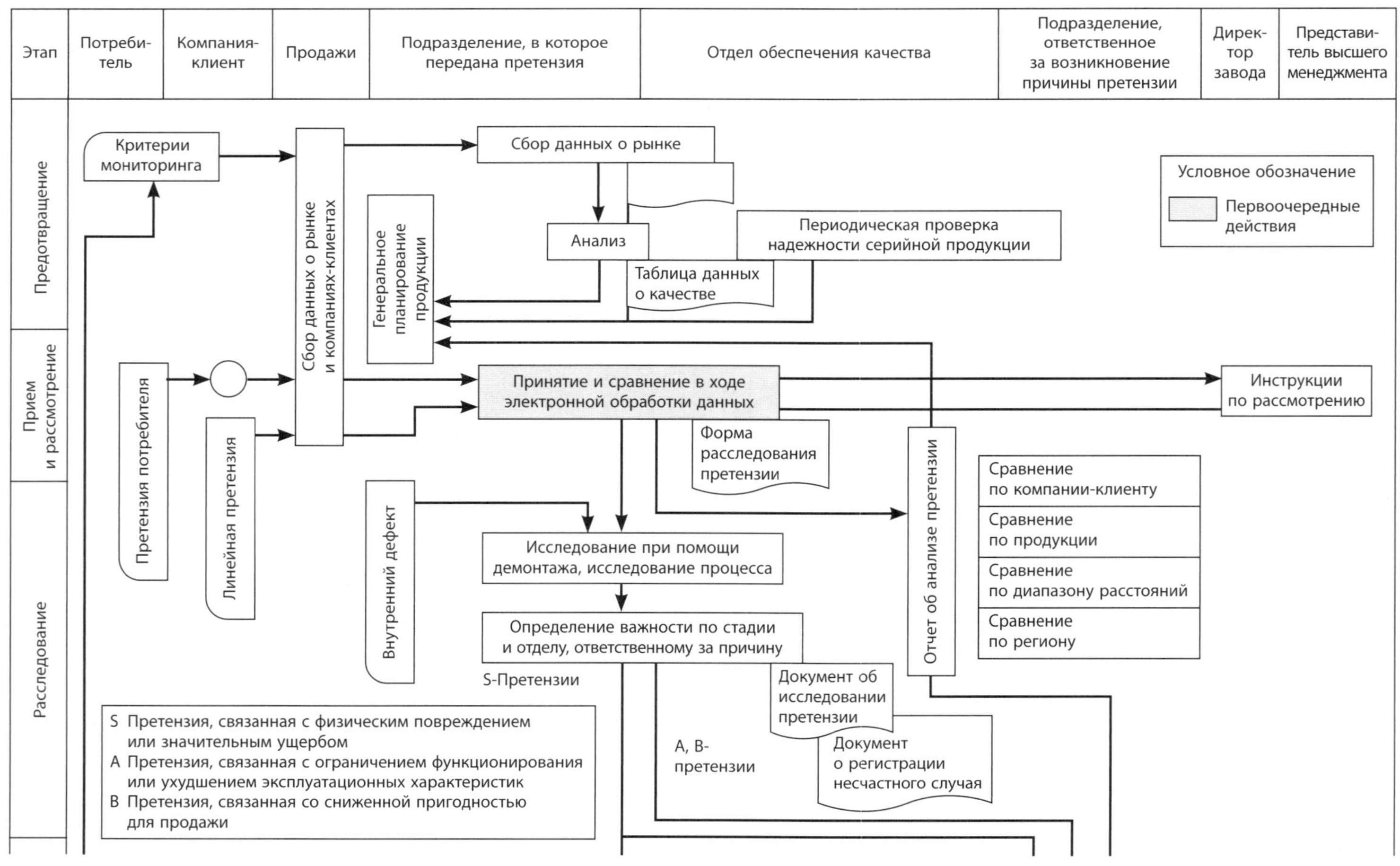

Рис. 6.8. Структурная схема работы с претензиями потребителей (основные проблемы качества)

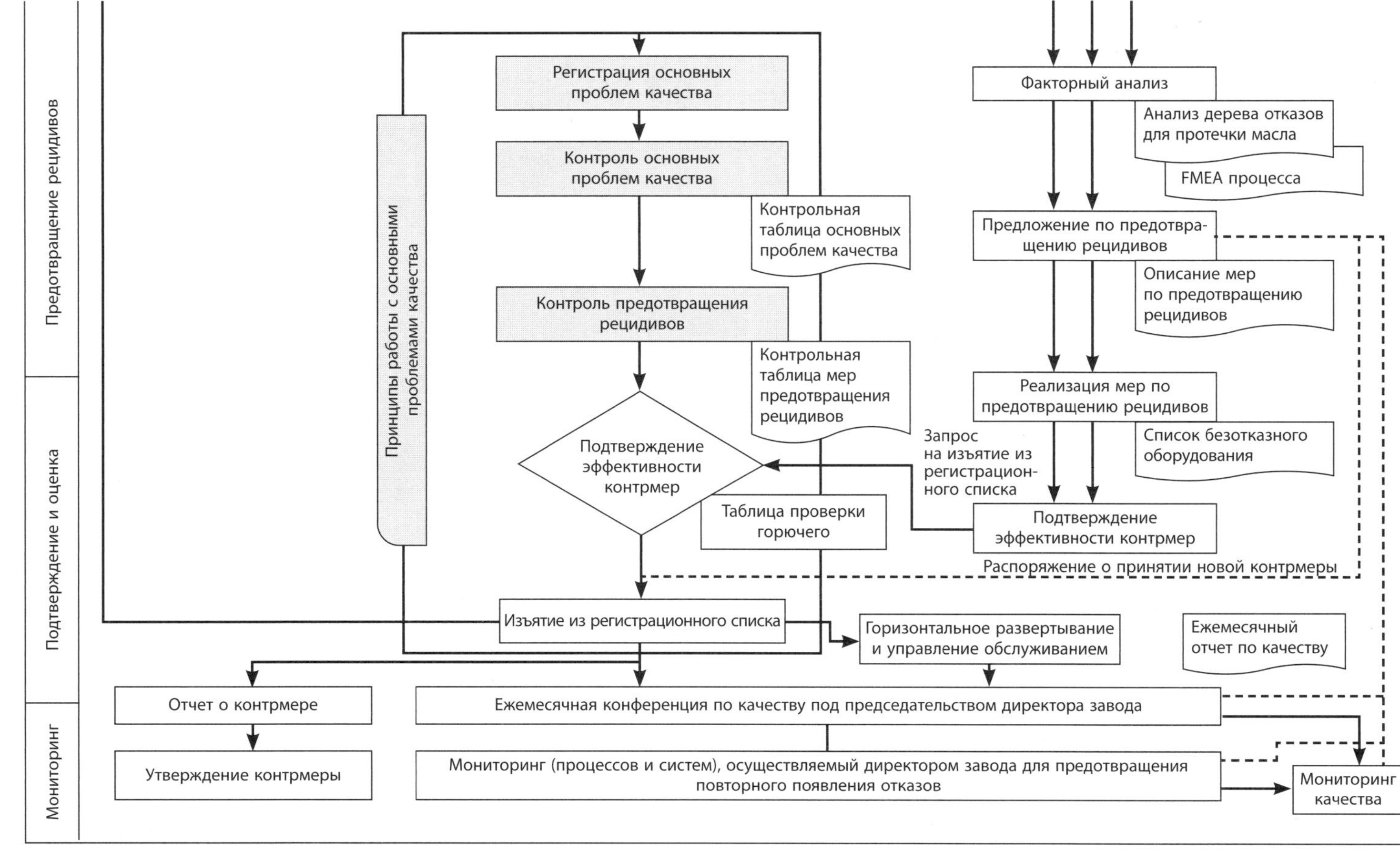

Рис. 6.8 (*продолжение*)

Рассматривая существующие практики как подготовительные для разработки этой структурной схемы, Kayaba обнаружила, что разные подразделения не согласуют свои действия друг с другом и четко определенная процедура отчетности, соответствующая распределению ответственности при переходе от одного этапа к другому, отсутствует. После составления этой схемы потребовалась таблица обеспечения качества. Она показана на рис. 6.7. Эта QA-таблица помогает каждому сотруднику понять, что ему следует делать для обеспечения качества. Кроме того, в ней представлены документация и отчеты, нужные для поддержки таких мероприятий, а также правила и стандарты, которым надлежит следовать.

Рис. 6.8 показывает взаимоотношения между различными подразделениями при работе с основными претензиями потребителя. Асано говорит, что после того, как эта система подготовлена, весьма существенно, чтобы каждый понял, как важно соблюдать данные методы и процедуры.

Начиная с 1976 г. Kayaba добилась таких успехов в освоении TQC, что в 1980 г. компания была награждена премией Деминга. ■

ОСВОЕНИЕ TQC НА KOBAYASHI KOSE

В 1980 г. компания Kobayashi Kose, четвертый по величине производитель косметики в Японии, получила премию Деминга для предприятий (Deming Factory Prize). В начале 1970-х гг. ряд проблем производства привел к возвратам продукции, что нанесло ущерб как репутации фирмы, так и моральному состоянию сотрудников. Руководство было вынуждено окинуть свою работу непредвзятым, критическим взглядом.

Торжественно пообещав никогда больше не поставлять потребителям дефектную продукцию, в январе 1977 г. менеджмент Kobayashi Kose решил взяться за освоение TQC. Тогда же были определены пять основных целей:

1. Повысить эффективность руководства, используя статистические методы КК.
2. Освоить обеспечение качества и создать систему производства качественной продукции.
3. Приучить своих сотрудников руководствоваться принципом «потребитель — прежде всего».
4. Обучать и развивать персонал компании при помощи групп и кружков КК, которые учатся и решают проблемы.
5. К 1981 г. получить премию Деминга.

Хотя в то время никто не произносил слова «стратегия», совершенно очевидно, что кампания по TQC на Kobayashi Kose была классическим примером стратегического планирования. Хисаси Такасу, менеджер отдела планирования и координации, убежден, что TQC — это бесконечный процесс совершенствования, для успешного освоения которого нужны три условия:

1. Высший менеджмент должен показать решимость следовать TQC. Поскольку внедрение концепции бросает вызов существующим подходам к ведению бизнеса, оно может натолкнуться на сопротивление некоторых руководителей компании, которые привыкли вести дело по-своему. Без одобрения и поддержки высшего менеджмента внедрение стратегии TQC обречено на провал вскоре после начала кампании. TQC нужна серьезная поддержка менеджеров всех уровней, причем на всех предприятиях или в подразделениях компании.
2. К работе по освоению стратегии TQC надо привлечь лучших людей компании, занимающих ключевые должности. Возможно, придет час, когда им придется использовать полномочия, предоставленные высшим менеджментом, чтобы оказать давление, а в другие моменты они будут вынуждены улаживать конфликты. Они должны быть людьми, искушенными во внутренней политике.
3. В компании нужно создать специальную группу, которая сможет возглавить движение и стать примером для остальных.

Перед тем как официально заявить о развертывании на Kobayashi Kose стратегии TQC, все заинтересованные менеджеры детально обсудили проблемы компании, чтобы прийти к общему пониманию ситуации. После этого они углубились в изучение методик контроля качества. Всех занимающих ключевые посты менеджеров и инженеров отправили на курсы по TQC, организованные JUSE и другими организациями. По возвращении на рабочие места эти сотрудники должны были заняться следующей работой:

1. Стать инструкторами в компании.
2. Для решения конкретных проблем производства участвовать в деятельности рабочих групп специального назначения, а при отсутствии таковых заниматься их созданием.
3. Стать лидерами кружков качества, помогая членам других групп применять статистические методы TQC при решении конкретных проблем.

Одной из целей Kobayashi Kose было получение к 1981 г. премии Деминга. Освоение TQC для ее достижения потребовало изменения подхода к ведению бизнеса. Работу, на которую в иных условиях потребовалось бы 10 лет, нужно было сделать за четыре года. Перед всеми стояла четко определенная задача.

Такасу вспоминает, что борьба за премию Деминга напоминала подготовку к трудному экзамену. Как бы ты ни готовился, времени катастрофически не хватает. Это было бесконечное обучение и применение полученных знаний на практике. День аудита премии Деминга приближался, и мало кто из менеджеров уходил домой раньше 11 вечера, даже в новогодние праздники несколько раз выходили на работу. В среднем они трудились по 28 дней в месяц. Обычно к работе по контролю качества менеджеры могли приступить лишь после 5 вечера, поскольку в течение дня были заняты текущими делами. Но они испытали чувство глубокого удовлетворения и ощутили себя победителями, когда в конце концов получили эту награду. Если менеджеры не готовы к решению таких сложных задач, говорит Такасу, им не стоит и думать о том, чтобы претендовать на премию Деминга. ■

Обязательства высшего менеджмента

В то время как в Японии считается, что за качество отвечает линейный менеджер, на Западе отвественность за этот параметр часто несет менеджер по контролю качества. Там считается, что это совершенно изолированный вопрос, который такой специалист должен решать в одиночку. Всякий раз, когда возникает серьезная проблема, связанная с качеством, в Японии спрашивают с линейного менеджера. На Западе в этом случае увольняют менеджера по качеству. К сожалению, эта практика лишь упрочивает убежденность западного линейного менеджера в том, что он не отвечает за проблемы качества. Не следует заблуждаться: за качество отвечает руководство, и низкое качество — результат плохого управления.

Поскольку преимущества кайдзен проявляются постепенно и его результат ощущается лишь по прошествии достаточно долгого времени, совершенно очевидно, что стратегия усовершенствований приносит плоды лишь при условии, когда высший менеджмент по-настоящему беспокоится за благополучие компании в будущем.

Часто отмечается, что одно из основных различий между японским и западным стилями управления — это временны́е рамки. В то время как японские руководители думают о долгосрочной перспективе, западные обычно стремятся к немедленному получению результата. Это различие проявляется и в подходе к совершенствованию. Западный менеджмент неохотно занимается постепенным улучшением, чаще склоняясь в пользу инновации, которая быстрее дает прибыль на инвестированный капитал.

По иронии судьбы, чем выше уровень западного менеджера в организационной иерархии, тем больше он озабочен немедленными результатами. Когда рабочий или менеджер низшего звена думают об улучшении, которое даст потенциальные долгосрочные преимущества, их идея обычно отвергается вышестоящим начальством, которое думает лишь о ближайшей перспективе и использует краткосрочные критерии.

Если не относиться к кайдзен как к высшему приоритету, любые попытки его внедрения обречены. В большинстве японских компаний, ориентированных на стратегию усовершенствований, она вырабатывалась высшим менеджментом.

Когда в 1961 г. Komatsu приступила к работе по TQC, развернув кампанию Maru-A, заниматься ее внедрением было поручено Сёдзи Ногава. С тех самых пор он курирует этот вопрос, несмотря на то что за прошедшие годы несколько раз получал повышение по службе: от менеджера производства он дорос до директора завода и, наконец, менеджера производственного подразделения. Когда в 1982 г. Ногава был назначен на должность президента фирмы Komatsu, уходящий в отставку президент, а ныне ее председатель, сказал, что этот пост менеджер получил за участие в TQC. Сегодня Ногава — «Мистер TQC» в Komatsu, и на то есть причина: в 1959 г. компания была удостоена премии Деминга, а в 1981 г. — Японской премии по контролю качества, и ее программа по TQC считается одной из лучших в стране. Концепция так прижилась, что теперь члены совета директоров могут, не соглашаясь с чем-либо, аргументировать свои возражения тем, что «это не похоже на TQC».

Президент Komatsu Кавай недавно сказал: «Стратегия TQC предполагает, что обязанность тех, кто занимается продажами, — выявлять нужды потребителя. Задача инженеров заключается в разработке такой конструкции изделия, которая позволит должным образом сбалансировать цену и качество, а производственники обязаны изготовить его в соответствии с проектом. Долг менеджмента — обеспечить все нужное для того, чтобы эта система работала».

Для создания соответствующей атмосферы усовершенствований каждой компании нужен свой «Мистер TQC». На Yokogawa-Hewlett-Packard это Кэндзо Сасаока. Фирма, приступившая к развертыванию программы всеобщего контроля качества в 1977 г., в 1982 г. была награждена премией Деминга, а ее чрезвычайно высокие показатели вызвали у материнской компании в США позитивный интерес к мероприятиям по TQC. Сегодня Сасаока регулярно посещает Hewlett-Packard в США, разъясняя значение стратегии.

«Мистер TQC» полагает, что японская промышленная революция — прямой вызов традиционному образу мыслей в трех следующих сферах.

Традиционный образ мыслей	Японская революция
Повышение качества ведет к повышению цен	Повышение качества ведет к снижению цен
Чем больше партия продукции, тем ниже ее цена	Уменьшение партий продукции ведет к снижению цен
Рабочих не следует принимать в расчет	Думающий рабочий работает более продуктивно

Внедрение и руководство кайдзен должны осуществляться сверху вниз. Однако предложения по усовершенствованию должны идти снизу вверх, поскольку самые лучшие из них обычно исходят от тех, кто непосредственно сталкивается с проблемой. Следовательно, стратегия кайдзен требует одновременного применения подходов сверху вниз и снизу вверх.

В течение нескольких последних лет у меня была возможность достаточно часто беседовать с западными руководителями, которые приезжали в Японию для изучения опыта TQC. Многие из них покидали нашу страну с твердым убеждением, что по возвращении домой должны что-то делать в этом направлении. И все же почти во всех случаях их личный энтузиазм не мог воспламенить широкое движение в масштабах всей компании, поскольку высший менеджмент не принимал их идеи. Те, кто приезжают в Японию изучать TQC, часто говорят: «Это должен увидеть мой босс». Поскольку менеджмент внедряет стратегию кайдзен в масштабах всей компании, чрезвычайно важно, чтобы инициатива исходила сверху. Без непоколебимой убежденности управляющих делами, правления и остальной части высшего менеджмента невозможно положить успешное начало кайдзен как кампании, которая развертывается в масштабах всей организации.

В краткосрочном аспекте высшее руководство должно интересоваться показателями, выраженными в прибыли. Эти результаты очевидны, и их можно легко оценить по отчету о прибылях и убытках (P/L statement), доходу на акцию и возврату на инвестиции (ROI). В долгосрочном аспекте для повышения конкурентоспособности следует задуматься об общем совершенствовании. Однако это процесс продолжительный, а результативность соответствующих мер в лучшем случае неоднозначна. Поэтому высший менеджмент часто предполагает, что развертывание сомнительной программы не сулит ему особых прибылей. И это действительно так, поскольку в совершенствовании нуждается очень много разных направлений, включая производительность, отношения менеджмента и профсоюзов, контроль качества, партисипативное управление, разработку новой продукции и отношения с поставщиками. В таких обстоятельствах установки высшего руководства становятся решающим условием создания надлежащей атмосферы для совершенствования.

Как долго ждать плодов кайдзен? По словам Каору Исикава, обычно проходит от трех до пяти лет с момента введения TQC до тех пор, когда становится заметным повышение корпоративной эффективности. Кэндзо Сасаока более оптимистичен. Он говорит, что, если западные компании берутся за дело серьезно и готовы учиться на японском опыте, они смогут всего за два года сделать то, на что японским фирмам понадобилось десять-двадцать лет.

Если кайдзен преследует конкретную цель, например повышение качества продукции или расширение доли рынка в определенной сфере, считает президент Fuji-Xerox Ётаро Кобаяси, нетрудно добиться позитивных результатов всего за несколько месяцев. Однако он утверждает, что важно создать систему, обеспечивающую непрерывное совершенствование и распространение преимуществ кайдзен на всю компанию. Кобаяси говорит, что менеджмент не может удовлетворяться тем, что улучшение имеет место, он должен подчеркивать, что цель кайдзен — опережать требования конкуренции. Для достижения такой цели нескольких месяцев, безусловно, недостаточно.

Возможно, руководство будет испытывать искушение отказаться от программы долгосрочного совершенствования, предпочитая ставить цель немедленного получения прибылей, но как долго такие компании смогут получать доходы, если их конкуренты на мировом рынке изо дня в день работают над кайдзен, тщательно планируя свою стратегию и неуклонно претворяя ее в жизнь?

Глава 7

ИЗМЕНЕНИЕ КОРПОРАТИВНОЙ КУЛЬТУРЫ

Приговор качеству выносит потребитель

Все усилия руководства, направленные на кайдзен, сводятся к двум словам: удовлетворение потребителя. Любая работа бесполезна, если, в конечном счете, не ведет к достижению этой цели. Однако определить, в какой степени покупатель доволен продукцией или услугами, совсем непросто. Какие аспекты при этом должен учитывать менеджмент?

С точки зрения кайдзен удовлетворение потребителя определяется такими понятиями, как качество, затраты и дисциплина поставки. Задача менеджмента — установить приоритеты в отношении этих целей и развернуть цели внутри организации сверху вниз.

Возьмем, например, менеджера, который подает заявку на приобретение нового ковра для своего кабинета. Он говорит, что к нему приходит много важных клиентов, и новый ковер будет способствовать их удовлетворению. Как должно отнестись к такому заявлению руководство? Если цель номер один — снижение затрат, просьба данного специалиста неуместна. Однако если приоритетная задача руководства — повышение уровня обслуживания наиболее значимых клиентов компании, то заявка на новый ковер уже не воспринимается как нечто из ряда вон выходящее.

Я часто удивлялся, почему японский менеджмент ощущал столь острую потребность во внедрении TQC. Этому способствовало множество факторов, например нефтяной кризис, но одним из важнейших были жесткие требования японских потребителей. В конечном счете, стандарты качества устанавливают именно они, решая, какую продукцию и у кого покупать.

При этом создается впечатление, что японские потребители часто предъявляют к продукции или услугам более строгие требования, чем покупатели в других странах. Как бы то ни было, их внимание к мелочам (или даже одержимость ими) заставляла менеджмент заняться разработкой системы встраивания качества.

Дальше пойдет речь о некоторых особенностях японского потребителя и жестких требованиях, которые нередко предъявляются в Японии к поставщикам.

Игольное ушко

Почему бы Японии не покупать немного больше продукции у нас? — слышится в последнее время нарастающий ропот протеста бизнесменов и политиков во всем мире. Торговая делегация, которая недавно посетила Японию, среди прочего пришла к выводу, что следует продавать больше импортных товаров через местные универсальные магазины.

Без сомнения, начиная бизнес в Японии, лучше всего вводить новую продукцию на рынок через известный универмаг, поскольку такое сотрудничество обеспечит престиж и объем товарооборота, которого не сумеет добиться никакой другой розничный магазин. Однако создается впечатление, что многие заморские экспортеры считают, что могут начать бизнес, просто выслав проспекты и каталоги о своей продукции. Позвольте мне вкратце обрисовать, что значит иметь дело с японским универсальным магазином.

Расстановка сил в отношениях между предприятием розничной торговли и сотнями оптовиков, с которыми он имеет дело, всегда и однозначно складывается в пользу первого. Сам универсальный магазин — рынок для покупателя, и поэтому производители, которые хотят направить туда свои товары, могут сделать это только через оптовика, имеющего там счет.

В прошлом были случаи, когда зарубежные компании, желающие продавать свою продукцию в Японии, пытались обойти оптовика и завязать отношения непосредственно с универсальным магазином. Почти все они неизменно терпели неудачу, поскольку их попытки шли вразрез со сложившейся практикой. Какую бы продукцию компания ни собирается выбросить на рынок через универсальные магазины, скорее всего, на прилавках уже лежит много подобных товаров. Поскольку в магазине нет свободного места, любому новому товару придется потеснить остальные, и конкуренты сделают все, что в их силах, чтобы помешать непрошеному гостю.

Полномочия по отбору новых товаров для конкретного торгового зала возлагаются на его *сюнина*, или заведующего. *Сюнина* постоянно атакуют мириады желающих поставлять в магазин свои товары, и это вдобавок к тому, что ему приходится вести дела с постоянными оптовиками. Поэтому основная задача заведующего сводится не столько к тому, чтобы выявлять новые перспективные товары, сколько к тому, чтобы не допустить появления в своем магазине продукции, которая не привлекает покупателей.

Сюнин, таким образом, обладает абсолютной властью не только над теми, кто хочет начать работать с ним, но и над оптовиками, с которыми сотрудничает на постоянной основе. Каждый стремится добиться его благосклонности, и рассказывают, что в прошлом эта власть позволяла *сюнину* получать полные грузовики подарков в зимние и летние праздники. Поговаривали даже, что, проработав несколько лет в должности *сюнина*, можно купить новый дом.

Неудивительно, что менеджер по продажам, которого я буду называть Ямада, работающий в Токио на американскую компанию по производству напитков, только что начавшую торговать в Японии, столкнулся с огромными трудностями, когда в ведущем универсальном магазине ему пришлось иметь дело с *сюнином*.

Заведующий, который отвечал за несколько сотен торговых марок самых разных напитков, был чрезвычайно занят, встречаясь с торговыми агентами и менеджерами, представляющими как оптовиков, так и производителей, и у него не было возможности уделить время неизвестному ему человеку. У Ямада не получилось встретиться с *сюнином* в течение недели, и он решил отправиться к нему в воскресенье, когда агенты других оптовиков ему не помешают. В конце концов менеджеру удалось припереть *сюнина* к стене и обсудить с ним возможность поставки продукции его компании в данный универсальный магазин. Хотя за рубежом эта торговая марка была широко известна, *сюнин* весьма неохотно согласился торговать напитком, поскольку у него уже было несколько конкурирующих видов товара, которые неплохо продавались. В конце концов, поскольку он не был уверен, что новый напиток обеспечит достаточный объем продаж, а значит и прибыль для универсального магазина, заведующий потребовал скидки с максимальной суммы обычных комиссионных.

После того как *сюнин* получил желаемую скидку и согласился, Ямада должен был встретиться с *катё* (заведующим секцией), чтобы тот дал разрешение на сделку. И вновь договориться о встрече заранее оказалось невозможно. Каждый раз, когда Ямада заходил к заведующему секцией, того не было на месте. Чтобы засвидетельствовать уважение, Ямада оставлял карточку со своим именем. После того как груда визиток на столе *катё* выросла до таких размеров, что его «искренность» стала вызывать некоторые сомнения, Ямада, наконец, удостоился аудиенции и возможности продемонстрировать свои товары. К этому моменту прошло уже шесть месяцев.

Получив разрешение заведующего секцией, менеджер должен был снова пройти через то же самое с управляющим отделом. Прошел год со времени первого контакта с универсальным магазином, когда Ямада наконец-то отвоевал для напитка своей компании место на его полках.

Но на этом история не закончилась. Когда товар оказывается на прилавке универсама, за ним ведутся постоянное наблюдение и учет продаж. Вопрос о продукции с медленным оборотом каждые шесть месяцев пересматривается, и если место, занятое ею, не окупается, ее могут вычеркнуть из списков. Следовательно, торговые агенты, реализующие напиток компании, которую представляет Ямада, должны были сделать все, чтобы поддерживать удовлетворительную скорость оборота, не останавливаясь даже перед тем, чтобы иногда самим покупать свой товар за деньги компании.

В Японии существует много специфических торговых практик, которые отражают господство универсального магазина над оптовиками и, опосредованно, даже над производителями. Прежде всего, товар часто продается на комиссионной основе. Это означает, что магазин может отправить его обратно оптовику и при этом даже не должен платить за то, что не продано. Второе: универсальный магазин часто требует, чтобы оптовики предоставляли продавцов для торгового зала. Третье: универсальный магазин рассчитывает на помощь оптовиков во время специальных распродаж, которые устраиваются зимой и летом в сезон подарков.

Например, перепланировка торговых залов к распродажам по особым случаям обычно производится после закрытия магазина. Она называется *татиагари*, или «подъем», и обычно начинается в 10 часов вечера, заканчиваясь в 3 часа утра. Торговый агент от Ямада, как правило, принимает участие в этой работе. Несмотря на то что никаких официальных просьб о такой помощи не поступает, она стала почти обязательной, поскольку торговые агенты из других компаний тоже придут на выручку. Если представитель компании, где служит Ямада, не явится, вполне возможно, на следующий день он обнаружит, что его товары разместили в самом дальнем и укромном углу торгового зала.

Кроме того, самые бдительные торговые агенты обязательно вернутся в торговый зал ранним утром на следующий день, пока магазин еще не открылся, чтобы подвинуть свои товары на чуть более выгодное место.

Иногда эти агенты остаются в универсальном магазине на время распродаж, чтобы помочь продавцам в торговом зале, поработать за кассой и лучше узнать, как продаются их товары и продукция конкурентов.

Вдобавок к этому в горячую для магазинов пору Ямада отправляется в центр доставки в пригороде Токио, где работают на неполную ставку студенты и домохозяйки, которые занимаются сортировкой и упаковкой товаров. Он хвалит их за образцовую и прилежную работу, благодарит за усердие, а чтобы они могли подкрепиться, приносит им *онигири* (рисовые колобки) и *сэмбэй* (рисовые крекеры). Все это он делает для того, чтобы поддерживать дружеские отношения с универсальным магазином и не лишиться его расположения.

Магазин закрывается в 6 часов вечера, после чего в сезон максимального товарооборота у продавцов уходит до трех часов на проверку данных по продаже и инвентаризацию. Поэтому о заказах на замещение товара оптовика обычно извещают по телефону не раньше 9–10 часов вечера. Это значит, что его торговый агент должен находиться в офисе до позднего вечера, напряженно ожидая заказа. Ямада и подчиненные должны доставить товар по первому требованию магазина.

Токийский филиал компании, которую представляет Ямада, держит два грузовика для доставки, которые в любой момент готовы отправиться в путь. Если они по какой-либо причине отсутствуют, торговые агенты часто лично доставляют товары в магазин.

Для зарубежных руководителей все эти истории могут показаться немыслимыми, и многими из тех, кто собирается вести дела с японскими универсальными магазинами, эта практика торговли воспринимается как непреодолимое препятствие. Однако существование такого порядка едва ли служит основанием для вывода о том, что японский рынок закрыт для западной продукции. Винить во всем странные торговые обычаи нетрудно, куда полезнее попытаться понять их и учитывать в своей работе.

Как сказал один преуспевающий японский специалист по маркетингу: «В Японии есть много уникальных торговых практик и обычаев. Их следует принимать как непреложную данность, и нам ничего не остается, кроме как научиться с ними сосуществовать».

Отношения с поставщиком

Один из фундаментальных принципов TQC состоит в том, что обеспечение качества продукции или услуги сверху вниз наилучшим образом достигается при поддержании качества снизу вверх. Эта концепция распространяется даже на отношения между заводом и его поставщиками.

В *Fortune* за 2 апреля 1984 г. была опубликована статья Джереми Мэйна, в которой он написал:

> «Сущность концепции «точно вовремя» в том, что производитель не держит в наличии больших запасов, — он полагается на поставщиков, которые должны доставить детали как раз в то время, когда они понадобятся для сборки. Компании США, напротив, традиционно придерживаются системы, которую иногда называют «на всякий случай» (just-in case), — располагая значительными запасами, которые гарантируют, что производство не придется останавливать».

Совершенствование отношений с поставщиками стало в Японии одним из приоритетных направлений кайдзен для менеджмента. Руководствуясь политикой директора завода, которая представляет собой результат развертывания политики высшего менеджмента, персонал, занимающийся закупками, постоянно работает над улучшением отношений с поставщиками. Оно включает в себя следующие моменты:

- Установление более совершенных критериев оценки оптимального уровня запасов.
- Выявление дополнительных источников снабжения, которые могут обеспечить ускорение поставки.

- Совершенствование подхода к размещению заказов.
- Повышение качества информации, предоставляемой поставщикам.
- Создание более совершенных систем материального распределения.
- Лучшее понимание внутренних требований поставщиков.

В работу агента по снабжению входит разработка критериев для сравнения преимуществ поставщиков с точки зрения цены предлагаемого ими товара, сотрудничества, качества, поставки, технологии и общей компетентности менеджмента.

Komatsu присуждает своим поставщикам (которых здесь называют «сотрудничающие компании») и дистрибьюторам специальные награды. Они присуждаются на основе таких факторов, как политика поставщика и система менеджмента, обеспечение качества, управление затратами, поставка, развитие технологии, обучение, безопасность и управление окружающей средой.

Японские производители прилагают значительные усилия, содействуя поставщикам в развертывании движения TQC, помогают внедрять различные программы кайдзен, такие, как подача предложений и деятельность малых групп, и стремятся к совершенствованию взаимодействия в вопросах количества и качества продукции и дисциплины поставки. В результате поставщики, часто при небольших затратах или вообще бесплатно, смогли улучшить свои процедуры, что привело к повышению прибыли, улучшению идентификации новых материалов и снижению точки окупаемости.

Большинство производителей легковых автомобилей, станков или электроники один или два раза в год проводят заседания, на которых вручают награды поставщикам, работа которых удовлетворяет требованиям к качеству или дисциплине поставки. Понятно, что японские компании заинтересованы в содействии поставщикам. И те, и другие работают рука об руку для удовлетворения общих нужд. В результате таких совместных усилий по совершенствованию поставщики Honda за период с 1974 по 1978 г. смогли достичь следующих результатов:

Средние продажи	Повысились на 60–80 процентов
Число сотрудников	Примерно такое же или чуть меньше
Добавленная ценность на человека	Возросла на 60–70 процентов
Точка окупаемости	Снизилась более чем на 15 процентов

Honda ежемесячно проводит встречи с поставщиками при решении вопросов, касающихся обучения сотрудников, новых материалов, систем материального распределения, совершенствования производственных линий и улучшения систем обеспечения качества (QA).

Совсем недавно производитель и поставщики сформировали совместные проектные команды для решения таких вопросов, как разработка новой продукции, экономия ресурсов и энергии. Ежегодные визиты президента компании-производителя на основные предприятия-поставщики для обсуждения ключевых вопросов политики — обычное дело.

Отношения с поставщиками также чрезвычайно важная часть системы «точно вовремя», поскольку она предъявляет требования не только к качеству, но и к дисциплине поставок. При этом большое значение имеет как тесная коммуникация, так и взаимное соблюдение обязательств.

Каору Исикава говорит, что отношения производитель — поставщик проходят три стадии. На первой производитель проверяет всю партию, поступившую от поставщика; на второй осуществляет лишь выборочную проверку, а на последней принимает всю продукцию, не проверяя ее качество. Лишь при достижении третьей стадии можно говорить об установлении достойных отношений.

Когда Ёсисаки Ота в 1959 г. впервые приехал в США для изучения американской индустрии промышленных транспортных средств, он заметил, что у различных производителей есть множество поставщиков, снабжающих их комплектующими. В то время в Японии были одержимы идеей «интегрированного» производства, считая этот способ самым эффективным, поэтому опыт США стал для Ота настоящим откровением.

С тех пор японские производители пришли к выводу, что большую часть комплектующих имеет смысл получать из внешних источников, и это изменение стало возможным только потому, что появились надежные поставщики, специализирующиеся на производстве гидравлических устройств. За последние 30 лет, отмечает Ота, в Японии возникло много внушающих доверие фирм-субподрядчиков, специализирующихся в разных областях, и производители занимаются в основном сборкой, что позволяет им сосредоточиться на поиске ее более эффективных методов.

Во время недавнего визита в США и Европу Ота с удивлением отметил, что некоторые крупные предприятия по изготовлению промышленных транспортных средств вернулись к мифу об «интегрированном производстве». Это, говорит он, во многом определяет разрыв в производительности между Японией и Западом.

Но даже при переходе на систему «интегрированного производства» во взаимоотношениях подразделений западных компаний явно недостает согласованности и доверия, которые характерны для японских производителей и поставщиков. Многим западным компаниям было нелегко выстроить доверительные отношения между различными подразделениями. Что еще хуже, завод, который приобретает комплектующие у другого предприятия из той же группы компаний, не может контролировать качество так же жестко, как по отношению к внешнему поставщику, поскольку он не может сменить подрядчика.

Есть несколько особенностей, отличающих японские предприятия от западных. Во-первых, как уже отмечалось, это их зависимость от внешних поставщиков. Количество комплектующих, получаемых извне, составляет 50%. В первую очередь японскому менеджменту при разработке новой продукции приходится решать вопрос: «производить или покупать». Другой особенностью японского производственного предприятия служит использование труда людей, занятых неполный рабочий день (в некоторых отраслях до 50% от общего числа работающих).

Такая зависимость от внешних поставщиков и сотрудников, занятых неполный рабочий день, помогает японскому менеджменту лучше справляться с колебаниями в сфере бизнеса.

ОТНОШЕНИЯ С ПОСТАВЩИКАМИ НА RICOH

Завод Atsugi в составе Ricoh, занимаясь производством офисного оборудования и копировальных аппаратов, во многом опирается на концепции «точно вовремя» и *канбан*. По словам Кацуми Ёсида, генерального менеджера отдела закупок в подразделении, производящем копировальное оборудование, эквивалент системы «точно вовремя» на Ricoh называется «стремительный и своевременный поток» (STF — speedy and timely flow), а аналог *канбан* носит здесь название «подача в режиме реального времени» (RP — real-time plate). Для поддержания качества продукции и производительности жизненно важны обе системы, позволяющие поддерживать порядок в производственных помещениях, где нет ничего лишнего.

Завод Atsugi имеет минимум места для запасов, и комплектующие обычно подаются поставщиками прямо к сборочному конвейеру строго к определенному часу. Как и на Toyota, на одной и той же линии осуществляется сборка нескольких видов оборудования.

Для такой системы существенны тесные отношения с поставщиками, которые на Ricoh подразделяются на «одобренных» и «не одобренных». Раз в году предприятие проводит анализ их показателей. Если определенный поставщик зарекомендовал себя как заслуживающий доверия в отношении качества, он может перейти в категорию «одобренных».

Такие фирмы в первую очередь получают заказы Ricoh, а также право на особые поощрения и удобные сроки платежей. В настоящее время у компании около 70 таких поставщиков, и это большинство.

Стараясь расширять технические возможности одобренных поставщиков, Ricoh приглашает их персонал работать над решением проблем совместно со своими сотрудниками. Кроме того, компания направляет на предприятия-поставщики своих технических специалистов для содействия в реализации различных мероприятий по кайдзен. Такие подрядчики получают право участвовать в различных учебных программах Ricoh.

График подачи заказов здесь также разработан с учетом того, чтобы благоприятствовать кооперации между Ricoh и ее поставщиком. В конце каждого месяца компания размещает в такой компании обязательный заказ на весь следующий месяц. Исключением служат детали RP (подающиеся в режиме реального времени). Для достижения четкой работы системы комплектующие заказываются ежедневно на три дня вперед. Ricoh также сообщает поставщикам свои ориентировочные планы на первую, вторую и третью декаду месяца, следующего за ближайшим, и дает предварительный план заказов еще на два месяца вперед. Поэтому к концу каждого месяца поставщики могут примерно определить требуемый объем производства на три месяца вперед и соответствующим образом спланировать график своего основного производства.

Поскольку комплектующие поставляются на предприятие поставщиками и подаются к сборочной линии при помощи конвейерной системы, чрезвычайно важно соблюдать требования к качеству и количеству, а также дисциплине поставки.

Когда детали, изготовленные в соответствии с новыми техническими условиями, поступают впервые, поставщик должен представить перечень таблиц по обеспечению качества, которые использовались при их производстве. Помимо этого, размер тары и маркировка, включая нумерацию, должны полностью соответствовать стандартам Ricoh, иначе вся партия может быть возвращена. Например, когда поступает партия из 10 ящиков, каждый из них надо маркировать 1/10, 2/10, 3/10 и так далее, то есть должен быть нанесен его порядковый номер в партии, состоящей из 10 ящиков. Если хотя бы на одном отсутствует номер, вся партия возвращается, поскольку эти ящики надо подавать на конвейер в определенном порядке и любая ошибка может привести к серьезным проблемам в ходе дальнейшего технологического процесса.

Инженеры Ricoh часто посещают своих поставщиков и просят их подробно описать производственные процессы или показать инструменты и шаблоны, которые они бы использовали при получении определенного заказа. Если технологические операции оказываются слишком сложными, Ricoh рекомендует упростить их, чтобы снизить затраты.

Каждый год компания устраивает собрание всех менеджеров, занимающихся закупками. Один из кульминационных моментов этого мероприятия — церемония вручения наград особо отличившимся поставщикам, которых отбирают менеджеры по закупкам, а сертификаты вручает сам президент Ricoh.

Сертификат представляет собой весьма престижный знак отличия, который как в финансовых кругах, так и среди других производителей считается свидетельством высокого качества и надежности. Имея на руках такой документ, поставщик может рассчитывать на новые банковские ссуды на более выгодных условиях и появление новых клиентов.

Ricoh убеждена, что, если при решении вопросов ценообразования интересы производителя и поставщика расходятся, обе компании должны помнить, что их общая цель — удовлетворение потребителя, а следовательно, они должны работать вместе над непрерывным кайдзен и снижением затрат*. ■

Изменение корпоративной культуры: вызов Западу

«Сегодня на переднем крае «полупроводниковой войны» идет бой за TQC», — говорит Хадзимэ Карацу из Matsushita. В Японии мы добились того, что руководители, обсуждая долю дефектной продукции, говорят о штуках на миллион (ppm). Некоторые энтузиасты TQC считают, что президенту компании, который исчисляет долю дефектов процентами, место в музее, а его фирма не имеет никаких перспектив.

---

* Для сравнения с подходом, принятым на Западе, смотри: Адлер Ю.П. Возлюбите своих поставщиков. — В сборнике: Поставщик и потребитель. — М.: РИА «Стандарты и качество», 2000. — С. 1–34. — *Прим. ред.*

Майкл Хэйли, профессор Owen Graduate School of Management при Vanderbilt University, недавно посетил Японию, чтобы ознакомиться с TQC на практике. Он пришел к выводу, что TQC применяется в Японии как корпоративная стратегия:

> «Чтобы стратегию можно было претворить в жизнь, она должна обрести конкретное воплощение для каждого сотрудника организации. Следовательно, долгосрочные стратегии должны трансформироваться в краткосрочные планы и задачи, которые понятны и осуществимы.
>
> Принципы всеобщего контроля качества дают структурную основу, которая помогает как сотрудникам, так и менеджменту находить общий язык и решать, как повысить качество и производительность труда.
>
> Таким образом, наряду с перестройкой организационных структур, всеобщий контроль качества как корпоративная стратегия неизбежно затрагивает такие сферы, как совершенствование коммуникации и отношения менеджмента и профсоюзов.
>
> Но превыше всего и важнее всего то, что всеобщий контроль качества как корпоративная стратегия должен иметь дело с *людьми*. Конечный результат внедрения TQC — это рабочие, которые трудятся более производительно, более квалифицированные менеджеры, улучшенные коммуникации и более эффективная организация. Создание высококачественной и конкурентоспособной продукции — итог совершенствования людей и руководства, а не наоборот».

Корпоративную стратегию не стоит монополизировать горстке представителей высшего менеджмента. Ее надо обстоятельно объяснять в доступной форме, интерпретировать и проводить в жизнь каждому, кто работает в компании. Как сказал Хэйли: «Она должна стать основой для коммуникации между всеми индивидами в бизнес-структуре. Стратегию надо связать с их потребностями и мотивировать их работу».

Сегодня для сохранения конкурентоспособности чрезвычайно важно, чтобы в кайдзен был вовлечен каждый. Однако для того чтобы в реализации стратегии участвовали все, надо создать соответствующую атмосферу, или корпоративную культуру. Например, будет трудно привлечь к сотрудничеству каждого при наличии серьезных разногласий между профсоюзами и менеджментом. Поэтому, если руководство хочет применять концепцию кайдзен к корпоративной деятельности в целом, оно должно постоянно приспосабливать эту концепцию к производственным отношениям.

Создание атмосферы сотрудничества и новой корпоративной культуры — неотъемлемая часть кайдзен. Все его программы, реализуемые в Японии, имеют одну важную предпосылку: получение поддержки со стороны рабочих и преодоление их неприятия перемен. Достижение этого требует:

1. Постоянной работы по совершенствованию производственных отношений.

2. Акцента на подготовку и обучение рабочих.
3. Выявления неформальных лидеров среди рабочих.
4. Формирования малых групп, в частности кружков КК.
5. Поддержки и признания усилий рабочих, направленных на кайдзен (П-критерии).
6. Сознательных усилий, направленных на то, чтобы на рабочем месте человек мог реализовать свои жизненные цели.
7. Стремления по возможности вносить в деятельность цеха элемент общественной жизни.
8. Подготовки мастеров, способных находить общий язык с рабочими, что будет способствовать росту их личной заинтересованности.
9. Наведения дисциплины в цехе.

Рис. 7.1 и 7.2 помогают понять взаимосвязь между корпоративной культурой и прибылью. Максимальных прибылей можно достичь путем 1) увеличения объемов продаж и/или 2) снижением как постоянных, так и переменных затрат. Если две компании производят идентичную продукцию, решающее различие для их конкурентоспособности можно выразить в показателях их точки окупаемости.

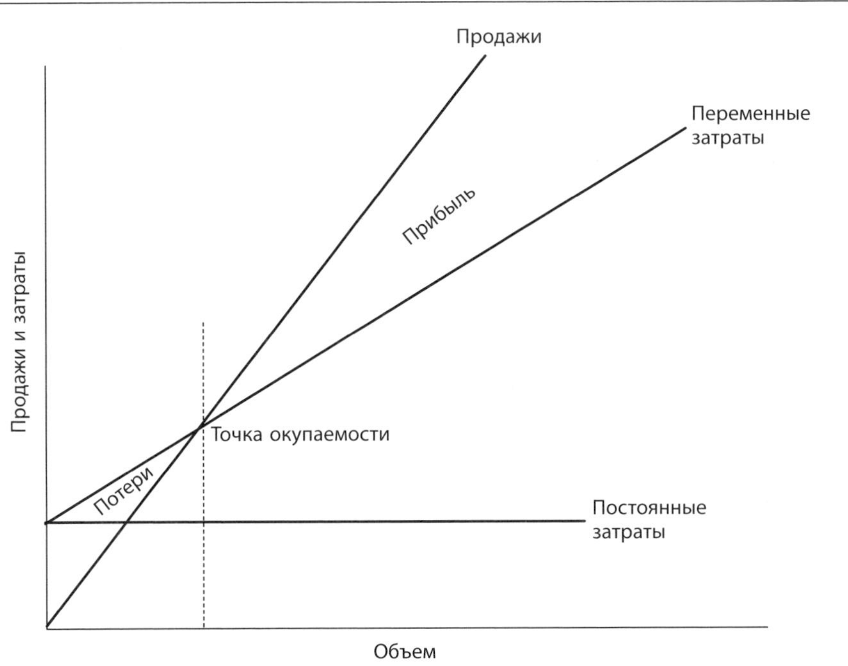

Рис. 7.1. Точка окупаемости и прибыль компании А

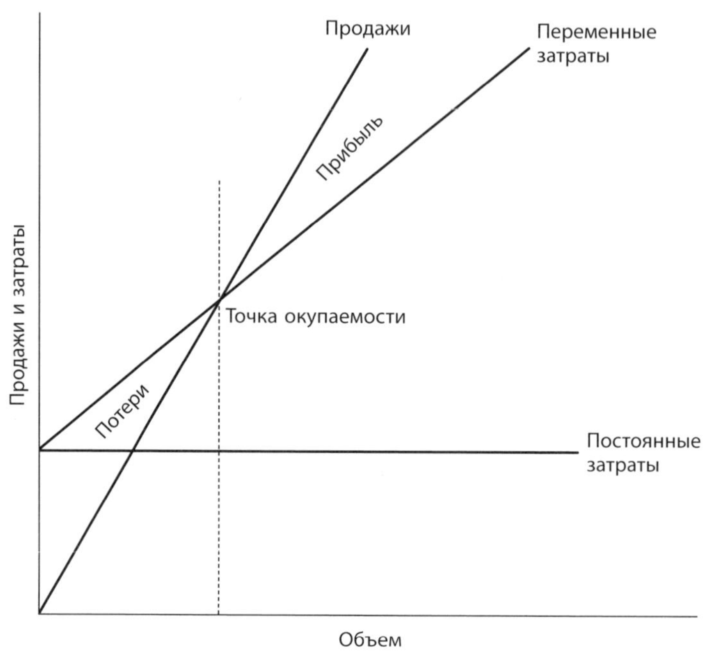

Рис. 7.2. Точка окупаемости и прибыль компании B

Сопоставив рис. 7.1 и рис. 7.2, нетрудно понять, какая компания более рентабельна и конкурентоспособна. Различие между ними определяется именно разницей в корпоративной культуре. Стратегия кайдзен нацелена на максимизацию прибыли за счет как снижения постоянных и переменных затрат, так и увеличения объема продаж. Этого можно добиться, лишь совершенствуя методы ведения бизнеса на всех уровнях, включая кабинеты начальства и производственные цеха.

За двадцать с лишним лет работы консультантом по менеджменту я повидал в Японии немало иностранцев, выполняющих эту работу, и пришел к выводу, что их манера принятия решений заметно отличается от нашей. Такие менеджеры обычно пользуются иными критериями, нежели японцы.

Например, представитель высшего менеджмента, только что назначенный на должность в зарубежном филиале компании, часто вводит новую политику. Большинство западных компаний в Японии известно тем, что они, к великому неудовольствию японских потребителей и дистрибьюторов, внезапно меняют методы продаж. Это касается, например, ценообразования, предоставления скидок и внезапной замены одного оптовика другим. Движущей силой таких изменений всегда служит одно-единственное стремление — повысить прибыли в следующем квартале.

Японские менеджеры обычно неохотно идут на какие-либо резкие изменения в практике бизнеса, опасаясь, что они могут негативно сказаться на организации и рынке. Японский менеджер в качестве приоритета предпочитает избрать не прибыль, а культуру. Термин «культура» весьма расплывчат, но я использую его здесь, имея в виду факторы производственной структуры и психологии, которые определяют сильные стороны компании в целом, производительность и конкурентоспособность в долгосрочном аспекте. Такие факторы включают организационную эффективность, производственные отношения и возможность экономичного изготовления качественной продукции.

Если мы выделим прибыль и кайдзен в качестве двух критериев, влияющих на решения руководства, то обнаружим, что японские и зарубежные менеджеры придают им разное значение. Большинство западных руководителей определенно ориентированы на краткосрочные прибыли, в то время как в основе японской корпоративной культуры лежит кайдзен. Проблема состоит в том, что эти два критерия часто рассматриваются как взаимоисключающие и противоречащие друг другу: менеджер, который решил использовать один из них, часто жертвует другим, и наоборот. И все же каждый руководитель, принимая решения, учитывает оба этих фактора, хотя соображения в отношении культуры часто едва уловимы и носят латентный характер, а большинство менеджеров даже не осознают, что используют такие критерии.

Если руководство успешно совершенствует культуру организации, в долгосрочном аспекте компания станет более продуктивной, более конкурентоспособной и более рентабельной. Однако в полной мере результат усилий менеджмента по совершенствованию культуры даст о себе знать лишь годы спустя. Лидеры, которых волнует в первую очередь немедленное получение прибыли, неохотно пойдут на то, чтобы тратить время и силы на совершенствование культуры, и в перспективе конкурентоспособность организации снизится. Поэтому если западные руководители и пытаются повысить производительность, то не нанося ущерба краткосрочной рентабельности. С другой стороны, когда японские руководители принимают меры по совершенствованию корпоративной культуры, они осознают, что это может повредить краткосрочной рентабельности, но работает на долгосрочную цель повышения конкурентоспособности организации.

На рис. 7.3 и 7.4 показано, как менялись число претензий потребителей и себестоимость продукции после применения концепции контроля качества в масштабах всей компании на Kobayashi Kose. Очевидно, что показатели и первого, и второго сразу после освоения TQC возросли. Однако это вполне закономерно, поскольку прежде чем новые меры дадут позитивные результаты, должно пройти какое-то время. Если единственным критерием для руководителя служит прибыль, то, увидев, что эффективность производства падает, он может ужаснуться и испытать желание вообще отказаться от программы TQC.

Рис. 7.3. Число претензий потребителей на Kobayashi Kose после введения TQC

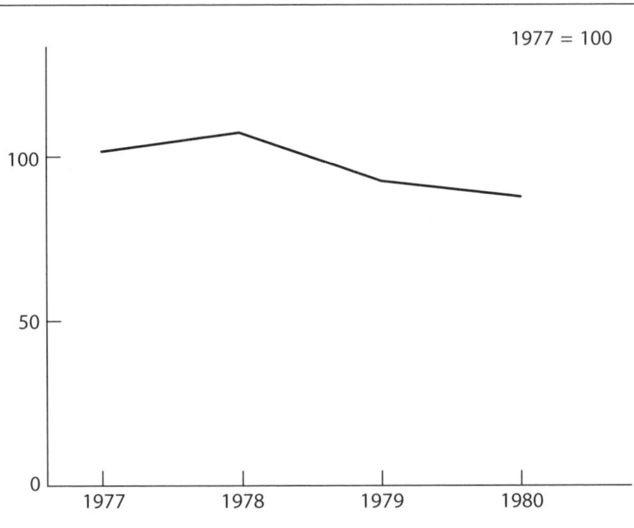

Рис. 7.4. Себестоимость на Kobayashi Kose после введения TQC

Поэтому часто работа по внедрению TQC в западных компаниях носит фрагментарный характер и редко ведет к совершенствованию корпоративной культуры. Для них существует единственный способ повысить свою конкурентоспособность в международном масштабе — начать использование двустороннего критерия оценки деятельности высшего менеджмента, учитывающего как прибыль, так и кайдзен.

Такая инициатива должна исходить от совета директоров. Если он рассматривает прибыль как единственный критерий оценки эффективности работы высшего менеджмента, то неохотно пойдет на использование П-критериев, которые оценивают совершенствование и ставят под угрозу краткосрочные прибыли, даже если преимущества таких изменений в долгосрочной перспективе очевидны.

Совет директоров должен составить финансовую смету расходов на изменение культуры компании, охватив период в пять или десять лет, чтобы высший менеджмент мог уделить внимание кайдзен *наряду* со своей обычной деятельностью по получению прибыли. Естественно, получение прибыли и кайдзен надо сбалансировать. Поэтому совет директоров должен постараться убедить своих инвесторов, финансовые круги и клиентуру в важности совершенствования.

Более того, ему надо установить П-критерии для высшего менеджмента, чтобы оценивать уровень кайдзен. Точно так же, как существуют конкретные показатели прибыли, такие, как доход за период, возврат на инвестиции (ROI) и доход на акцию, кайдзен тоже следует измерять четкими, заранее установленными показателями.

Изменение корпоративной культуры для того, чтобы компания могла стать более продуктивной и конкурентоспособной при одновременном поддержании баланса между прибылью и кайдзен, — это вызов, брошенный сегодня западным компаниям.

Если западный менеджмент берется за применение кайдзен в своих системах управления, ему предстоит учитывать следующие моменты.

- ■ Настроен ли высший менеджмент на применение кайдзен как корпоративной стратегии? Готов ли он потратить достаточно времени, чтобы по-настоящему осознать его смысл и последствия?
- ■ Действительно ли высший менеджмент убежденный приверженец таких межфункциональных целей, как качество, затраты и дисциплина поставки? Готов ли он к развертыванию требуемых в этой ситуации учебных программ для всех сотрудников? Готов ли он заниматься отслеживанием и аудитом прогресса?
- ■ Может ли достижение поставленных целей опираться на существующие системы и корпоративные структуры? Если они не в состоянии обеспечить достижение межфункциональных целей, готов ли высший менеджмент внести неизбежные коррективы, даже если речь идет об изменениях в таких сферах, как организация, структура, планирование и контроль, управление персоналом, включая оплату и перераспределение людей?

Корпоративная структура компании должна соответствовать межфункциональным целям. Иногда люди говорят об организационной стратегии так, будто она диктуется организационной структурой. Это заблуждение. Организационная структура определяется стратегией, а не наоборот.

Какая именно структура соответствует достижению межфункциональных целей, зависит от отрасли, сферы деятельности компании, а кроме того, от ее размера. Многие фирмы с большим числом подразделений используют так называемую матричную форму организации. Но опять же, ее эффективность надо рассматривать с учетом того, насколько она соответствует межфункциональным целям.

■ Настроен ли высший менеджмент на создание программы непрерывного межфункционального совершенствования, в которой участвуют все сотрудники организации? В западных компаниях ее реализацией часто занимаются как разовой работой, формируя для этого команду проекта.

Одна из основных доктрин межфункционального менеджмента состоит в том, что наиболее насущные проблемы управления лежат в межфункциональных сферах, и поэтому их решение предполагает взаимодействие между подразделениями, отделами и секциями. Проблемы, не выходящие за рамки определенного подразделения (или вида деятельности), преодолеваются относительно легко, поскольку менеджеры, которые их решают, обычно имеют нужные для этого полномочия и ресурсы. Однако, занимаясь межфункциональным совершенствованием, приходится иметь дело с зонами, где стыкуются полномочия разных подразделений. Кто должен брать на себя ответственность в таком случае? Должностная инструкция любого конкретного менеджера обычно ограничивает сферу его влияния определенным видом деятельности или подразделением. Чем четче в ней определены обязанности специалиста, тем более он зависим при решении межфункциональных проблем или вопросов, касающихся взаимоотношений между подразделениями.

Должностные инструкции должны включать обязанности межфункционального характера. Если они этого не предусматривают, следует их пересмотреть. Отношения, связанные с внутренней отчетностью между различными подразделениями, также подлежат корректировке.

В типичной западной компании любой вид деятельности обычно осуществляется преисполненными гордости специалистами, которые получили хорошее образование и потратили много лет на приобретение профессиональной репутации. Чем больше они гордятся собой, тем труднее им эффективно общаться с людьми, работающими в другой сфере деятельности. В такой атмосфере невозможна эффективная межфункциональная коммуникация, поэтому нужны коренные изменения установок. Руководство может предложить своим сотрудникам посещение специальных курсов, включенных в учебные планы бизнес-школ и других учебных заведений и способствующих формированию межфункционального мышления. Кроме того, менеджмент иногда направляет специалистов из одной области деятельности (например, инженеров) в другую, например на производство или в отдел продаж.

- Как компания может добиться того, чтобы инженеры больше участвовали в работе, связанной с производством? Для западного менеджмента этот аспект особенно важен. Обычно инженеры гордятся проектами, далекими от производства. Специалист, работающий на заводе, часто имеет более низкий статус, чем технический персонал в главном офисе, что отражается и на уровне их зарплаты. Типичный инженер мечтает попасть в центральную исследовательскую лабораторию, обретя более высокий социальный статус и более высокую зарплату. Система, которая существует на Западе, способствует тому, что лучшие инженеры уходят с производства.

  С учетом важности межфункционального взаимодействия между конструкторским бюро и предприятием следует пересмотреть сложившийся порядок, направив на производство лучшие технические кадры. В условиях японской системы надбавок за выслугу лет инженер, получивший назначение на завод, нимало не смущается этим, поскольку знает, что он будет получать тот же компенсационный пакет, который имеет аналогичный специалист одних с ним лет, работающий в главном офисе.

- Кайдзен начинается с выявления проблем. На Западе, в условиях непрерывных наймов и увольнений, этот процесс часто отождествляется с низкими показателями и даже чреват увольнением. Начальники заняты тем, что придираются к подчиненным, а те, в свою очередь, скрывают проблемы. Изменение корпоративной культуры с тем, чтобы создать атмосферу, которая будет благоприятствовать кайдзен, поощряя открытое признание проблем всеми и каждым и выработку планов для их решения, потребует радикальных перемен в кадровой политике и во взаимоотношениях людей в процессе совместной работы.

- И последнее, хотя не менее важное. Западное руководство должно ввести на всех уровнях критерии, ориентированные на процесс, которые требуют переподготовки в масштабах всей компании и реструктуризации планирования и систем контроля.

ВЫЗОВ ПРИНЯТ:
TQC НА PHILIPS

Все большее число западных компаний теперь вводят программы TQC с поддержки и одобрения со стороны руководства. Philips принадлежит к тем многонациональным корпорациям, чей высший менеджмент — горячий приверженец того, что получило название «повышение качества в масштабах всей компании» (CWQI — company-wide quality improvement). В октябре 1983 г. президент Philips доктор В. Деккер сделал следующее заявление, определяющее политику Philips в отношении качества.

Качество продукции и услуг — вопрос чрезвычайной важности для целостности и преемственности нашей компании.

Принимая политику качества, нацеленную на полный контроль любой деятельности, мы стремимся к наивысшему качеству, высокой производительности и гибкости, а также снижению себестоимости. Каждый сотрудник должен усвоить отношение к работе, в основе которого лежит постоянное стремление к совершенствованию.

Правление приняло решение развернуть работу по повышению качества в масштабах всей компании.

Более конкретно ее форма и содержание будут определены в ближайшие месяцы. Основные тезисы нашей политики качества таковы:

1. Повышение качества — первоочередная задача и ответственность руководства.
2. Чтобы вовлечь каждого сотрудника компании в движение по повышению качества, менеджмент должен дать возможность всем сотрудникам — и не только заводским — участвовать в подготовке, реализации и оценке данных мероприятий.
3. Повышением качества следует заниматься постоянно и планомерно. Это касается любого подразделения нашей организации.
4. Повышение качества должно стать непрерывным процессом.
5. Наша организация должна уделять более пристальное, чем когда-либо, внимание потребителям и пользователям как за пределами компании, так и внутри нее.
6. Все соответствующие подразделения должны быть в курсе достижений наших конкурентов.
7. Основных поставщиков надо привлекать к участию в нашей политике качества. Это касается и внешних, и внутренних поставщиков комплектующих, ресурсов и услуг.
8. Самое пристальное внимание будет уделяться обучению и подготовке. Мы дадим оценку текущей работе по обучению и подготовке с учетом ее вклада в политику качества.
9. Политика качества должна разъясняться и пропагандироваться во всех подразделениях компании, чтобы донести ее до каждого сотрудника. Для внутренней и внешней пропаганды и обмена данными должны использоваться все доступные средства массовой информации и иные методы.
10. Отчетность о прогрессе в реализации данной политики будет постоянным пунктом повестки дня на совещаниях по анализу.

Группа управления качеством (Quality Steering Group) под руководством правления вместе с корпоративным бюро качества (Corporate Quality Bureau) будет заниматься поддержкой и координацией на корпоративном уровне.

В соответствии с этим Philips организовала ряд семинаров, в работе которых приняли участие около 400 представителей высшего менеджмента компании со всего мира. На одном из таких семинаров Деккер сказал:

«Для нас, как для членов правления, чрезвычайно важно, что, если захотим, мы можем работать гораздо лучше. А чтобы компания продолжала существовать, мы просто *обязаны* захотеть...

Важность семинара определяется тем обстоятельством, что речь пойдет о новой концепции менеджмента — стратегии *непрерывного совершенствования.*

Вы должны понять, что мы намерены внушить всей организации не только мысль о важности повышения качества в масштабах всей компании, но, в первую очередь, мысль о необходимости того, чтобы вы, вместе с вашими подчиненными, — я подчеркиваю, *вместе* — создавали условия для достижения целей, связанных с качеством...

После этого семинара вы должны еще более напряженно работать над решением этой проблемы, обеспечить свой персонал нужными инструментами и научить его пользоваться ими, чтобы добиться требуемого повышения качества.

Вам придется не только проводить *аудит качества*, но и проходить его самим. Правление уже решило, что это станет одним из важнейших пунктов повестки дня на всех совещаниях по анализу, и будет принимать во внимание качество при оценке деятельности отдельных людей.

Мы хотим добиться полного изменения внутренних установок». ■

Подведение итогов

До сих пор я пытался разъяснить сущность кайдзен — что представляет собой эта концепция, как она работает и чего позволяет добиться. Для тех, кто уже ее применяет, преимущества этого подхода очевидны. Он позволяет повысить качество и производительность. Там, где кайдзен используется впервые, менеджмент без крупных капиталовложений добивается повышения производительности на 30, 50 и даже 100 процентов и более.

Кайдзен помогает снизить точку окупаемости и делает руководство более восприимчивым к нуждам потребителя, выстраивая систему, которая принимает в расчет его требования.

Кайдзен — это гуманистический подход, поскольку, без преувеличения, предполагает участие всех и каждого. В его основе лежит вера в то, что любой человек может совершенствовать свое рабочее место, где он проводит треть жизни.

И, наконец, кайдзен позволяет повысить конкурентоспособность и рентабельность. В течение последних 30 лет японский менеджмент следовал политике постоянного совершенствования, официально не используя этот термин. Сегодня впервые неяпонские компании имеют возможность наметить план действий по кайдзен, получить полное представление о перспективах и приступить к планированию реализации стратегии.

Концепция кайдзен стремится одновременно уделять самое пристальное внимание как процессу, так и результату. Когда мы говорим о совершенствовании процесса, то должны оценивать прилагаемые усилия, а следовательно, менеджмент обязан разработать систему, которая вознаграждает как рабочих, так и менеджеров за старания и усердие. Это признание приложенных усилий не следует путать с признанием результатов.

Освоение стратегии кайдзен требует одновременного применения нисходящего и восходящего принципов управления. В этой связи следует отметить, что нисходящий стиль обычно требует проектного подхода, тогда как восходящий стиль — аналитического. Поэтому на нижних уровнях иерархии следует обучать использованию аналитических инструментов как рабочих, так и менеджеров. С другой стороны, на высших уровнях более широкое применение находит проектный подход (например, развертывание политики, структурирование качества и использование «Семи новых» инструментов), поскольку эти уровни в первую очередь занимаются постановкой целей и развертыванием средств их достижения.

В то время как аналитический подход опирается на предшествующий опыт, проектный предполагает попытку выстроить более совершенное будущее при помощи заранее установленных целей. Хотя он традиционно использовался в таких узких областях, как организация производства и архитектура, его применение при решении вопросов управления заслуживает самого пристального внимания. (Краткое описание проектного подхода и его инструментов дается в Приложении Е.)

Когда эти два подхода дополняются механизмами принятия решений и решения проблем, для менеджеров любого уровня возникает мощный инструмент реализации стратегии кайдзен. Менеджерам следует помнить про оба подхода, разрабатывая программы подготовки и обучения.

В процессе реализации стратегии кайдзен в Японии было создано много полезных концепций и инструментов, и я уверен, что большинство из них можно эффективно использовать в других странах. В их числе философия, ориентированная на потребителя, цикл PDCA, межфункциональный менеджмент, развертывание политики и такие вспомогательные средства, как системные диаграммы и таблицы качества.

По словам профессора Ёсинобу Наятани из Osaka Electronic Communication University, стратегия кайдзен и менеджмент TQC позволяют добиться следующих результатов:

1. Люди быстрее схватывают суть дела.
2. Больше внимания начинает уделяться этапу планирования.
3. Создаются благоприятные условия для мышления, ориентированного на процесс.
4. Люди сосредотачиваются на самых острых вопросах.
5. В создании новой системы участвуют все.

В основе моей убежденности в том, что концепция кайдзен применима и действенна не только в Японии, но и в других странах, лежит тот факт, что все люди инстинктивно стремятся к самосовершенствованию.

Хотя культурные факторы, безусловно, влияют на поведение индивида, верно и то, что его можно оценить и изменить при помощи ряда факторов или процессов. Поэтому всегда есть возможность, безотносительно к культуре, разбить поведение на отдельные процессы и установить точки контроля и точки управления. Именно поэтому такие управленческие инструменты, как принятие решений и решение проблем, обладают универсальностью. При внедрении мышления, ориентированного на процесс, обязательно следует учитывать влияние особенностей бизнес-культуры. Тем не менее, без сомнения, процессный подход универсален по своей сути.

Кайдзен не заменяет и не исключает инноваций. Скорее они взаимно дополняют друг друга. В идеале время для инновации наступает тогда, когда возможности кайдзен исчерпаны, а кайдзен начинается сразу после внедрения инновации. Кайдзен и инновации — неразрывные составляющие прогресса.

Ётаро Кобаяси из Fuji Xerox говорит: «Кайдзен улучшает статус-кво, привнося в него добавленную ценность, и обязательно приносит плоды, если ведется упорная и непрерывная работа по достижению четко поставленной цели.

Но его возможности ограниченны, поскольку он не может *изменить* статус-кво коренным образом. Когда кайдзен достигает предела своих возможностей, следует обратиться к инновациям. Работа высшего менеджмента состоит в поддержании баланса между кайдзен и инновациями, и ему следует постоянно заниматься поиском возможных нововведений».

И, наконец, хотя в данной книге я ограничился рассказом о значении стратегии кайдзен для бизнеса, но уверен, что эта концепция может широко применяться в других сферах, с ним не связанных, включая государственную службу, школы и другие учреждения, и что она может быть полезна даже в странах с централизованно управляемой экономикой. В перечисленных структурах могут отсутствовать стимулы, связанные с получением прибыли, однако концепция кайдзен остается при этом эффективным критерием для контроля прогресса.

В этом контексте уместно процитировать слова Клода Леви-Стросса о концепции прогресса. Выступая в 1983 г. на Международном симпозиуме по производительности в Японии, он заметил:

> *«Мы называем некоторые общества примитивными, поскольку они предпочитают оставаться такими,* какими создали их в незапамятные времена боги или предки, с демографическим балансом, который они умеют поддерживать, и *неизменным уровнем жизни,* который охраняется их социальными установлениями и метафизическими верованиями». (Курсив авт.)

Я искренне надеюсь, что мы сможем преодолеть наше «примитивное» состояние, и стратегия кайдзен, в конечном счете, найдет применение не только в предпринимательских кругах, но и в различных структурах и обществах по всему миру.

3-MU — КОНТРОЛЬНЫЙ ЛИСТОК ДЕЙСТВИЙ КАЙДЗЕН

Было разработано множество систем точек проверки кайдзен, призванных помочь рабочим и менеджменту постоянно помнить о направлениях совершенствования. Ниже приводится получивший широкое распространение пример, использующий три точки проверки:

Muda (waste) — му́да* (потери)	Muri (strain) — мури* (перегрузка)	Mura (discrepancy) — мура* (несоответствие)
1. Людские ресурсы	1. Людские ресурсы	1. Людские ресурсы
2. Технология	2. Технология	2. Технология
3. Метод	3. Метод	3. Метод
4. Время	4. Время	4. Время
5. Оборудование	5. Оборудование	5. Оборудование
6. Приспособления и инструменты	6. Приспособления и инструменты	6. Приспособления и инструменты
7. Материалы	7. Материалы	7. Материалы
8. Объем производства	8. Объем производства	8. Объем производства
9. Запасы	9. Запасы	9. Запасы
10. Место	10. Место	10. Место
11. Образ мышления	11. Образ мышления	11. Образ мышления

---

* Муда — все виды действий, которые потребляют ресурсы, не создавая ценности, мури — перегрузка, работа с напряжением (человека или машины), мура — любое отклонение от процесса (хорошее или плохое). Предложено Т. Óно. — *Прим. ред.*

КАЙДЗЕН-ДВИЖЕНИЕ 5-S (ПЯТЬ ШАГОВ)

Н‌азвание движения 5-S происходит от пяти японских слов, которые начинаются с s: *сэйри* (*seiri*), *сэйтон* (*seiton*), *сэйсо* (*seiso*), *сэйкэцу* (*seiketsu*) и *сицукэ* (*shitsuke*). Как часть визуализируемого менеджмента, используемого программой в целом, в цехе часто можно увидеть плакаты, на которых перечислены эти пять шагов.

Шаг 1: *сэйри* (упорядочи)

- Незавершенное производство.
- Ненужные инструменты.
- Неиспользуемое оборудование.
- Дефектные изделия.
- Бумаги и документы.

Определи необходимое и лишнее и избавься от бесполезного.

Шаг 2: *сэйтон* (приведи в порядок вещи)

Вещи надо содержать в порядке, чтобы они были готовы к использованию, когда понадобятся. Один инженер-механик из Америки вспоминает, что, когда он работал в Цинциннати, он часами искал нужные инструменты и детали. Лишь после того, как стал работать в японской компании и увидел, как легко рабочие находят все необходимое, он по-настоящему понял важность *seiton*.

Шаг 3: *сэйсо* (наведи чистоту)

Содержи рабочее место в чистоте.

Шаг 4: *сэйкэцу* (личная чистоплотность)

Привыкай быть аккуратным и опрятным, начни с самого себя.

Шаг 5: *сицукэ* (дисциплина)

Соблюдай правила работы в цехе.

ПЯТЬ W И ОДНО H

Кто (who)	Что (what)	Где (where)
1. Кто это делает постоянно?	1. Что нужно сделать?	1. Где это нужно сделать?
2. Кто это делает в настоящее время?	2. Что делается?	2. Где это сделано?
3. Кому следует это делать?	3. Что следует сделать?	3. Где это следует сделать?
4. Кто еще мог бы это делать?	4. Что еще можно сделать?	4. Где еще это можно сделать?
5. Кому еще следовало бы это делать?	5. Что еще должно быть сделано?	5. Где еще это следует сделать?
6. Кто занимается тремя MU?	6. Над какими из трех MU идет работа?	6. Где идет работа над тремя MU?

Когда (when)	Почему (why)	Как (how)
1. Когда это нужно делать?	1. Почему он это делает?	1. Как нужно это делать?
2. Когда это было сделано?	2. Почему это следует делать?	2. Как это сделано?
3. Когда это следует сделать?	3. Почему следует делать это здесь?	3. Как это должно быть сделано?
4. Когда еще это можно сделать?	4. Почему это следует делать именно сейчас?	4. Можно ли использовать такой метод в другом месте?
5. Когда еще это следует сделать?	5. Почему это делается таким способом?	5. Есть ли другой способ сделать это?
6. Касается ли дело в какой-то момент времени трех MU?	6. Учитываются ли три MU при размышлении об этом?	6. Присутствуют ли в этом методе три MU?

КОНТРОЛЬНЫЙ СПИСОК ЧЕТЫРЕХ M*

A. *Man* (Оператор)

1. Соблюдает ли он стандарты?
2. Приемлема ли эффективность его работы?
3. Восприимчив ли он к наличию проблем?
4. Ответственен ли он? (Несет ли он ответственность?)
5. Обладает ли он квалификацией?
6. Есть ли у него опыт?
7. Подходит ли ему порученная работа?
8. Стремится ли он к совершенствованию?
9. Умеет ли он ладить с людьми?
10. Здоров ли он?

B. *Machine* (Оборудование)

1. Соответствует ли оно требованиям производства?
2. Соответствует ли оно воспроизводимости процесса?
3. Соблюдаются ли требования к смазке?
4. Производится ли надлежащая проверка?
5. Часто ли приходится останавливать работу из-за проблем с механикой?
6. Соответствует ли оборудование требованиям к точности?
7. Издает ли оно какие-либо необычные шумы?

---

* Иногда в список добавляется пятая позиция «Measurement» («измерение»), и тогда его называют Контрольный список пяти М. — *Прим. авт.*

8. Рациональна ли его компоновка?
9. Достаточно ли имеющегося в наличии оборудования?
10. Находится ли оно в исправном состоянии?

C. *Material* (Материал)

1. Есть ли ошибки в объеме?
2. Есть ли ошибки в качестве?
3. Есть ли ошибки в бренде?
4. Есть ли примеси в смеси?
5. Адекватен ли уровень запасов?
6. Есть ли потери материала?
7. Адекватно ли обращение с материалами?
8. Есть ли незавершенное производство?
9. Адекватна ли раскладка?
10. Удовлетворительны ли стандарты качества?

D. *Operation Method* (Метод работы)

1. Удовлетворительны ли рабочие стандарты?
2. Обновлены ли эти стандарты?
3. Безопасен ли метод?
4. Обеспечивает ли данный метод производство качественной продукции?
5. Эффективен ли метод?
6. Рациональна ли последовательность работы?
7. Адекватна ли настройка?
8. Соответствуют ли нормам температура и влажность?
9. Соответствуют ли нормам освещение и вентиляция?
10. Есть ли надлежащая стыковка данного процесса с предшествующим и последующим процессами?

ИНСТРУМЕНТЫ КАЙДЗЕН ДЛЯ РЕШЕНИЯ ПРОБЛЕМ

Семь статистических инструментов

Существует два разных подхода к решению проблем. Первый используется, когда данные доступны, и чтобы решить конкретную проблему, нужно их проанализировать. Большая часть проблем, связанных с производством, попадает в эту категорию. Вот семь статистических инструментов[*], которые используются для аналитического решения проблем:

1. **Диаграммы Парето.** Эти диаграммы классифицируют проблемы по проявлениям и причинам. Проблемы представляются в соответствии с их приоритетом в виде столбиковых диаграмм, где за 100% принимается общий объем потерь.

2. **Диаграммы причин и результатов.** Эти диаграммы используются для анализа характеристик процесса или ситуации и влияющих на них факторов. Диаграммы причин и результатов называются также «рыбий скелет», или «скелет Годзиллы»[**].

3. **Гистограммы.** Данные по частотам, полученные в результате измерений, образуют пик вокруг некоторого значения. Вариация характеристик называется «распределением», а столбцы, соответствующие частотам, называются гистограммой. Главным образом она используется для определения проблем при помощи анализа формы разброса значений, центрального значения и характера рассеивания.

---

[*] Адаптированное описание семи статистических инструментов приводится по The Quest for Higher Quality: The Deming Prize and Quality, RICOH Company, Ltd., воспроизводится с разрешения. — *Прим. авт.*

[**] На Западе и иногда у нас их неточно называют «причинно-следственными» диаграммами. — *Прим. ред.*

4. **Контрольные карты.** Существует два типа вариаций: неустранимые вариации, возникающие в нормальных условиях, и те, что можно проследить до причин. Последние называются «ненормальными» (abnormal). Контрольные карты служат для выявления анормальных тенденций с помощью линейных графиков. Они отличаются от стандартных линейных графиков тем, что имеют нижний и верхний контрольные пределы относительно центральной линии. Выборочные данные наносятся на график в виде точек, что позволяет оценить состояние процесса и тренды.

5. **Диаграммы разброса.** Содержат две совокупности данных, нанесенные на график в виде точек. Взаимосвязь между этими точками показывает зависимость между соответствующими данными.

6. **Графики.** Формы и цели анализа могут диктовать использование различных видов графиков. С помощью столбиковых диаграмм сравнивают значения при помощи параллельных столбиков, а линейные графики используются для наглядного представления вариаций в течение определенного периода времени. Круговые диаграммы представляют классификацию показателей, сгруппированных в категории, а радарные графики помогают анализировать заранее выбранные объекты.

7. **Контрольные листки.** Эти листки разработаны для сведения в таблицу результатов текущей проверки ситуации.

Такие инструменты широко применяются кружками КК и другими малыми группами, а также инженерами и менеджерами для выявления и решения проблем. Все они представляют собой статистические и аналитические инструменты, и в компаниях, ведущих активную работу в сфере CWQC, сотрудники проходят обучение по использованию их в повседневной деятельности*.

«Семь новых»

Во многих ситуациях, связанных с менеджментом, доступны не все данные, нужные для решения проблемы. В этом плане показательна разработка новой продукции. Идеальным методом ее создания было бы выявление требований потребителя, их перевод на язык технических характеристик и последующая трансформация в требования к производству. То же должно происходить и при разработке нового способа производства, обеспечивающего более высокую производительность. В обоих случаях нужные данные

---

* Иногда графики и диаграммы разброса рассматривают вместе как один метод, а в качестве седьмого метода используется «стратификация (расслаивание)» данных. Смотри, например, книгу: Кумэ Х. Статистические методы повышения качества. — Перевод с английского / Под ред. и с послесловием Ю.П. Адлера и Л.А. Коноревой. — М.: Финансы и статистика, 1990. — 304 с. — *Прим. ред.*

не всегда доступны, — а те, что доступны, часто выражены не в виде математических показателей, а представляют собой субъективные суждения тех, кто заинтересован в данной продукции. Такие вербальные данные нужно преобразовать в поддающуюся интерпретации форму для принятия обоснованного решения.

Множество ситуаций в менеджменте, связанных с решением проблем, требуют сотрудничества персонала разных подразделений. В этом случае также часто недостает достоверных данных, а доступные сведения весьма субъективны.

В этих обстоятельствах надо выйти за рамки аналитического подхода и использовать проектный подход к решению проблем. Семь новых инструментов КК (которые часто называют «Семь новых»), используемых в проектном подходе, оказались полезными в таких сферах, как повышение качества продукции, снижение затрат, разработка новой продукции и развертывание политики. «Семь новых» представляют собой комплекс весьма эффективных инструментов для сегодняшних менеджеров, сотрудников и инженеров.

Проектный подход — это современный системный подход к решению проблем, который характеризуется вниманием к деталям. Другая его особенность — привлечение к участию персонала, компетентного в различных областях, что позволяет повысить эффективность решения межфункциональных проблем и вопросов, касающихся взаимоотношений разных подразделений.

Вот «Семь новых»:

1. **Диаграмма связей* (Relations diagram).** Эта диаграмма показывает взаимосвязи в сложных ситуациях, характеризующиеся наличием комплекса взаимосвязанных факторов, и используется для прояснения их причинно-следственных связей.

2. **Диаграмма сродства (Affinity diagram).** В сущности, она представляет собой метод мозгового штурма, в основе которого лежит групповая работа. Каждый участник записывает свои идеи, а затем они группируются и перестраиваются в соответствии с предметом обсуждения.

3. **Древовидная диаграмма, Дерево (Tree diagram).** Это развитие концепции функционально-стоимостного анализа в рамках функционального анализа. Она применяется для иллюстрации взаимосвязей между целями и средствами.

4. **Матричная диаграмма (Matrix diagram).** Этот формат используется для установления взаимосвязи между двумя разными факторами. Матричная диаграмма часто применяется при структурировании требований качества сначала в виде соответствующих технических данных, а затем в виде требований к производству.

---

* В последнее время этот инструмент часто называют «графом, или диграфом, связей». — *Прим. ред.*

5. **Диаграмма анализа матричных данных (Matrix data-analysis diagram).** Такая диаграмма используется, когда матричная диаграмма не обеспечивает достаточно подробной информации. Это единственный метод среди «Семи новых», который опирается на анализ данных и дает количественные результаты.

6. **Блок-схема процесса принятия решений (БППР) PDPC (Process Decision Program Chart).** Используется при исследовании операций. Поскольку реализация программ внедрения для достижения конкретных целей не всегда идет по плану и возникновение непредвиденных обстоятельств может иметь серьезные последствия, PDPC была разработана не только для получения оптимальных результатов, но и для того, чтобы избежать неожиданностей.

7. **Стрелочная диаграмма (Arrow diagram).** Часто применяется в рамках метода PERT (метода оценки и пересмотра планов) и метода CPM (метода критического пути). Она представляет этапы, нужные для реализации плана, в виде сетевого графика.

Список возможностей применения «Семи новых» для действий, связанных с улучшениями, практически бесконечен. Хотя ниже дан перечень основных на сегодняшний день областей применения этих инструментов в Японии, он никоим образом не исчерпывающий. В отдельном проекте, в зависимости от его требований, обычно используются не все одновременно, а один или более инструментов.

Типичные сферы применения инструментов КК из «Семи новых»

Научно-исследовательские и опытно-конструкторские работы (R&D)

Разработка новой технологии

Разработка новой продукции

Структурирование качества

Совершенствование аналитических и диагностических навыков

Диспетчеризация производства

Управление производством

Повышение производительности

Внедрение автоматизации

Повышение качества

Снижение затрат и энергосбережение

Повышение безопасности

Анализ конкурентоспособности

Анализ претензий

Совершенствование систем обеспечения качества

Предотвращение загрязнения

Управление продажами

Анализ информации о рынке

Управление отношениями с поставщиками

Развертывание политики

ПРЕМИИ ДЕМИНГА

Премии Деминга начинались с денежных средств, пожертвованных У. Эдвардсом Демингом, которые были частью суммы, заработанной за первые лекции по контролю качества, прочитанные им в Японии, и гонорары, полученные после издания и продажи курса лекций и переводов книги. Сегодня расходы по выплате премии Деминга несет JUSE.

Существует три категории премии Деминга: персональная премия Деминга (Deming Prize), премия Деминга, которой награждаются компании (Deming Application Prize), и заводская премия Деминга (Deming Factory Prize).

Самой высокой наградой, которая добавилась к названным в 1970 г., стала Японская премия по контролю качества (Japan Quality Control Prize). Она вручается только тем компаниям, которые демонстрируют стабильно высокий уровень внедрения практик TQC по меньшей мере в течение пяти лет после получения премии Деминга.

Контрольный листок, используемый для оценки претендентов на премию Деминга, свидетельствует о масштабах деятельности, которая проводится в Японии в рамках всеобщего контроля качества. Он показывает, что проверка КК в Японии фактически представляет собой аудит системы управления в целом.

Контрольный листок аудита для Deming Application Prize

1. Корпоративная политика

Какова корпоративная политика в отношении TQC? Какие цели и средства используются для планирования, проектирования, производства и продажи качественных товаров или услуг? Насколько это результативно и как проверяется? (Разработка политики, ее развертывание, реализация и аудит.)

2. Организация и администрирование

Какой тип организационной структуры используется для осуществления статистического контроля качества? В числе прочих вопросов, подлежащих рассмотрению: четкость распределения ответственности и полномочий, а также координация деятельности подразделений, работа комитетов и малых групп. (Межфункциональная организация.)

3. Обучение и распространение

Какого рода образовательные программы предусматривается в плановом порядке реализовать на рабочих местах и за пределами компании? (Речь идет о таких программах, как семинары по SQC — статистическому контролю качества.) Каков уровень понимания концепций и методов SQC? Чем подтверждается эффективность данных программ? Какое обучение предусмотрено для поставщиков и субподрядчиков? Как работает система предложений?

4. Внедрение

Какие мероприятия проводятся для обеспечения TQC в таких сферах, как научно-исследовательские и опытно-конструкторские работы (R&D), проектирование, закупки, производство, проверки и продажи? В частности, надо проверить следующие позиции:

  i. Управление прибылями
 ii. Управление затратами
iii. Закупки и управление запасами
 iv. Управление производственным процессом
  v. Управление производственными мощностями
 vi. Инструментальный контроль
vii. Управление персоналом
viii. Отношения с профсоюзами
 ix. Образовательные программы
  x. Разработка новой продукции
 xi. Управление исследованиями
xii. Отношения с поставщиками
xiii. Порядок рассмотрения жалоб
xiv. Использование информации о потребителе
 xv. QA (обеспечение качества)
xvi. Обслуживание клиентов (потребителей)
xvii. Отношения с клиентами (потребителями)

a) Сбор и использование информации о качестве

Как информация от главы офиса передается и распространяется на заводах, в отделах продаж и подразделениях?

b) Анализ

Каким образом определяются важные проблемы качества и как используются для их решения статистические методы?

c) Стандартизация

Как устанавливаются, используются и пересматриваются стандарты? Как поддерживается соблюдение стандартов, а также их согласованность и последовательность?

d) Управление

Как устанавливаются точки управления? Какие контрмеры принимаются? Какова система контроля чрезвычайных мер и как осуществляется управление этой системой? Как используются различные инструменты, например контрольные карты? Управляемы ли производственные процессы статистически?

e) Обеспечение качества

Как осуществляются управление системой обеспечения качества и ее диагностика? Что представляет собой система разработки новой продукции? Как используется структурирование функции качества? Какие профилактические меры принимаются в сфере безопасности и ответственности за качество выпускаемой продукции? Какие меры применяются для контроля и совершенствования процесса? Как управляется воспроизводимость процесса?

5. Результат

Какое воздействие оказало внедрение TQC на качество продукции? Каково его влияние на услуги, поставки, затраты, прибыли, безопасность и окружающую среду? Продает ли компания продукцию высшего качества? Какие нематериальные преимущества дало освоение TQC?

6. На будущее

Знает ли компания свои сильные и слабые стороны? Входит ли в ее планы дальнейшее развертывание программ TQC? Как связаны эти планы с долгосрочной корпоративной политикой?

Среди материальных и нематериальных результатов, о которых сообщали компании, награжденные премией Деминга, были следующие:

Материальный эффект

Расширение рыночной ниши
Увеличение объема продаж
Рост объема производства
Успешная разработка новой продукции
Сокращение времени разработки продукции
Создание новых рынков
Повышение качества
Сокращение числа претензий
Снижение затрат на дефекты
Уменьшение числа процессов
Рост числа предложений сотрудников
Сокращение количества производственных травм

Нематериальный эффект

Повышение сознательности и участие всех сотрудников в управлении
Более ответственное отношение к вопросам качества и проблемам
Улучшение коммуникации как по горизонтали, так и по вертикали
Повышение качества работы
Улучшение взаимоотношений в коллективе
Улучшение информационной обратной связи
Совершенствование навыков управления
Распространение концепции «market-in» (ориентации на рынок)
Четкое разграничение ответственности и полномочий
Большая уверенность в успехе при разработке новой продукции
Поворот к мышлению, ориентированному на цель
Совершенствование стандартизации
Более активное использование статистического контроля качества

КАЙДЗЕН-ДЕЙСТВИЯ В CANON: КОНКРЕТНАЯ СИТУАЦИЯ

Canon производит кино- и фотокамеры, копировальные аппараты и офисные компьютеры. Воплощением деятельности компании в области кайдзен стала производственная система Canon (Canon Production System, CPS). Как показано на схеме, представленной на рис. G.1, цели этой системы состоят в создании более качественной продукции по более низким ценам и ускорении ее поставок. Для их достижения Canon разработала три следующие системы: обеспечение качества (QA), обеспечение производства (PA) и обучение персонала (PT).

Первой базовой структурой производственной системы Canon (CPS) служит QA. Продукция компании получила мировое признание благодаря высокому качеству, поэтому Canon стремится его обеспечить на всех стадиях разработки, производства и продаж.

Второй базовой структурой производственной системы Canon (CPS) служит система обеспечения производства. Для решения задач PA в отношении своевременных поставок и низкой стоимости Canon разработала две подсистемы: HIT (аналог концепции «точно вовремя») и сигнальную. Первая означает, что детали и изделия производятся лишь тогда, когда надо, и только в том количестве, какое требуется. Canon использует для этой цели карты HIT, или сигналы. Обе подсистемы служат для обеспечения производства в соответствии с концепцией «точно вовремя» путем использования принципа «визуализированного контроля».

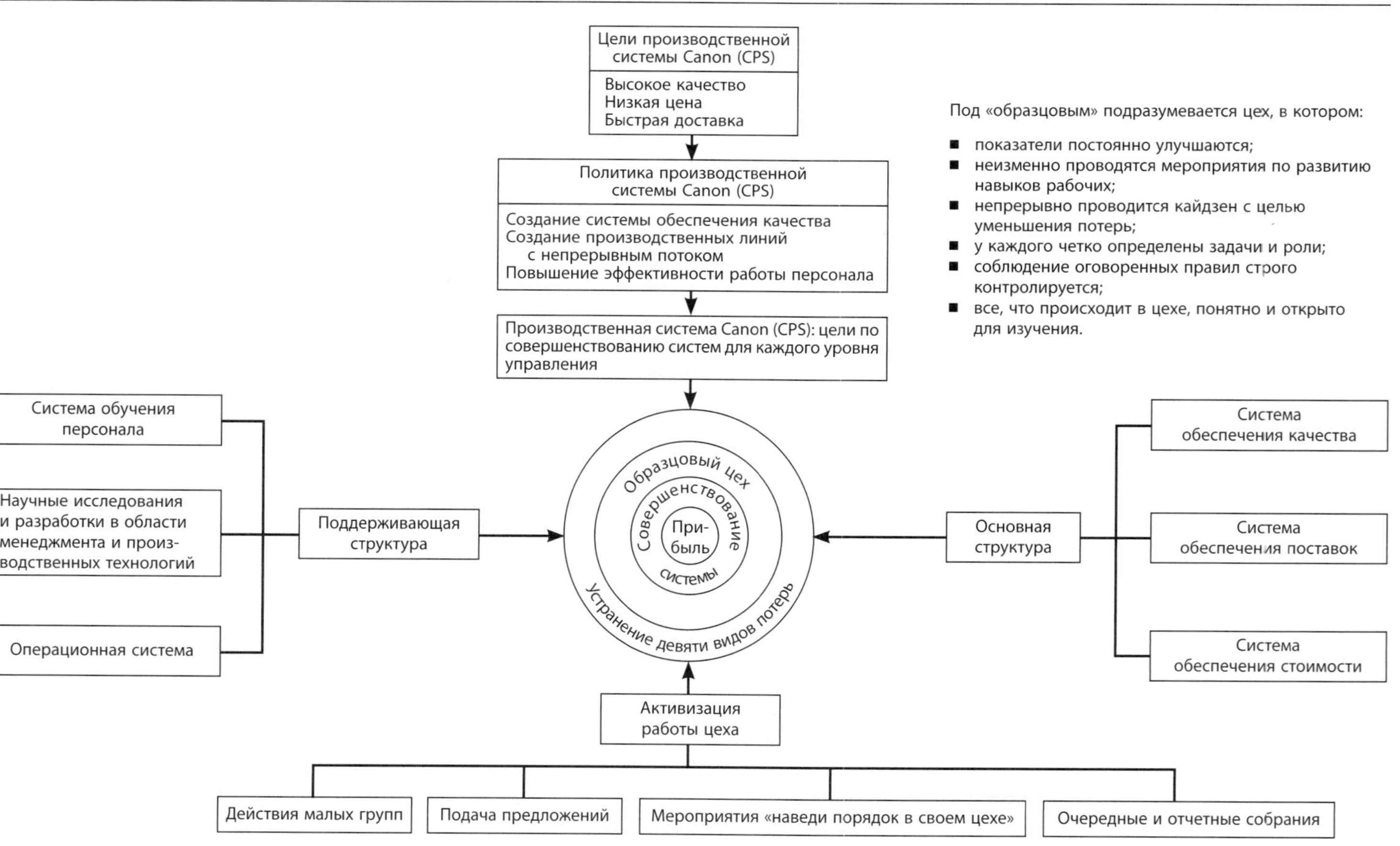

Рис. G.1. Структурная схема производственной системы Canon (CPS)

Третьей базовой структурой производственной системы Canon (CPS) служит система обучения персонала, которая предполагает постоянное обучение сотрудников компании в рамках программы пожизненного образования.

Другими важными инструментами решения задач производственной системы Canon (CPS) служат «четыре инвестиции» и «устранение девяти видов потерь». Четыре сферы инвестиций включают технологии, персонал, оборудование и благосостояние. Canon убеждена, что упущения в любой из этих сфер, в конечном счете, могут привести к краху компании.

Что касается потерь, они не всегда очевидны и часто скрыты за каждодневной рутиной. Без определения четких критериев трудно сказать, следует ли браться за их устранение, поэтому производственная система Canon (CPS) выделяет девять видов потерь, показанных на рис. G.2.

Категория потерь	Природа потерь	Как добиться экономии
Незавершенное производство	Складирование изделий или продуктов, которые не нужны в ближайшее время	Совершенствование учета запасов
Отбраковка	Производство дефектной продукции	Снижение брака
Оборудование	Простои оборудования и поломки, требующие длительной наладки	Повышение коэффициента использования мощностей
Расходы	Избыточные инвестиции, не соответствующие требуемому результату	Сокращение расходов
Непрямой труд	Избыток персонала из-за плохой системы непрямого труда	Эффективное распределение заданий
Конструирование	Выпуск продукции с бо́льшим числом функций, чем надо	Снижение затрат
Талант	Использование людей для работы, которую можно механизировать или поручить менее квалифицированным специалистам	Сокращение или максимизация труда
Движение	Несоблюдение стандартов работы	Совершенствование стандартов работы
Освоение новой продукции	Медленное начало стабилизации производства новой продукции	Ускорение перехода к серийному производству

Рис. G.2. Девять видов потерь Canon

В производственной системе Canon (CPS) оцениваются действия по устранению девяти видов потерь. Менеджмент компании убежден, что использование такой классификации помогает людям 1) осознать проблему, 2) перейти от улучшения операций к системному совершенствованию и 3) понять необходимость саморазвития. Рис. G.3 показывает структурную схему девяти видов потерь в понимании Canon.

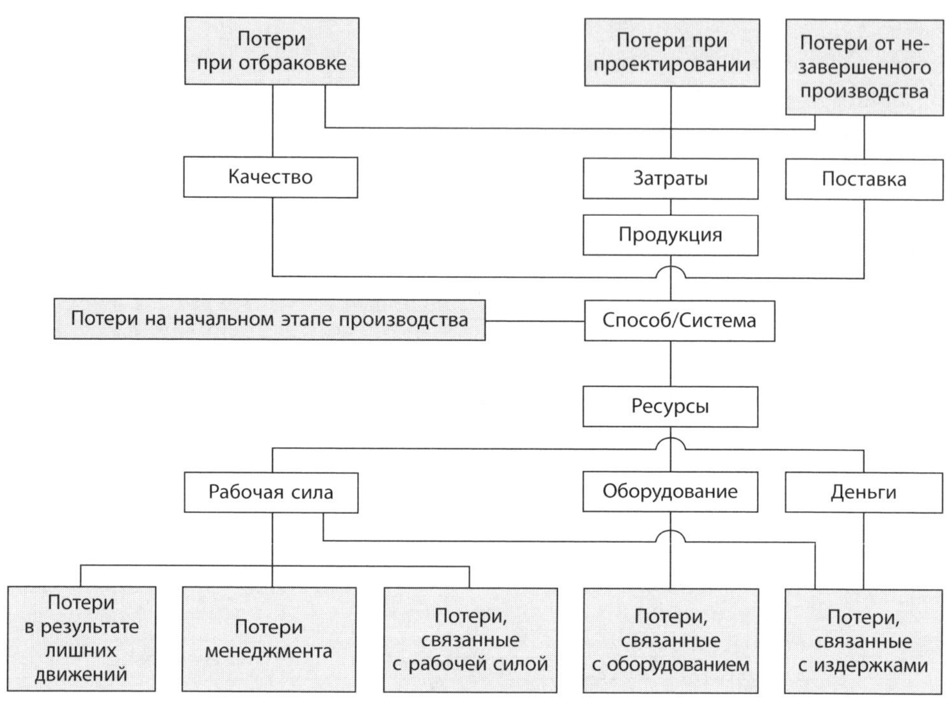

Рис. G.3. Девять видов потерь на производстве

По оценке менеджмента, в 1983 г. деятельность по снижению затрат, проведенная в масштабах всей компании, за счет производственной системы Canon дала экономию в ¥24 миллиарда ($100 миллионов). Этот успех позволил рабочим ощутить уверенность и гордость за свой вклад в общие достижения.

Конечная цель снижения потерь развертывается высшим менеджментом вниз, на уровень цехов, и на каждом из них ежегодно определяются конкретные цели. На одном из заводов Canon развернут «Проект совершенствования-100» (Improvement Project 100). На рис. G.4 показан листок, используемый в ходе его реализации.

Ниже приводятся разъяснения по заполнению этой таблицы.

1. **Потери:** обозначается одна из девяти категорий потерь.
2. **Проблема:** составляется список проблем, соответствующих каждой категории потерь, одновременно приводится идеальная ситуация для определения различий между «должно быть» и «есть».
3. **5M:** устанавливается связь с одним из 5M: machine, material, man, method или measurement (станок, материал, человек, метод работы, измерение).

Категория потерь	План		Контрмеры		Ответственное лицо		График	Планируемый эффект
	Проблема	5М №	Действия по совершенствованию	Линия	Отчет			

Рис. G.4. Кайдзен-проект 100

4. **№:** порядковый номер.
5. **Действия по совершенствованию:** контрмеры для достижения идеального состояния (желательны консультации с другими подразделениями, которых касается проблема).
6. **Ответственное лицо:** фамилия ответственного лица.
7. **График:** предельный срок завершения проекта.
8. **Планируемый эффект:** перспективная оценка эффекта (служит ориентиром при определении приоритета).

В рамках этого проекта менеджерам предложено обдумать более 200 задач по совершенствованию, а цель для бригадира — 100. Всем мастерам вручается листок «Кайдзен-проект 100», который они вешают на стену в цехе. Каждый раз, когда им приходит в голову идея по совершенствованию, они заносят ее в листок. Такой список полезен в качестве ориентира при составлении плана работы цеха на месяц.

На некоторых других заводах бригадирам выделены полчаса (с 11.30 до 12.00) для кайдзен, и это время они должны посвятить размышлениям об улучшениях в цехе. В течение этих 30 минут мастера не должны отвечать на телефонные звонки или посещать собрания, поэтому предприятиям дана рекомендация не назначать никаких заседаний на этот час. Бригадиры используют передышку для выявления проблем и работ по программам кайдзен.

На рис. G.5 дан перечень ежегодно вручаемых в компании Canon наград, которые делятся на 3 вида: персональные, для малых групп и для цехов. Их присуждение должно продемонстрировать, что менеджмент высоко ценит усилия и результаты работы своих сотрудников.

Название	Кому вручается	Основание	Сумма вознаграждения ¥ ($)	Помимо денежного вознаграждения включает	Число награждаемых ежегодно	Кто присуждает
Награда образцовому цеху	Участок	Цех в течение трех лет подряд добивается 30%-ного улучшения и в Canon — образцовый	200 000 (900)	Учебная поездка за рубеж менеджера участка, почетный знак с изображением орла (золото), присуждаемый участку	1–2	Собрание CPS
Награда образцовому цеху, занявшему второе место	Участок	То же, что и для предыдущего, цех типичен для Canon	100 000 (450)	Почетный знак с изображением орла (серебро)	10–20	Собрание CPS
Награда за ликвидацию девяти видов потерь	Блок*	Цех или команда добились явного успеха в сокращении потерь	50 000 (225)		50	Собрание CPS
Награда за показатели CPS	Мастер, помощник менеджера участка, старший инженер	Предложение исключительно важных идей по сокращению потерь и успешное руководство цехом		Учебная поездка за рубеж	3	Собрание CPS по ликвидации потерь Собрание CPS
Награда за отличную работу малой группы	Малая группа	Группа добилась чрезвычайно высокой эффективности проводимых мероприятий	50 000 (225)		2	Общее собрание Canon по работе малых групп
Президентская премия за максимальное число баллов	Персонально	Первая «двадцатка» по числу баллов за поданные предложения	300 000 (1350)	Золотая медаль	20	Собрание по предложениям о совершенствовании трудового процесса

Рис. G.5. Перечень наград, ежегодно вручаемых в компании Canon

* Совокупность участков, объединенная сквозным процессом. Часть цеха. — *Прим. ред.*

Название	Кому вручается	Основание	Сумма вознаграждения ¥ ($)	Помимо денежного вознаграждения включает	Число награждаемых ежегодно	Кто присуждает
Президентская премия за максимальное число баллов по итогам года	Персонально	Первая «тридцатка» по числу баллов за поданные предложения	100 000 (450)	Серебряная медаль	30	Собрание по предложениям о совершенствовании трудового процесса
Президентская премия	Персонально, группа	Выдающиеся предложения выше категории B	100 000 (450)		10–20	Собрание по предложениям о совершенствовании трудового процесса
Специальная президентская премия	Персонально, группа	Наиболее выдающиеся среди тех, кто получил президентские премии		Учебная поездка за рубеж для лидера	2	Собрание CPS
Золотая премия	Поставщик	Сотрудничающая компания, которая создала перспективные системы качества, затрат и дисциплины поставки	300 000 (1350)	Почетный знак с изображением орла (золото)	1	Совещание руководства сотрудничающих компаний
Серебряная премия	Поставщик	Сотрудничающая компания, которая создала перспективные системы качества, затрат и дисциплины поставки	200 000 (900)	Почетный знак с изображением орла (серебро)	1–2	Совещание руководства сотрудничающих компаний
Специальная премия	Поставщик	Сотрудничающая компания, достигшая высоких результатов в сфере технологии производства, производительности или повышения качества	100 000 (450)		1–2 по категории	Совещание руководства сотрудничающих компаний

Рис. G.5 *(продолжение)*

ОБ АВТОРЕ

Масааки Имаи помог более чем 200 зарубежным компаниям и совместным предприятиям по-новому взглянуть на свою структуру и освоить подходы японского менеджмента. Господин Имаи — председатель основанной им в 1962 году Cambridge Corporation, международной фирмы, которая находится в Токио и занимается консультированием в области менеджмента и рекрутингом руководящих работников.

В 1950-е годы господин Имаи, выпускник Токийского университета, специализировавшийся в области американистики, прожил пять лет в США, работая в Японском центре производительности (Japan Productivity Center) в Вашингтоне. Его основной обязанностью было сопровождение групп японских бизнесменов, которые посещали крупные производственные предприятия в США, чтобы понять «секрет американской производительности».

Сегодня господин Имаи пишет о японской философии бизнеса и проводит обучение на ее основе. Сущность этой теории заключается в том, что постепенное совершенствование столь же важно, как инновации, ведущие к коренному перевороту. Презентации его семинаров идут под торговой маркой «кайдзен». Он автор книг *Never Take Yes for An Answer* и *16 Ways to Avoid Saying No*.

Имаи Масааки

КАЙДЗЕН

Ключ к успеху
японских компаний

Главный редактор *С. Турко*
Технический редактор *Н. Лисицына*
Корректор *П. Суворова*
Компьютерная верстка *С. Соколов*

Подписано в печать 02.09.2022. Формат 70 × 100 $^1/_{16}$.
Бумага офсетная № 1. Печать офсетная.
Объем 17,5 печ. л. Тираж 2000 экз. Заказ № 8430.

ООО «Альпина Паблишер»
123060, Москва, а/я 28
Тел. +7 (495) 980-53-54

ООО «Альпина Диджитал»,
123007, г. Москва, ул. 4-я Магистральная, д. 5, стр. 1, этаж 3,
пом. XIII, ком. 106; ОГРН 1137746300768
www.alpina.ru
e-mail: info@alpina.ru

Знак информационной продукции
(Федеральный закон № 436-ФЗ от 29.12.2010 г.)

Отпечатано с готовых файлов заказчика
в АО «Первая Образцовая типография»,
филиал «УЛЬЯНОВСКИЙ ДОМ ПЕЧАТИ»
432980, Россия, г. Ульяновск, ул. Гончарова, 14

Бизнес с нуля

Метод Lean Startup для быстрого тестирования идей и выбора бизнес-модели

Эрик Рис

Обычно мы считаем, что процессы и менеджмент — это что-то скучное и унылое, а стартапы — динамичное и увлекательное. Но вот что действительно увлекательно — так это видеть, как стартап добивается успеха и изменяет мир. Мы можем — и должны — сделать так, чтобы стартапы чаще добивались успеха. И в этой книге будем говорить о том, как достичь этого.

О чем книга

О том, как создать бизнес и усовершенствовать бизнес-модель. Придумать идею и затем реализовать ее не так сложно. Сложно сделать так, чтобы продукт продавался, чтобы он «попал в рынок» и запустил раскручивающуюся спираль роста. Прочитав эту книгу, вы совершенно по-новому станете смотреть на процесс реализации новых идей — будь вы стартапер или руководитель давно работающего бизнеса.

Почему книга достойна прочтения

- Это яркая и полезная книга для каждого, кто собирается начать собственный бизнес. В ней честно и открыто рассказано обо всех сторонах превращения себя в предпринимателя, ловушках и опасностях, возможностях и упущениях.

- Она стала бестселлером Amazon.com и была признана одной из лучших бизнес-книг 2011 г.

- Она представляет собой понятное и аргументированное руководство для предпринимателя, которое куда больше похоже на науку, чем на искусство, и должно лечь на стол каждому, кто претендует на создание стартапа.

- Книга построена на опыте реального успешного предпринимателя, описанные в ней принципы «экономичного стартапа» позволяют быстро выяснить, что работает, и отказаться от того, что не работает.

- Она собрала множество восторженных отзывов и, без сомнения, скоро станет классикой менеджмента, именно ее рекомендуют в качестве обязательного чтения авторитетные венчурные инвесторы.

Кто автор

Эрик Рис — предприниматель, блогер и автор книг. Соучредитель компаний IMVU, Inc. и Catalyst Recruiting, в прошлом член наблюдательных советов многих технологических стартапов, включая pbWiki, Bunchball, SpeedDate, illumobile, BlueBet и KaChing. Разработал методологию предпринимательства «Бережливый стартап».

KAIZEN Institute

Где бы ни находился Ваш бизнес, KAIZEN Institute располагает ресурсами и компетенцией для оказания услуг мирового класса.

KAIZEN Institute — глобальная организация, действующая в Европе, Африке, Азиатско-Тихоокеанском регионе и Америке. KAIZEN Institute оказывает услуги по консультированию, обучению, сертификации и бенчмаркингу в области *кайдзен* и Lean (бережливое производство). В 26 региональных офисах KAIZEN Institute работает более 400 консультантов, обеспечивающих клиентов в любом регионе мира знаниями и опытом международного масштаба.

KAIZEN Institute основан в 1985 году господином Масааки Имаи, который во всем мире известен как «Lean-гуру» и как основатель концепции непрерывного совершенствования (Continuous Improvement). Масааки Имаи является автором легендарных книг «Кайдзен: Ключ к успеху японских компаний» и «Гемба кайдзен: Путь к снижению затрат и повышению качества».

«Наш успех основан на том, что мы делаем наших клиентов экспертами»

«Сегодня круг наших клиентов охватывает многие отрасли — от производственных предприятий до компаний сферы услуг, таких как банки, больницы, отели и даже правительственные учреждения. Нет такого вида деятельности, где подход KAIZEN не приносил бы выгоды. Когда компания действительно принимает философию KAIZEN, она может достичь уровня мирового класса. К сожалению, многие компании не добиваются этого статуса. Но с нашим опытом передачи знаний и консультирования наших клиентов мировой уровень становится достижимым».

Масааки Имаи, основатель и член совета директоров KAIZEN Institute

Страны, в которых располагаются офисы KAIZEN Institute:
Австралия, Бельгия, Бразилия, Венгрия, Германия, Индия, Италия, Канада, Китай, Малайзия, Мексика, Новая Зеландия, Польша, Португалия, Россия, Румыния, США, Франция, Чехия, Швейцария, Швеция и др.

Штаб-квартира
KAIZEN Institute Consulting Group Ltd.:
Bahnhofplatz
6300 Zug, Switzerland
Tel: +41 (0) 41 725 42 80
Fax: +41 (0) 41 725 42 89
E-mail: info@kaizen.com
Internet: www.kaizen.com

Kaizen Institute — оригинальный и основной поставщик услуг KAIZEN™

Kaizen Institute Russia расположен в России с офисом в Москве. Работает с 2006 года в разных секторах:

- в промышленности (дискретные и процессные производства, нефть и газ, фармацевтика и т. д.),
- горной добыче,
- финансах (банки, страховые компании и т. д.),
- логистике,
- здравоохранении,
- дистрибуции,
- сервисных организациях
- и в других секторах.

Команда Kaizen Institute Russia состоит из преданных делу профессионалов. Мы — лидеры, которые знают по опыту, что работает, а что нет.

Мы понимаем, что успех связан не только с ощутимыми финансовыми результатами, но прежде всего — с развитием людей. Команда Kaizen Institute Russia привержена ценностям KAIZEN™, мы работаем с компаниями всех размеров и во всех сегментах рынка, предоставляя им устойчивое конкурентное преимущество.

Каков наш подход?

- **Аутентичный**

  Мы открыли миру методологию KAIZEN™ в 1985 году.

- **Практический**

  Мы делаем своих клиентов экспертами в их собственных Гемба.

- **Целостный**

  Наши методы затрагивают каждого в организации, работают для одной цели и транслируют единое понимание KAIZEN™.

- **Общемировой**

  Наш опыт помощи ведущим мировым компаниям можно применить в любой отрасли и в любой стране.

Контакты:
Kaizen Institute Rus
125057, Москва,
Чапаевский переулок,
дом 6, офис 205
+7 800 555 2774

ru.kaizen.com
ru@kaizen.com